風の時代の
しなやかさと回復力
レジリエンス

JN239354

わたしの風に乗る
目覚めのレッスン

アストロロジー・ライター
Saya

臨床ヒプノセラピスト
大槻麻衣子

説話社

は じ め に

　30年前、ライフスタイル雑誌のエディターとしてキャリアをスタートさせたわたしですが、現在は、文筆業がメイン。ジャンルは星占いです。その一方で、星占いの読者の方を対象に、ホロスコープのリーディングセッションもしています。

　2008年からやぎ座に滞在していた冥王星がみずがめ座へと移行し、またやぎ座へと戻った2023年は、セッションにおいでになる人がとても焦っているのを感じました。冥王星が星座を変わることで、時代の大転換点が来ている。占星術を知らない方でも、そのことを肌で感じているようでした。

　なかでも特徴として感じられたのは、自己否定感を抱えている方が何人もいらしたこと。その背景を探っていくと、やぎ座冥王星時代の「成功・達成」ができていないと思い、自分を責めていらっしゃるところがありました。

　仕事をしていない主婦の方。会社に勤めているけれど、

昇進のチャンスがないという方。子どもが巣立ってしまい、喪失感があるという方。管理職になっても喜びがなく、自分の気持ちを置いてけぼりにしてきたと感じている方。実に、さまざまの自己否定感がありました。

　空虚な気持ちを感じたくなくて、猛烈に働いているケースもありました。

　また以前と違うのは、みなさんの心のなかに、思い残しの感情があふれていたこと。これはやぎ座冥王星時代と伴走していたうお座海王星時代の残像でもあると思うのですが、イヤな記憶をもて余し、苦しみ、もがいて前に進めないようでした。

　記憶に働きかけるにはヒプノセラピー（退行催眠療法）がよいということは経験を通じ、知っていました。この本のパートナーであるヒプノセラピストの大槻麻衣子さんに何度も取材をさせていただいていたからです。

　そのため、やぎ座に冥王星が戻った2023年後半は、ホロスコープのセッションにいらした方を何人も麻衣子さんにご紹介することとなりました。個人的にも、子ども時代に父親を亡くした親族が50代になっても苦しんでいると知る出来ごともありました。潜在意識を浄化する大切さを一般にも広く知ってもらえたら、生きるのがラクになる方も多いのではないかと強く思ったのですね。

ヒプノセラピーでは前世療法など、生まれる前に退行するものが有名ですし、個人的には先祖の癒しもライフワークとして模索してきました。でも、トラウマは、何も「生まれる前のこと」だけとは限りません。麻衣子さんはインナーチャイルドという現世の、子ども時代の自分を癒す大切さも訴えておられます。実際、最近、わたしのところにお見えになる方の痛みは、多くは、傷ついたインナーチャイルドに由来していました。

　そんななかで迎えた2024年は、能登半島の地震で幕明けとなりました。元旦に起こることは、その年を象徴していることがありますから、「星まわりも変化は激しいけれども、現実にも今後、いろいろなことがあるのだろう」ということがひしひしと感じられた出来ごとでした。

　その思いは麻衣子さんも同じだったようで、年明けにご連絡をくださったのですね。やりとりしているうちに、「よいものはもっと知ってもらおう」という思いが湧いてきました。潜在意識について、わかりやすく書かれた一般向けの本を出そうと意見が一致したのです。それを説話社の高木さんにお伝えして、賛成いただいたのです。

　新しい風の時代、みずがめ座の冥王星の時代の波動に乗っていくためには、わたしたちひとりひとりが軽やかにならないといけません。それには日々、自分をケアし、整

えていくことが大切なので、わたしのパートではそのお話をしています。セルフケアのあとでも、自分のなかにブロックや抵抗を感じたら、次にやるべきことは、重たい身体をひきずって、無理やりに先に進むことではなく、「潜在意識の掃除をする」ことだと思います。カメラのメモリーを消すように、古い記憶に残る感情の痛みをリセットすることが必要です。

すると、うお座海王星と土星があいまった混沌とした時代のなかで、感情の海に溺れてしまいそうだった人も、さっぱりと陸地に立つことができるようになるでしょう。予期せぬ事態が起こったときにも、古い出来ごとを投影して、ネガティブにとらえることがなくなると、立ち上がることが少しだけラクになるかもしれません。

そして、感情の荷物を下ろし、軽くなった人は、ふわりと「わたしの風に乗る」ことができるでしょう。「風の時代」の風とはもともと空気のこと。強風ではなく、とてもさわやかな風なのです。

星を使うのは、実は、そうした心地よい自分になってからのほうがよいのです。そうでないと、象徴的な意味を考えるアタマの世界へと迷い込み、恐れと不安でいっぱいの人生を送ることにもなり兼ねません。それは占星術のマイナス面としてあります。コントロールの世界です。

でも、感情的な重荷のない、軽やかな自分になっていれば、自分にとって心地よくない環境に甘んじることもありません。ハートが満たされるような、快適な場所や人間関係を選べるでしょうし、そういったコミュニティに自然と招き入れられるでしょう。そして、風を読むように星を読み、四季を味わいながら、そのなかで自分を整えていくこともできます。やはり、宇宙とよい距離感で同調できてこそ、"運がよい"状態となるので、望んでいたような、素敵なこともたくさん起こるようになるでしょう。

　そのため、潜在意識を浄化しつつ日々を過ごすときに役立つように、風を読みやすいように、5年分の「星ごよみ」もおつけしました。

　ひとりで瞑想をしていて、さまよいそうになったら、わたしと麻衣子さんの「星と魂の対話」を読んでほしいですし、寂しがりやでひとりではできないという人も続けられるはずです。

　この本が出る2024年末というのはまさに、冥王星がみずがめ座に入り切ったことで、きっとたくさんの人が変化の波を感じつつも、実際にどうしていいかわからずに戸惑っているはずです。2025年の星まわりは激烈なところがありますが、そんな時代に負けないレジリエンスをこの本を参考に手に入れてもらえたらと願っています。

わたしひとりでは足りないところは、潜在意識のスペシャリスト、ヒプノセラピストの麻衣子さんにお願いしています。麻衣子さんのお母さまは、映画監督の宮崎駿さんのいとこ。麻衣子さんもナウシカのような、本当に愛でいっぱいの素敵な方です。誰のことも見捨てずに、導いてくださるに違いありません。

2024 年、おうし座で木星と太陽が出会う直前に
アストロロジー・ライター　　　*Saya*

わたしの風に乗る
目覚めのレッスン
〜風の時代のレジリエンス

Contents

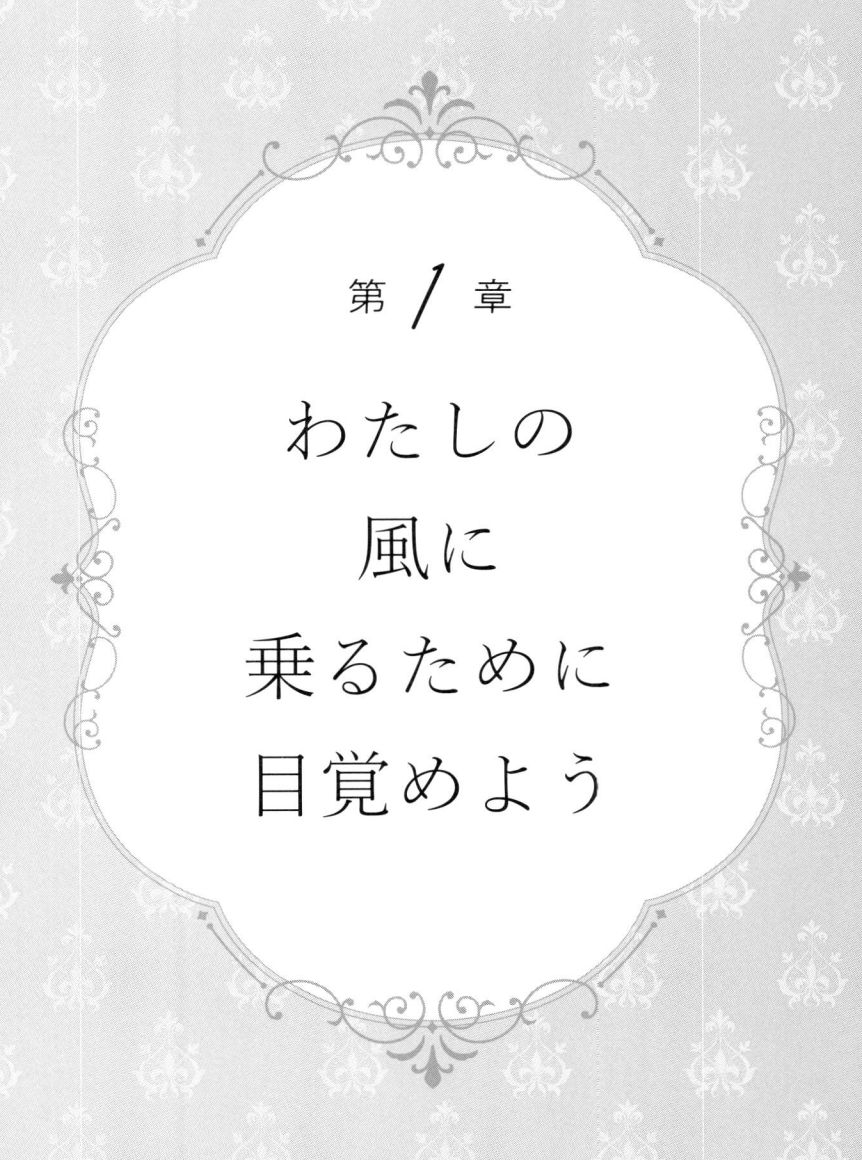

第1章

わたしの
風に
乗るために
目覚めよう

目覚めのきっかけは自分で自分を認めるところから

「わたしの風に乗る」「目覚める」「レジリエンスをもつ」……これらが大切だと思うようになった、働く女性としてのわたしの背景について、少しお話しさせてください。

　わたしは、東京の雑誌編集者として、キャリアをスタートさせました。出版不況のなかで、在籍した編集部は、もはやひとつも残っていません。3社のうち2社は、会社自体がなくなってしまいました。

　編集の仕事は大好きで、とても楽しかったのですが、根っからマイペース人間で、組織やマネジメント向きではないと20代で悟り、31歳でフリーランスになりました。初めの数年は、集英社や講談社といった大手メディアの仕事が中心でした。ライフスタイル分野を専門に、女性誌、男性誌、生活誌、企業出版などありとあらゆるジャンルの仕事を引き受けるうちに、収入は一千万を超えるようになっていました。楽しく、充実感もあったのですが、何にでもイエスと言っていたために、アイデンティティの感覚が曖昧に。ひとつの雑誌だけを作っていたときのようなものづくりの喜びが感じられず、フリーになって数年の30代半ばで、ガラスの天井にぶつかったような気分になっていました。

そんなとき、ファッションエディターの友人がロンドンに留学することになり、他社のエディター、ライター、モデル、美容研究家、占星術家などが集まる食事会がひらかれました。その席で知り合ったハースト婦人画報社（当時はアシェット婦人画報社）のエディターと占星術の話で盛り上がったことから、Sayaというペンネームで星占いを書く道がひらけたのでした（さまざまな仕事を引き受けて、あのまま忙しく働いていたら、身体を壊していたかもしれません。何者でもない原石のわたしに目をつけてくれた彼女には感謝してもしきれない思いです）。

　『エル・デジタル（当時は、『エル・オンライン』）』での星占いの連載が決まったとき、心に決めたことがありました。「商業主義に合わせて、自分のハートを無視することはしない」「Sayaという存在を大切に、ブランドに育てていこう」ということです。とは言え、当時のエルは、世界的ブランドとは言え、日本では小部数でしたし、デジタル媒体も発展途上だったので、楽しい副業くらいのつもりでした。それがまだウェブの星占いの書き手が少ない時代でもあり、瞬く間に人気コンテンツに。東京の流行り物のようになり、そのハイペースな需要の推移に、まったくついていけない時代が長く続きました。沖縄や京都に移住したのも、今思うと、"自分らしさ"を守るためでもあったような。そんなわたしのわがままをゆるしてくれたハースト婦人画報社と『エル・デジタル』編集部のありがたさに今となって気づくことも多いです。

社員エディターという企画・発注者から、依頼を受けるフリーランスの取材ライターへのシフトも、マインドがまったく変わる。「男性から女性にシフトしたみたい」という言い方をよくしていましたが、取材ライターから、前に出て責任をもつ著者に変わることもまたマインドの大きな転換が必要でした。

　これも今になってわかることですが、自分で占って、書き始める前のわたしは、与えられているものに目を向けることなく、不足を嘆いて、「チャンスがあればできるのに与えられない」と思っていたかもしれません。でも、いざチャンスがやってきて始まってみると、実力不足を痛感することも多く、本当にたくさんの人に助けられましたし、迷惑もかけたと感じます。

　今のわたしは相変わらず何者でもないけれど、それでも30年間、なんとか仕事を続けてきたこと。雑誌のデジタルシフトのエッジで踏ん張ってきたこと。テレワークやリモートワーク、ワーケーションといった新しいワーキングスタイルに、世の中で言われるずっと前からチャレンジしてきたこと。仕事だけではなく、移住や農ある暮らしなどプライベートの充実も図ってきたこと。また、星占いの仕事の傍ら、ホロスコープ・リーディングを通じ、女性たちの悩みに耳を傾けてきたこと……わたしより先輩のキャリアウーマンとなると、特別に優秀な女性しかいなかったので、"普通の女の子が働く"という意味ではパイオニアとして、マインド、ボディ、スピリットのバ

ランスを取ろうと模索してきたことを思うと、あとから来る方たちに伝えられることも少しはあるのかもしれません。

　もし、これを読んでいるあなたが「目覚め」を望んでいるのなら。キャリアも長くなってくると、漫然と待っていても、成長のチャンスはやってこないことを覚えておいてください。プライベートでも同じです。「変わりたい」という思いが胸に宿ったら、自分が「変わる」と決めることが必要です。「認めてほしい」と周囲に依存するのではなく、まず自分が自分を認められるようになることが大切です。小さなことの積み重ねがきっと大きな自信につながっていきます。

コントロール、キャピタリズム、数字という結果。風に乗れない人がみんな同じ状態にハマっている

　次に、なぜ「目覚めること」、「わたしの風に乗る」ことが必要か、そのために「レジリエンスをもつ」ことが大切なのか。占星術的な背景について、お話ししてみます。

　冥王星は、2008年からやぎ座に滞在していましたが、2023年3月24日にみずがめ座に抜け、6月11日にやぎ座に戻り、2024年1月21日にみずがめ座に入り、9月2日にやぎ座に入ると言うように、2023年と2024年はふたつの星座の境界を行き来していました。それが2024年11月20日にみずがめ座に入り

切ると、もうわたしたちが生きている間はやぎ座に戻ることはありません。つまり、この本が出版される2024年末には、やぎ座冥王星のもたらしていた意識は、過去のエネルギーになるのです。

でも、現実には新しいみずがめ座冥王星の波動にチャネルを合わせられないために、戸惑っている方がまだまだ多いことと思います。これまで「がんばれ、がんばれ」と言われてがんばってきたのに、今になって、「がんばらなくていい」と言われても、どうしたらいいかわからない。そんな感覚で立ち止まっておられるかもしれません。

2008年から2024年にかけてのやぎ座冥王星の時代は、「成功や達成、評価」という承認を外に求める時代でした。その最たるものはキャピタリズム（資本主義）。外界をコントロールし、数字という結果を出すゲームに多くの人がハマっていました。

そして、やぎ座冥王星の時代が終わりに近づくにつれ、政界でも芸能界でもやぎ座のピラミッド型社会における上から下への支配の問題が噴出していました。

そんなふうに古い価値観が壊れていくなかでも、まだ「成功や達成」を求め、結果を出したいという声がたくさん見られたのが2023年でした。傷ついたインナーチャイルドが自分のなかにいて、本当は親に認めてほしいものを、他者や社会に求めているような方もたくさんいらしたように思います。

そんな、一種の熱に浮かされたような状態が変わったのが2024年元旦の能登半島地震でした。1月21日には冥王星がみずがめ座に入り、やぎ座冥王星の時代にはがんばれていたのがそうできなくなった。そういう方が身のまわりでも、ホロスコープ・リーディングのセッションでも見られるようになりました。セッションをしていると、女性たちの悩みが星まわりにシンクロしていることが手に取るようにわかる。星は、時代を映す鏡なのです。2月には体調を崩す人が続出していました。改めて話を聞いてみると、たくさんのto doリストをこなして、必死で毎日をまわしているがんばりやさんばかりでした。

　2024年の3月を過ぎると、来る人、来る人が同じような感じになっていました。疲れ切っているし、息も切れ切れという感じなのです。やぎ座冥王星時代の「成功や達成」への欲望、「コントロール」「キャピタリズム」「数字という結果」の3点セットをご自身のマインドにプログラムしてしまっているので、「達成できていない自分が悪い」という答えを導き出してしまうところが共通していました。

　2024年の4月や5月になると、今度は、「アタマ」で考えて、行き止まりにぶつかる人たちがセッションにやってきました。

　たとえば、2024年5月にオンラインセッションをさせていただいた海外在住のAさんという方。自己分析は完璧にできていました。

「成果を出しても昇進できず、成長の機会が与えられない」

「社内の雰囲気も悪化しているので、転職か起業も考えているが、競合他社も同じ問題を抱えているだろうし、自分の年齢や急速なAI化の流れを考えても、転職しても今の職種で仕事ができるのはあと十年ほどだろう」

「起業をするにはスキルやコネクションも足りず、現職の負担も大きいため、起業準備をする時間がない」

「転職には移住も視野に入れないとならないが、パートナーは現状に満足し、望んでいない」

　今の自分のプログラムでいくら考えても、答えは出ない例だと思います。

　さまざまなto doに追われ、"わたしの風"を感じられず、沼にハマって動けないようになっておいででした。

　沼から抜け出るためにはセルフケアが必要ですが、そのことに気づけていない。もどかしさでいっぱいになりました。

　2024年の11月20日に、わたしたちの時間の概念では"永遠に"冥王星がやぎ座を去るわけですが、すると、2024年の春のような、「どうしたらいいかわからない」という方たちは大勢、出現するのではないかと思うのですね。

　縦社会のなかで、支配体系を作ることで安定を求めるのがやぎ座の世界ですが、みずがめ座ではそれらが取り払われ、多くの人が自由を求めるようになるからです。でも、自由になってみると、守ってくれていたものがなくなったようで、急に不安になったり、戸惑ったりも増えていくと思うのです。

そこを抜けていくのがこの本のテーマである「風の時代のレジリエンス」。壁にぶつかることがあっても、自分をケアすることで、回復させる。また立ち上がる。そうやって、新しい時代の乱気流を抜けた先で、「わたしの風に乗る」ことができるのだと思います。

　男だから、女だから、年上だから、年下だからといった、前時代的な制限がなくなってみると、大海原にひとり放り出されたような気分になることもあるかもしれません。羅針盤となるのは、「わたし」なのです。親や夫、社会がこう言うからではない、自分のなかの太陽という創造性とつながり、輝かせていくことが大切になるでしょう。それが目覚めでもあると思うのです。

今の自分が心地よい状態になれば、自然と浮かび上がれる

　前の項目では、冥王星がやぎ座を去ろうとするなかで、多くの人の心のなかのモヤモヤについて、お話ししました。みんな仕事はできているので、心療内科に行くほどではない。でも、こんなに情報があふれているのに、どこにも自分が知りたいこと、悩んでいることの答えが書いていない。それで、わたしのところにおいでになるわけなのです。ほとんどは星占いを読ん

でいる女性たちですが、本当は、男性たちもキャピタリズムやコントロールの世界に過剰に適応しているだけで、同じ悩みを抱えているのかもしれません。

　でも、この本で目指している「わたしの風に乗る」には、ハイウェイをスポーツカーで飛ばすようなイメージは、忘れてほしいと思います。もちろん、人間離れした二刀流でカリスマとなった大谷翔平選手のような存在は憧れですが、普通の人が大谷くんになれるわけではないですし、ならなくても十分、価値ある存在だということを忘れないでほしいな、と思います。

「みずがめ座の冥王星の時代」のみずがめ座は、「風」のエレメントの星座です。この「風」というのは、ピュッと目的地に運んでくれる「風」ではなく、ナウシカのメーヴェが乗るような風であり、空気に近いものです。「わたしの風に乗る」というのは大きな風ではなくていい。そんな自分だけの風に乗れれば十分なのです。

　車輪のなかのハムスターのように、全速力で走っているのにどこにも行けないようで苦しくなったら、そんな状態の自分を客観視してみましょう。「何のためにこれをやっていたんだっけ」と振り返ってみるのです。そして、少し休んで、重荷を下ろしてみる。自分をケアしてからだと、ふわりと、自然に浮かび上がれる「わたし」になれるはずです。

　前の項目でお話しした海外在住のＡさんは、「留学して、海外で生活し、就職して、評価を得る」。そんなふうに、目標をひ

とつ達成したら、次の目標を作り、またがんばり続けるという生き方をされていたので、そこから少し離れてみたらどうだろうと提案してみました。競争から退くとき、それが自分の望みでも、一抹の寂しさはあるものです。でも、他者から承認されることを目指す生き方には限界もあるからです。

　ゆっくりお話ししているうちに見えてきたAさんの本音は、パートナーにはとても大事にされていても、住んでいる環境が合わず、孤独感があることでした。第3章や第4章で、大槻麻衣子さんがお話ししてくださいますが、わたしたちの誰もがもっている「所属と愛の欲求」が満たされずにいたのですね。

　でも、海外で暮らしてはいても、とても日本人らしいAさんは、パートナーに自分の望みを伝えるのは苦手でした。「自分さえ我慢すれば」というマインドで、自分を抑えていらしたのですね。それは、どこかAさんのお母さんに似ているようでした。また、こうした寂しさは、海外在住者に限ったものではありません。今までは文化的に自立を制限されがちだった日本女性も、ひとりでも移住したり転勤したりするようになったことで、都会の片隅で、孤独を抱えている方にもよく出会います。

　仕事もあり、パートナーもいるのに満たされない気持ちでいるとき、見えづらくなる「隠れた孤独」。でも、「孤独なのかもしれない」という視点で自分の暮らしを眺めてみると、改善する生活のポイント、ケアすべき点が見えてくるかもしれません。

"植物"にならずに、歩く！

「コントロール」「キャピタリズム」「数字という結果」という、古いやぎ座冥王星の波動から抜け出せないまま、みずがめ座冥王星の合理性に合わせようとして、アタマで考えて、袋小路にハマる人たちのお話をしてきました。

こうした方たちには、実は、「家にこもっている」ことが共通していました。たとえば、これは2023年のことですが、Bさんという女性がいました。企業にお勤めしているものの、テレワークで出社日が限られる。一日中、パソコンの前に座っていて、家から出ないし、仕事以外、誰とも会話しないことがあるということでした。パンデミックの期間、それはみずがめ座土星の期間と重なるのですが、その間に身につけてしまった、ある意味ではラクな生活習慣から抜けられないでいるようでした。

「人間はそういうふうにはできていないですよね。"植物"みたいにならないで、歩いて。五感を使って、地域の人とも話をしてみてはいかがでしょう」と伝えました。でも、キャリアもあり、経済的に自立した女性であることを自負していたBさんは、プライドを傷つけられたような感じもあり、初めは受け入れられないようでしたが、「できるだけ外に出てみる」と約束

してくれました。

でも、2024年になっても、同じような方がセッションにおいでになります。先ほどの海外在住のＡさんも、在住国が車社会のため、車の運転ができないとなると、仕事以外は、家から出ないことも多いということでした。デスクの前に座り切りでは精神的に落ち込みやすくなり、アタマの世界にさまよい込んでしまうのも、無理ないことだと思います。

また別の東日本在住のシングル、Ｃさんは、教室を経営していましたが、自宅を兼ねているので、そこに生徒さんが来るだけの生活になってしまっていて、一週間くらい、外に出ないこともよくあるとのことでした。食材の宅配やアマゾンを利用すれば、外に出ないことはできますが、カフェで原稿を書くようにしたり、毎日、買い物に出たり、こもりきりにならないことが大切です。カフェやスーパーも常連となると、スタッフとおしゃべりすることもできます。何より外に出ることで空を見上げたり、鳥の声を聞いたりもできますよね。光や風を感じることで、解放感もあるかもしれません。

レジリエンスをもつ、自分をケアするためには身体性を無視しないことを心がけていただけたらな、と思います。わたし自身、最近も仕事を詰めすぎて、眠れない夜がありましたが、アロマオイルで頭皮をマッサージしたら、ぐっすり寝られたということがありました。カチコチの頭皮をちょっとゆるめてあげる。それだけでも、初めはいいのですよね。

自分に合う環境を探す。
見つからなければ、作り出す

「郷に入れば郷に従え」「置かれた場所で咲きなさい」……自然との調和を大切に、長い歴史を紡いできた日本という社会で生きていると、周囲や環境に自分を合わせていく発想が強くなります。

もちろん、環境と調和的に生きるのは、わたしたちの身体性にとって、欠かせないことです。わたしたちには"植物"のような面もあり、安定した環境のなかでこそ、安心して生きていけるところがあるのです。

ただインターネットが発達し、移動も簡単になった現代社会ではともすると、日々、アップデートされる情報に踊らされて、疲れてしまうこともあります。アタマだけはグローバルな価値観を取り込んでいるのですが、現実には前の項目でお話ししたように、家から出ないし、歩くこともないので、精神的な落ち込みを経験していても、むしろコントロールばかりを強めていってしまうような方が多いのです。

また、今はニュースなどを通じ、戦争やテロの恐怖感が身近に感じられ、無意識に、自分のハートや身体を閉じてしまうところもあるのだと思います。

環境の影響を受けやすい自覚がある方は、自分の身体性にも

目を向けて、身体がラクで、呼吸しやすい土地を探すことも大切です。家にひきこもってしまうのは、そもそも環境が合わないのかもしれません。本能的に危険を感じて、閉じていることもあると思います。

第4章の大槻麻衣子さんとの対話でも出てきますが、人が住んでいる場所には想念というものがありますし、それを浄化してくれる自然が足りない都会では想念が力をもちすぎることもあります。

もし、本来の自分はそうでないのに、「コントロール」「キャピタリズム」「数字という結果」にこだわりすぎて苦しいときは、合わない土地に住み、合わない想念に影響されているのかもしれません。たとえば、前の項目でお話ししてきた海外在住のAさんの場合、「住んでいる国のカルチャーになじめない」という悩みを抱えていました。でも、パートナーとともに人生を送るには、その国にいるしかないと思い、悩みが深くなっていたのです。

究極のことを言うと、身体がラクになる。水が合う場所に住むことがベストだと思います。たとえば、東京西部出身のわたしは、現在、京都に住んでいます。母方は近畿や東海エリアにルーツがあったので、競争の激しい都心より、むしろ人の感じも合う。自然が多い割に交通の便も発達しているので、運転ができなくても、自立していられる。そんな京都の暮らしに身体性は順応し、以前よりラクに生きられるようになっているのを

感じます。

　でも、そういった自分の身体性に合わせた選択が家族の状況などでできないことも多いものなので、そうしたときは、自分に心地いい環境を自分で作り出すことを考えてみるといいかもしれません。

　先ほどの海外在住のＡさんの場合、「自己主張できない」「プレゼンテーションが苦手」という悩みがありましたが、アサーティブネス（相手を尊重しながら自分の意見や要望を伝えるコミュニケーションスキルや態度）は、日本女性全般に、課題となっていることですね。アサーティブネスを身につける努力も必要ではあると思いますが、その方はもともとアートを学んでいて、画面越しにも、妖精のような繊細さや感性に魅力がありました。苦手な自己主張をがんばるより、むしろその魅力を育て、花ひらかせていくほうがよいのではないかと思えたのです。

　企業でのキャリアが終わりを告げたら、アートスクールやサロンをひらいたり、お茶やお花など日本文化を学んで、日本の魅力を伝えたりするのはどうだろう。運転ができなくても、サロンにしたら、向こうから来てくれるかもしれない。そう伝えると、Ａさんの顔は、パッと明るくなりました。もちろん、現職で手を抜くという意味ではありません。未来のビジョンをアタマに描きつつ、企業での残り時間を充実させていく。ポジションや昇給にこだわらず、思い残すことなく、自分の力を発

揮してみたらどうか。そのあとで、やりたいことを育てていったらいい、というお話をしたのです。

　今、与えられている環境が自分に合わないと感じても、移ることができないなら、自分に合う環境を作ってしまおう。それは、都会というすべてが用意された、恵まれた環境に依存する生き方から、自分に必要なものを自分で作り出すという真の創造性を発揮する生き方へのシフトでもあるかもしれません。もちろん、守られた生き方と違い、大変なこともあるでしょう。でも、そのなかで、強く、しなやかに過ごしていくことが「風の時代のレジリエンス」だと思いますし、もともと聡明な彼女の人生がどんなふうに変わっていくのか、とても楽しみです。

自分の人生を愛することが「わたしの風に乗る」第一歩

　前の項目では、海外に留学し、さまざまな学位を取り、米国の現地法人で働く。そんなやぎ座冥王星の時代らしい生き方をしてきた、スーパーウーマンの人生をお話ししました。どんなに優秀な方でも行き当たる、「自分らしい人生を送れない」悩みですが、セッションにおいでになる方のうち、大半の女性が抱えているものです。

　それは、日本社会に画一的な部分がどうしてもあり、個を出

すことがよくないように抑えつけられていた時代の残像かもしれません。ですから、ご本人たちが悪いわけではまったくないのです。まじめさゆえに、社会の言うとおりに生きてきたら、社会が変わってしまったとも言えます。

2024年前半は、お仕事をしていない専業主婦の方ともお話しする機会が多くありました。多くの方が「仕事をしていない」ことに引け目を感じ、「経済的に自立したい」と焦りを覚えていました。

それも、身体性とアタマの世界が分離しているのが原因なのではないかと思います。もっとも焦りがあるのは、子育ての終わられた主婦の方でしたが、本当は、子どもを産み育てたご自身に誇りもあるはずです。ただその方が若い頃は、子どもを産んで、育てることで十分だとされていたのに、現在は、雑誌、新聞、テレビなどメディアでは「仕事をして自立する女性が素敵」という風潮に変わっている。共働きをしないと教育費や物価高騰がのしかかり、家計が苦しくなる一方という現実もあるのかもしれません。

でも、宇宙レベルで見たら、子どもを生むということは究極の創造性の発揮であるはず。産んでいないわたしから見ると、ひとりの人間を社会に生み出すなんて、魔法のようでもあります。「自分の身体を使って子どもを産んで、自分の時間を使って育ててこられたのだから、メディアが何と言おうと、もっと大いばりでいればいいのにな」とも思うところでした。

もちろん、これからの日本の人口減や高齢化社会を考えると、女性も働かないと国が成り立たないのも確かかもしれません。政府としては、キャンペーンを打たざるを得ないのもわかります。でも、わたしたちが若い頃の日本では働くチャンスさえ与えられないことも多々あったのだから、今、仕事をしていないとしても、個人の責任ではありません。働いていない自分を否定することはまったくないと思うのです。

　もっとも、ジェンダーに関わらず、やりがいのある仕事をして生きていくことは、これからの高齢化社会、とても大切だとも思います。わたし自身、「自分らしく働く」ということをずっとテーマとして取り組んできたので、「自分らしく働く」ことは一朝一夕に手に入るものでもないのも実感しています。ほとんど子育てと同じくらい手のかかるプロセスだと思いますし、わたし自身、何でもスピーディにできるタイプではないので、30年かかっても道半ばです。

　子どもが大きくなり、自分の手に何も残らないような喪失感を味わっている方は、どうぞ出産や子育てというすばらしい経験をして、人生の豊かな時間を過ごせたことを堂々と誇ってくださいね。やりたいことは少しずつ始めて、これから育てていけばいい。そして、今、お子さんが小さくて、自分の時間がないという方。思うように仕事ができないという方は、仕事だけの人生より、大きな大木のような、太い幹のような人生を作っているのだととらえてくださいね。スピーディには輝けなくて

も、いぶし銀のような輝きを50代、60代と放っていけるはずです。何より、お子さんがいる人生、もしかしたら、お孫さんも生まれるかもしれない人生は、ご苦労の分、楽しみも多いはずです（もちろん、ひとりで生きる人生にもひとりならではの楽しみがあると思います）。

どんな人生にもメリットもデメリットも、輝きもあれば、欠損もあるものだと思います。異なる生き方を選んだ人たちが共存することが多様性だと思いますし、他者の人生の輝きは、自分の人生を否定する材料にはなりません。わたしはわたし。自分の人生を100パーセント愛せるように力を尽くす。それが「わたしの風に乗る」ための第一歩だと思います。

今まで社会の言うとおりに生きてきて、後悔している面があるのなら、目覚めて、"わたしの言葉"を聞いてみましょう。"わたし"とつながりましょう。

ハートがとくんと鳴るような「喜び」を大切に

メディアの情報や住んでいる街の想念をオートマティックに取り入れるのではなく、自分の身体性に合った環境に住んだり、自分に合う環境を自分で作り出したり。そんな"わたし"にもとづいた発想をもつ大切さをお話ししてきました。

そのときに大切なのが「リサーチ」です。と言うのも、「リサーチをしない」というのが最近、壁にぶつかっている方の顕著な傾向なのです。

　2024年の春、セッションにいらした20代の女の子、Dさんのケースをお話ししてみましょう。彼女のホロスコープは、起業が向くようなタイプではなかったのですが、メディアの情報に流されて、頭のなかでファンタジーを作り上げ、夢見ておられるところがありました。

「お花が好きだから、生花の宅配はどうかと考えたことがある」と話してくださったのですが、生花の宅配には商品である花材を調達するための農家さんとのつながり、新鮮に届けるための物流との連携などが必要で、資本や経験のない女の子がひとりでできるレベルを超えています。資金調達して起業するにしても、廃棄も多く、利益率が高い業態ではない。なかなか難しいだろう……こうしたことは、少しでも業界を知ればわかることなので、自分でスタートする前に、生花店で働いてみるなど現状を知る必要性を感じました。

　また西日本の山中の温泉でホテルの支配人をされていた若い男性、Eさん。転職のオファーをもらったときは豪雪地帯だと知らなかったそうで、条件やイメージだけで決めてしまい、住んでから、つらい思いをしているとお話しされていました。季節によって、気候や風景が変わるのは当たり前のことなのですが、便利な都会で暮らしていると、暮らしてみたときの実感に

思いめぐらすことがなくなってしまうのかもしれません。

　このように、若い方とお話していると、デジタル社会のなか
で、経験の価値がおろそかになっているのを感じます。現地
で、見て、話して、そこにいる人の気持ちをつかむ。相手の気
持ちを汲む。取り組もうとしているプロセスがどういった経
験、効果を生むか想像する。そんなかつては当たり前だったこ
とに思いが至らない方がとても多いのです。

　もちろん、わたしも、2008年に『エル・オンライン（現在の
『エル・デジタル』）』で星占いの連載を始めたとき、日本中、
世界中の人たちとオンラインでつながる体験に夢を感じたもの
です。デジタル社会において、個人でも大きなことができるか
もしれないと期待するのも無理からぬこと。でも、デジタルは
ツールにすぎないのですよね。

　埋没しないため、特別であるために何か大きなことをやりた
い……という欲求で無謀なことをするのはあまりおすすめでき
ないのです。身体性を無視すると、「こんなはずではなかった」
ということになりやすいでしょう。それも、"わたし"からズレ
ているときに起こることです。

　また、これだけ物価が値上がりしている影響なのか、何か新
しいことにトライしようというときに、「それはお金になるの
だろうか」という心配をしすぎる方も多い気がします。仕事＝
お金を稼ぐだけのもの、という発想になってしまっているので
すね。

お金を否定するものではないですし、事業計画は大切ですが、損得や条件、結果だけを気にして仕事や付き合う人を選んでいると、次第に人生から喜びが消えてしまうものです。また「働いた分だけは欲しい」と報酬にこだわりすぎても、新しいトライはできなくなります。

　リターンが約束されていないとできないというのは、会社員的な発想かもしれません。かくいうわたしもフリーランスになってすぐは、ひとつのプロジェクトごとに条件面を重視していましたが、すると、人生に残るのがお金だけになってしまう。そのため、ハートの喜びを優先するようになりました。フリーランス歴20年になる現在は、次なるチャンスにつながりそうなものなら、条件度外視で選んでいます（もちろん、喜びがあることが前提です）。それは一種の投資。とくに、連載は自分のエネルギーを何年にもわたり、ひとつの媒体に投下することで、読者の方と対話しているような楽しさがあるのです。また、書籍も連載がなければ名前が通らず、出せないものなのですが、出版というリターンも連載を長くやればこそ。価値を育てていく楽しみというのがあるのです。

　精神世界では「あなたの選択が人生を作り出している」ということがよく言われます。セッションで、実にさまざまな方のお話をお聞きしていると、それは本当だなとつくづく感じます。わたしの場合も、好きだった雑誌の編集者になったわけですし、東京の郊外の出身で、インターネットもなく、選択肢な

どあまりない環境にいても、自分の心が動くもののほうへ歩いていったことで、今の人生につながっている。やはり、自分が選んでいるのです。

　今のあなたが「コントロール」「キャピタリズム」「数字という結果」にとらわれ、窒息しそうに感じているなら、外側の世界に影響されすぎて、心が動くものを選んでいない可能性があります。あなたのハートは何に感動し、とくんと鳴るでしょうか。

 運気アップの秘訣は、「楽しむ」こと

　2024年5月から6月のセッションでは、「楽しくない」という方たちともお会いすることになりました。

　ある方は、「自分は何も達成していないと思うと、何も楽しめない」と言っていました。それこそ、やぎ座冥王星的な価値観を受け取ってしまっている例だと思います。エリートだけが人生を楽しむ権利があるのでしょうか。日本国憲法のもと、わたしたちのひとりひとりに基本的人権がある、ということを思い出してほしいところです。まずは楽しいと思うことをやってみましょう。

　それがない、わからないという方もいるかもしれません。「時は金なり」と母親から教えられてきたから、「時間を無駄にし

たようで、楽しむと罪悪感がある」という方にもお会いしました
たから。

　楽しいこと、やりたいことがわからないという方は、「イヤ」
と思うものを人生から排除してみませんか。自分の時間やお金
といったパーソナルスペースを侵す人やものにノーを言うの
です。

　自分でない価値観にもノーです。親の価値観をそのまま受け
取るのではなく、「これは、自分のなかの母が言っているのだ」
と仕分けをしてみましょう。

　自分が納得できるものにだけイエスを言うことによって、運
がよくなっていくものです。つまり、「波動」や「波長」が合
うものだけが周りに集まり、いつも心地よい状態の自分になれ
るのですね。それが「目覚めること」でもあるのです。

　2024年、どうして、こんなにも「楽しくない」人が多いの
かと言うと、2024年1月21日までの冥王星がやぎ座にある間
は、対象に没入し、もっと達成したい、うまくなりたい、認め
られたい。そんな思いで、無我夢中で山を登ることができたの
だと思います。その時代は、「こうすれば、あなたはもっと成
功するよ」といった、わかりやすいノウハウを教えてくれる人
のところに話を聞きに行っていたのかもしれません。

　でも、冥王星がみずがめ座に入って初めて、自分の生活に疑
問をもった。to do リストを詰め込み、あれして、これして、

とゲームのようにクリアしていったところで、何が残るのだろうという気持ちになられたのかもしれません。

　達成への欲求がなくなって、「あれ？」となったときに、「時間の自由」を求めて、成功や達成がすべてではないというわたしの話を聞きに来てくれたのかもしれないとも思います。

　2024年9月2日から11月20日には冥王星がやぎ座に戻るこの秋は、まだ、なりたい自分へのこだわりを捨て切れない人も多いかもしれません。でも、この本が出版される2024年末には、冥王星はみずがめ座に入ってしまいます。「社会的ポジションや財産」をもつ人より、「時間的な自由や自己決定権」をもつ人への憧れが強くなっていくでしょう。

「早期リタイア」を目指す方のお話も、2024年の6〜7月には多く聞くことになりました。それも、冥王星がやぎ座から去ったことで、がんばるだけでは虚しいという気づきが訪れたからとも言えます。でも、「仕事がイヤ」だから、「老後資金が不足している」からという理由での早期リタイアや投資は、うまくいかないかもしれません。リタイアや投資自体にワクワクしているかどうかがカギだと思います。

　大切なのは、自分の本質に向き合うこと。年を重ねるほど、社会に貢献できる本質が求められるようになるからです。実は、仕事自体を愛して、楽しんだほうが結果も出せたりします。

「イヤなことをやらされている」という気持ちでいると、仕事

が早く辞めたいものになるのも当たり前なのですが、苦労もあるけれど、おもしろいものだととらえていると、辞めるとか辞めないとかではない、自分の生活の一部になっていきます。それこそ、特別なことではなくて、息をしたり、食べたり寝たりと同じことなんですよね。

　かつては、こんなふうに生きていけば、失敗することはないという王道の「コース」がありました。代表的なものは、「結婚する」「会社に入る」「公務員になる」「親の仕事を継ぐ」などでしょうか。まじめな"いい子"ほど、世間でいいとされているとか、親に教えられたような、まっとうな「コース」を選んでいたのだと思いますし、地方に行くほど選択肢がなかったのも現実だと思います。

「型」がある程度、決まっているゆえの日本社会のラクさもあったのですが、その「型」が時代のエネルギーと合わなくなるなかで、昔、自分が選んだ「型」によって、苦しくなっている方がとても多いのですね。やぎ座の冥王星の時代とは、そうした「型」が壊れていく時代でもあったのですが、そんななかでも、必死で食らいつき、修行のように人生に取り組まれている場合も多いのです。仕事においても人生においても、与えられた課題をただこなしているように見受けられました。

　そのため、「風の時代が始まる」と聞くと、かつて選んで、うまくいったような「コース」がまたあるのではないかと無意識に探してしまって、「乗り遅れてはいけないと」焦っていた

方も多いのかもしれません。でも、そんなうまくいく王道の「コース」そのものが、これからはなくなります。「風の時代」行きの列車があるわけではなくて、各自で自分の風を見極め、風に乗って、飛んでいく時代です。レストランでメニューを選ぶように、人生が差し出してくれる選択肢のなかから選ぶのではなく、自分自身がレストランのシェフになって、オリジナルメニューを作る。そんなふうに、人生に対する姿勢を変える必要があるのですね。

「起業する」「ビジネスを作る」「大学院に行く」「留学する」なども新たな「コース」になっている面もあります。自由だったはずの「アーティスト」や「俳優」ですら、どこどこの雑誌のモデルになって、それからドラマに出て。あるいは、パリやミラノのデザイン系の大学を出て、インダストリアルデザイナーになって、というように、「コース」と「型」があるのが昨今です。でも、外の世界にマニュアルや答えを探していると、いつしか自分とのつながりは失われていきます。深呼吸して、自分の内側とつながってみましょう。「型」を脱いで、身体性を解放させましょう。そこには競争も評価もないことでしょう。自分を愛し、生活を楽しみましょう。目の前の現実から、自分の道を創造していくのです。

第2章

みずがめ座 冥王星の時代に 波動を 合わせよう

波動が高い、低いって？

01 運がよいとは 高い波動をキープしていること

　この本を手に取っているあなたがもし「見えるものしか信じない」という物質的な価値観で生きてきたなら、「波動」と聞いた途端、「スピ系ね」と本を閉じてしまうかもしれません。「波動」とはわたしたち人間も、動物も、草木も、人の手で作られたものもすべてがエネルギーをもっていて、それには周波数があるという考え方から来ています。

　難しくとらえなくても、素敵なインテリアで整えられたラグジュアリーホテルの一室。美しい沖縄の離島のビーチ。思い出のなかのすばらしい場所をイメージしてもらえると、"波動が高い"状態はわかるでしょう。波動が高い状態は心地がいいし、さわやかで美しいのです。

　"波動が高い"人は癒されていて、内側に痛みがあったとしてもイライラすることはなく、世界と一体化しています。

　対して、"波動が低い"とは重たい、苦しみのある状態。波動の低い人と接すると、ネバネバしたような、しつこさを感じ

ることもあります。

　また“波動が低い”状態とは荒々しいので、“波動が低い”人は、騒々しいこともあるでしょう。

　モーツァルトの音楽が胎教にいいと騒がれたことがありますが、“波動が高い”人はクラシックコンサートに行くかもしれません。また静けさを愛しているため、“波動が低い”人がジャンクフードを食べながら、ロックを聴いているのを騒々しいと感じることもあるかもしれません。

“波動が高い”人は“波動が高い”人同士でいるのを気持ちがよいと感じ、“波動が低い”人、荒々しい人は、やはり自分と似たような人が集まってきます。ただ、“波動が高い”人が“波動が低い”人と一緒にいると、居心地が悪いかもしれませんが、“波動が低い”人は、自分より“波動が高い”人とともに時間を過ごすほうが落ち着けるのだと思います。外で戦ってきても、家庭では安らげるという人は、家庭の波動が職場より高いのだと思いますし、逆に安らげない人は、家庭よりも職場やサードプレイスのほうが波動が高くて、居心地がよいのです。

　この本のパートナーである大槻麻衣子さんなどは、「どんな波動でも、その人自身が心地よければいい」とおっしゃってくださいます。ただ、いわゆる“運がよい”状態は、高い波動をキープしていることを指すでしょう。「運がよくなりたい」なら、まずは波動をアップさせると考えると、わかりやすいと思います。

星座にも波動があると
イメージしてみる

　わたしは星占いの書き手でもあるわけですが、星占いのバックグラウンドには占星術の世界観があります。

　星占いとはほとんどの場合、12星座占いを指しますが、これは、生まれたときに太陽が何座にあったのかで見るものです。対して、ベーシックな占星術では太陽系の惑星それぞれが12星座のどこにあったかで見ます。月の星座をプラスするだけでも、太陽で12、月で12ですから、144分の1の性質が見えてくる。生まれたときの星の配置図＝ホロスコープを見るとなると、星よみは、ぐんと複雑になります。

　惑星はパワーをもち、パワーを運んでもくれるのですが、ひとつの星座を通過するときに、地上のわたしたちにその星座の波動をもたらしているとイメージしてみてください。星座には波動があるというわけです。

　惑星が星座を通過するごとに、地上のわたしたちに見えないエネルギーが降りそそいでいるということなんですね。

　今の科学で証明できることではないので、あくまでもイメージですが、そうとらえると、複雑な占星術の世界がわかりやすくなると思います。

　おひつじ座をある惑星が通ると、おひつじ座を通して、その惑星のパワーが発揮され、世の中にはおひつじ座のエネルギー

が強くなるし、個人的にも受け取ることになります。おひつじ座に天体をもつ人は周波数が合うので受信しやすいですが、そうでない人も影響は受けます。

　12星座では一番初めのおひつじ座のほうが荒々しく、最後のうお座のほうが微細なエネルギーをもっていますが、おひつじ座のほうが波動が低いということではなく、波動の高いおひつじ座生まれの人もいれば、低いおひつじ座生まれの人もいます。同じ星座の生まれでも、高い波動をキープできている人とそうでない人とでは"運のよしあし"も変わってくるでしょう。

　ただ生まれたときはもちろん、現在の星まわりでも、自分のもっている天体にほかの天体がハードな角度を取っていると、"運が悪い"と感じる人も多いはずです。重たい波動の天体によって傷つけられることで、自分も重くなってしまうのかもしれません。

　軽やかな波動の天体、自分にぴったりの波動の天体がやってくると、"運がよい"と感じられるということです。

　木星なら、おおらかに包み込んでくれる波動なので、やりたいことにもオープンになれるし、金星なら、美しいものへの感受性が高まる。それも、波動ととらえていくとわかりやすいですよね。

 ## 波動が高い人が多い場所にいる大切さ

　もう6年、蘭のフラワーエッセンスを生活にもセッションにも取り入れています。

　それまで本で読んでも今ひとつわかったような、わからないような気がしていた「波動」を体感として理解できたのは、フラワーエッセンスのおかげなのです。

　フラワーエッセンスはすべてそうですが、お花のエネルギー、つまりお花の波動を転写した水だからです。わたしが使っている蘭のエッセンスは、蘭が開花したときにその下に水を入れたボウルを置き、花の一部だけ浸し、太陽や月の光も借りて転写するそうです。

　保存にはコニャックなどお酒が使われていますが、それは防腐剤の役割をしているだけなのです。

　花と水は一部しか触れていないのですから、物質がほとんど入っていないわけですが、それでも、エネルギーは入るわけなんですね。

　一見、不思議なようにも思えますが、ヨーロッパなどでは当たり前に売られていますし、水は、ピュアな状態で波動を伝達すると思うと、すんなり受け入れられる気がしませんか。

　と言うことは、わたしたちも、波動の低い人に囲まれていると、簡単に波動が下がってしまうものかもしれません。なにし

ろ、わたしたちの身体は、成人女性で55パーセントは水でで
きているとか。お互いに共鳴したり、もらったり、あげたりし
ているのだと思います。

　実際、介護現場で働いている方などは、まわりに体調の悪い
方も多いせいか、エッセンスの消費量が激しいことがあります。

　もともと代謝が悪く、体内の水分が多めのわたしがセッショ
ンを始めてから、どんどん太っていくのは、脂肪によって、外
の波動から守られているのかもしれないと思うくらいです。相
手から影響されすぎないようにガードしているのでしょう。

　フラワーエッセンスにもさまざまあり、有名なバッチフラ
ワーレメディなどは感情によく作用し、お年を召した方や子ど
も、ペットなどにとくによいと言われています。

　わたしの使っている蘭のフラワーエッセンスは、蘭が地面か
ら離れた、高い位置で咲くことから、高次の意識に作用すると
いう説もあるようです。

　フラワーエッセンスを使ったからと言って、必ず運がよくな
るとは言えませんが、「最近、落ち込みやすいな」「疲れやすく
なったな」と感じたとき、もしかしたら、波動が落ちているの
かもしれません。自分を整えるために、フラワーエッセンスと
いうツールを覚えておいてもらえたらいいな、と思います。さ
まざまな国のさまざまなブランドがあるので、自分に合うもの
を探してみてくださいね。

インテリアを整えると
波動が上がり、運がよくなる

　ここまで、「波動」とは何か、「波動の高い、低い」とはどういうことか、運がよくなるには「波動を上げる」こと、「波動の高い人と一緒にいる」ことが大切だとお話ししてきました。

　それは、人だけではなく、空間にも言えると思います。

　自分が気持ちよくなるようなインテリアのなかにいることは、とても大切なのです。

　わたしは、30代半ばで星占いを書くようになる以前は、インテリアやライフスタイル分野の雑誌エディター、ライターとして仕事をしていました。

　始まりは、「環境」や「空間」が奏でるハーモニーが自分にもたらしてくれる幸せの秘密を探りたいという思いでした。すべてが調和している空間にいるときの心地よさを、「波動」という概念は知らなくても感じていたのだと思います。

　今でも思い出すのは、20代、イギリスでひとり旅をしたときに泊まったベッドアンドブレックファスト。部屋中、ピンク系のファブリックと白の藤の家具でまとめられているのですが、それがとても素敵なのです。普段のわたしの好みは、もっとプレーンなものでしたが、プリンセス気分で一晩、うっとりと過ごすことができました。朝起きたときにはとても幸せな心地になっていました。あの部屋の波動が高かったのは間違いな

いでしょう。

　ライフスタイル分野のエディターとして仕事をしていた当時は、全国のお宅訪問をしていたので、15年で延べ200軒以上は訪れていると思います。何回かは海外取材の経験もあり、世界のお宅訪問も楽しい思い出です。パリや西海岸で、「あなたのクローゼットを見せてください」などと扉を開けてもらったりもしていました。取材した人たちは、みんな素敵な部屋に住んでいるわけですが、彼らは"運がよい"方たちでもありました。自分の好みや喜びを知っているからこそ、自分が心地いいと思う場所を選べる。予算の問題ではなくて、自分軸があるかどうかという生き方の問題なのです。

　その経験もあり、「運がよくなりたいなら、収納やインテリアを整えるのも早道」だとずっと考えていました。それは波動のよい、心地いい場所に日々暮らすことによって、自分自身の波動が上がるからなのだと今ならわかります。

　もちろん、家族と同居していると、なかなかそうもいかないものですよね。そんなときは、憧れのホテルにひとりでお泊まりするのもいいですね。お泊まりが無理なら、デイユースでもいいですし、カフェやスパなどで短時間過ごすだけでも、切り替えられるものです。体内の水分を入れ替えるようなイメージをしてみると、なおいいでしょう。

　会社でパソコンの電磁波や忙しい納期を気にしているイライラした人に囲まれていると、自分の波動は下がってしまって当

然だと思います。荒々しい波動を手放せるような、水辺や公園をお散歩したり、お気に入りの喫茶店に行ったりするだけでもいいのです。切り替えを忘れないことがとても大切です。

05 ファッションもメイクも、波動アップのタリスマン

　3年半前、40代の終わりに着付けを習い始めました。50歳になったとき、なんとかひとりできものを着て外出できるようになっていました。

　とは言え、毎日きもので過ごすのはハードルが高すぎました。原稿の執筆、セッション、料理に畑仕事とやるべきこともたくさんあったからです。ひとまずは、お茶のお稽古が月2回あったので、お茶にきもので行くことを当面の目標に、わたしのきもの生活が始まりました。

　もともとお茶の先生がいつもきものを素敵に着ているのに憧れたのが、着付けを習った動機だったので、きものを着て、お稽古に行けること自体が子どものようにワクワクと嬉しかったのです。

　きものには着ること自体に喜びをもたらしてくれる面がありました。考えてみると、きものの大半はシルクや麻、木綿など自然素材です。上質な自然素材を身につけることで、肌が呼吸しやすいような感覚がありました。着付けもだんだんこなれて

くると、一日きものでいても疲れなくなったのです。

　占星術ではタリスマンと言って、身につける宝石などで惑星の悪影響から身を守る、お守り的な考え方があるのですが、上質な自然素材でできたきもの、とくにシルクは波動がよいタリスマンなのだ。だからこそ、こんなにもきものを着ること自体に喜びがあるのかもしれないと気づいたのです。

　実は、フラワーエッセンスでお薬をやめられたのですが、40代半ばの数年間、甲状腺機能低下症になったせいか、随分太ってしまっていました。サイズアウトしてしまうと、ファッションにもあまり興味を持てなくなっていたので、きものでいると、たくさんの人が褒めてくれるのも予想もしなかった喜びでした。

　もともとファンデーションがあまり好きではなく、メイクはベースと口紅くらいだったのですが、きものは華やかなので、顔だけが地味になりすぎてしまう。そこで、メイクもそれなりにするように。すると、メイクも一種のタリスマンで、それによって波動が上がることに改めて気づかされました。仕事をもつ女性も増えるなか、働いてばかりだと重たい波動になってしまうものですが、日常生活にはもう少し潤いが欲しい。だからこそ、現代の女の子はみんな、マニアックなまでにメイクに夢中なのでしょう。

　それは、わたしが星を好きになったときと同じでした。

　月も太陽も惑星も、電気などなくてもまわっている。東京に

いたとき、大都市で働きすぎて疲れてしまっていても、新月の闇夜の星たちが、きらめく満月が心を癒してくれる。そんな自分の出発点にもきものは気づかせてくれるようでした。

　メイクもファッションも、波動アップのタリスマンで、わたしたちを幸せにしてくれるものなのです。

 06 わたしたちの水を いつもきれいにしておく大切さ

　もう3年、月2回はきものを着て、お茶に行くという生活を続けているわけですが、それが生活のよい句読点になり、溜め込みがちだったストレスも随分、流せるようになってきました。蘭のフラワーエッセンスやあとでお話しする自然療法のクラシカルホメオパシーのレメディも使っていますが、茶道のおかげも大きいと感じます。

　わたしは正座ができないという体たらくなので、裏千家の先生ではありますが、テーブルのプライベートレッスンでお願いしています。とても可愛くて、素敵な方なので、先生をひとり占めできるのが嬉しく、いつもあれこれおしゃべりをさせていただいています。きっといろいろなことを吐き出して、また元気になっているのです。お稽古というよりは、魂のお洗濯に近いものがあります。

　どうしてかなあと思うと、ここにも〝水〟の存在があるんで

すよね。

　茶道では水差しにも、炉にかけた釜にもいつもきれいなお水をいっぱいにしておきます（テーブルではポットいっぱいの、適温のお湯になります）。

　身体に入るものなので、汚い水ではいけません。お客さまに所望されたら、すぐにおもてなしができるように、きれいな水があることが大事なのです。亭主となる方は、常に、水について気にしています。古いものを手放し、新しい水を維持する。

　それは生命の循環そのもののように思えます。

　2023年の3月24日に、約15年ぶりにやぎ座から、みずがめ座へと冥王星が入りました。2023年と2024年は、やぎとみずがめ座を行き来したあと、冥王星は、2024年の11月20日にみずがめ座へと入り切ります。2025年から、本格的にみずがめ座冥王星時代が始まるわけです。

　みずがめ座の象徴である"水がめ"はまさに水差し、ピッチャーです。わたしたちも、新しい時代に波動を合わせていくには、わたしたちのなかにある水をきれいにしないといけないのです。

　わたしたちのなかにある水とは感情であり、記憶です。みずがめ座は12星座の11番目の星座なので、終わりに近づいた12星座の旅で、溜め込まれてきたものを流し去る必要がきっとあるのです。

みずがめ座の神話ではゼウスにさらわれた美少年ガニメデが神々に水と神酒を混ぜたものを注いでまわるときに誤って、こぼしてしまったとされています。このときに、水と神酒が入っていた水がめが星座の象徴です。こぼした先には次のうお座の象徴である魚が待っていて、魚の口に注ぎ込まれるとも。

　わたしたちも、2024年11月20日からのみずがめ座冥王星時代に、わたしたちのなかの水という感情や記憶を浄化して、次のうお座冥王星時代に向かう必要があるのです。

Lesson 2

「もっともっと」を手放す

やぎ座冥王星から、みずがめ座冥王星時代へシフト

ではここで、もう少し占星術的な裏付けを書いてみますね。

木星と土星がみずがめ座で出会い、風の時代がやってくるという話は、2020年頃、巷をにぎわせました。

木星と土星の出会いは、グレートコンジャンクションと呼ばれ、1981年を除いては、長年、土の星座で起こっていたのがこれからは風の星座で起こる。そのため、時代精神が大きく変わるという説です。

ただ風の星座と言っても、実質としては、みずがめ座でのグレートコンジャンクションですし、木星や土星がみずがめ座から去ってからも、2023年に冥王星がみずがめ座にやってきています。

2023年と2024年の冥王星は、やぎ座とみずがめ座を行ったり来たりしていましたが、2024年11月20日にはみずがめ座に入り切る。レッスン1でも書きましたが、2025年からは、"みずがめ座冥王星時代"となっていきます。

いよいよ本格的な「風の時代」になりますが、実質的には「みずがめ座の時代」でもあるのです（ニューエイジで言われる"アクエリアスの時代"の理論とは違います）。

　みずがめ座の前のやぎ座冥王星の時代は、2008年から続いていました。

　やぎ座は、みんなで同じルールのもと、ひとつの山を目指すという世界でした。同じ目標を大人数で目指すので、ときには椅子取りゲーム的な競争も生まれます。やぎ座冥王星的な意識に支配された人は、人より上に行きたがり、ときには他者を蹴落としたり、マウントしたりする風潮もありました。

　組織の序列が大切にされるので、トップダウンで多くのことが決まり、アカデミック、スポーツ、エンタテイメント。あらゆる世界で、ハラスメントも横行していました。

　そんな流れにストップをかけたのが2020年春から2023年春にかけて、冥王星の先触れのようにみずがめ座に入った土星です。過剰なまでの経済活動で高まった地球の熱を冷ますかのように、世界は動きを止めました。

「ステイホーム」や「ソーシャルディスタンス」。引きこもり、人と距離を置くのは、みずがめ座の世界そのままです。孤独になる人もいる一方で、パーソナルスペースが生まれるなか、「もっともっと欲しい」というやぎ座冥王星の時代に、たくさんの人たちが疑問をもち始めました。

ただ、まだ冥王星はやぎ座にあったので、みずがめ座冥王星の時代に対しては、どこかアタマだけの理解だったと思います。でも、2023年と2024年からは、いよいよ時代は変わり始めているのです。

 宇宙にシンクロするのが　運気アップの基本

なぜ冥王星のみずがめ座入りによって、本格的に時代が変わるのかと言うと、惑星によって、作用する意識が違うということです。

土星は、「現実やルールの星」とよく表現するのですが、顕在意識のレベルに働きかける惑星なのです。土星が入ると、社会全体のわかりやすいルールになるので、みずがめ座の土星時代は、多くの人が「ソーシャルディスタンス」と「ステイホーム」を守ることになりました。

対して、冥王星は、意識の光である太陽からとても遠いところにあるので、わたしたちの心のとても深いところ、つまり潜在意識のレベルに作用するのだと思います。

冥王星の働きによって、ようやく2020年以来の流れがわたしたちの潜在意識にも届くようになるのですね。

2023年と2024年は、新しい波に乗っている人とそうでない人とで二極化しているようにも見えましたが、冥王星という視

点をもつと、その理由がわかるのです。みずがめの時代の波動にシンクロしているグループとまだやぎ座の時代の波動にシンクロしているグループで分かれているんですね。

　いつの時代でも、宇宙とシンクロしていることが運気アップの基本です。わたしたちも宇宙の一部なので、ここでお話ししてきた「波動」の大本は宇宙だととらえると、わかりやすいかもしれません（わたしたちは太陽からパワーをもらっているのはわかりますよね。太陽も宇宙にあります）。

　影響を受けすぎても、つながれなくても苦しくなる。自分なりのリズムでいいので、宇宙からエネルギーを受け取り、時代に合わせて、意識や行動を変えていくのです。

　いつもサーフィンにたとえてお話しするのですが、星の波乗りがうまいかどうかは、生まれたときの星まわりもありますが、運動神経によるところもあると思います。波をそんなに読めなくても、直観で波に乗れる人もいれば、波がいつ来るかは計算できるけれど、乗るのが下手だという人もいますよね。

　また初心者が乗り方もわからず突進したら、大波に流されてしまうこともあると思います。むやみに焦るのも違うのですが、まずは、「時代が変わる」ことには心をひらいてみましょう。

　みずがめ座に冥王星が入ることでユートピアが来るわけではないし、ただ時代が変わるだけなのですが、古い価値観に引きこもってしまうと、宇宙の波動とシンクロできないことから、苦しくなってしまうでしょう。大切なのは、みずがめ座へとシ

フトする時代の変化に背を向けないことです。関わり続けること、変化しつづける社会のなかで、自分ができることを探ることがきっととても大切です。

 偏見やシャドウなく、世界を見つめる

　みずがめ座の冥王星の時代は始まったばかりなので、当たり前ではあるのですが、シンクロできずに苦しんでいる人は多いと思います。

　わたしたちの顕在意識は、それなりに新しい時代にシフトできるのですが、頭だけの理解にとどまり、本質から変容できないと、抵抗が生まれてしまうからです。

　新しい時代に合わせていける人を見て、感情的な痛みが生まれたり、シャドウにしてしまったり。すると、「見たくない、怖い」という感情が生まれてしまい、本当はお手本にできる自由な意識をもつ人を遠ざけてしまうかもしれません。

　とてももったいないことですが、シャドウを投影し合うことによるトラブルは、たくさん起こっているように思います。

　ホロスコープリーディングの個人セッションをしていると、わたしたちが宇宙からエネルギーをもらっていると実感します。上手にもらえている人、波に乗れている人はジャッジメン

トや偏見がなく、人生に起こることをしるしとしてとらえて、ありのままに受け取ります。そのうえで、必要な選択をしていくので、シャドウも強くは働きません。

シャドウとは心の影。

たとえば、自分がそうであったかもしれないと思う人生を歩んで、輝いている人を羨ましく思っているとします。それを認めないでいると、マイナスの引き寄せが起こり、逆にそうした人によく出会うようになり、疎ましく思ってしまうことがあります。

ひとつの会社でキャリアを積み上げ、管理職になったけれど、心の奥で会社を辞めたい気持ちがある人は、フリーランスや起業で活躍している人をシャドウにするかもしれません。

本当は子どもが欲しいのに仕事中心で生きてきた人は、子どものいる専業主婦の方がシャドウということもあるでしょう。

そんな気持ちが働くときも、冥王星的な視点を思い出すといいでしょう。

どこかで、冥王星がやぎ座にある過去の時代のように、正しい生き方がひとつだけあり、自分は間違っていない、正しい山を登っていると思いたいのかもしれません。

でも、これから冥王星が入るみずがめ座は、多様性の星座です。ひとりひとりがわたしになればいい。会社にいてもいなくても、結婚してもしなくても、子どもがいてもいなくても。それが自分のハートから生まれた選択なら、問題はないのです。

そんな自由な精神に比べると、「会社を辞めて起業しなくてはいけない」とか、「リスキリングをしなければいけない」とかの「ねばならぬ」のマインドは、自由ではないとわかりますよね。単にトレンドの、時代の気分に踊らされているのかもしれません。ジャッジメントや偏見、シャドウなく世界を見られていれば、世界もたくさんのものを与えてくれるはずです。

 宇宙の計画は、全員で「風の時代」に進むこと

「風の時代」行きの電車があって、自分だけ乗り遅れるのではないか。そんなふうに考えてしまっているのかな、と思うくらい、心細そうな人も目立ったのが2023年と2024年です。

でも、焦ってもいいことはないと思うのです。

確かに、冥王星がやぎ座とみずがめ座を行き来した2023年と2024年は、やぎ座冥王星にシンクロしたグループとみずがめ座冥王星のグループで、まったく違う世界に生きているかのようでした。波動の違いによって、相容れないために、願っても会えないこともあるからです。

2024年の11月20日に冥王星がみずがめ座に入ると、二極化はだいぶ落ち着いてくるでしょう。

ただ今度は、土星という、先ほども書いた顕在意識レベルの星がうお座にあるので、ワンネス、「世界はひとつ」という感

覚がマストになるでしょう。宇宙の計画は、全員で「風の時代」に進むこと。みずがめ座の時代に進めない人、船に乗れなくて、助けを求めている人がいたら、助けて、甲板にひっぱり上げる必要はあると思います。

　わたしと大槻麻衣子さんで、この本を書いているのもそのためです。少しでも先に目覚めている部分があるとしたら、あとから来る人たちに手を差しのべられたらと思うのです。

　とは言え、そこから先は、個人の力がもっとも大切です。

　この本の打ち合わせで、十数年ぶりに麻衣子さんと対面でお会いしたときのこと。

　みんなが自由に飛び立つさまを麻衣子さんは、「わたしの風に乗る」と表現してくださいました。『風の谷のナウシカ』ではナウシカは、メーヴェというひとり用の飛行装置で空を飛びますね。メーヴェを扱い、運転するのも、風に乗るのも自分自身だからと。

　本当にそのとおりだと思います。

　溺れている人がいたら、甲板にはひっぱり上げようとするし、波動をアップする方法も教えることはできる。でも、そこからは、自分で飛び立たないといけないのですね。どんな方法で波動をアップするかも、行き先も自分で決める。羅針盤はハートだけ。もちろん、星もときに指針になり、北極星を教えてはくれるでしょう。でも、メーヴェの船長はめいめい、ひとりひとりなのです。怖くもあるけれど、でもきっと、自由は素

敵なことでもあるはずです。

 波動が上がらないのは潜在意識の重荷のため

　冥王星のみずがめ座入りについて、
「やぎ座が1階だとすると、
今までは1階にいても大丈夫だったけれど、
みずがめ座に冥王星が入ることで、1階には水が入ってくる。
2階に行かないと立っていられなくなるかもしれない。
でも、2階に行く階段はないので、波動をアップさせて、
ふわりと上がらないといけないの」
　と数年前までは説明していました。

　水＝感情なので、古い時代の感情的な痛みが潜在意識にあると、決壊したかのようにあふれてくる。忘れたはずの記憶におぼれてしまうこともあるので、手放すことを促すつもりだったのです。

　でも、世界各地で紛争が起こり、国内でもエネルギーや食品、生活必需品が値上がり。能登半島地震や夏には宮崎の地震のような大きな災害も起こり、南海トラフ地震への注意も叫ばれるなかで、みんなが不安を感じている。こうした説明は、恐怖を与えるだけで逆効果だと思うようになりました。

　恐怖は重たい波動なので、「なんとかしなきゃ」と焦るほど、

むしろ身動きできなくなってしまうかもしれません。

　災害で家のなかに水や泥が入ってきたら、あと片付けをしますよね。そんなとき、焦ってがんばっても、たいして進まないものです。ゆっくりでいいのですが、始めないことには何も変わらない。まずは落ち着いて、汚い水＝感情の痛みを汲み出すことが大切なのです。

　これまでのやぎ座の冥王星の時代は、「もっともっと」という欲望の時代でしたね。

　そのため、感情の痛みさえ手放せなかった人も多いのだと思います。この本が出る2024年の10月は、まさにやぎ座冥王星時代の最終章。手放せた人から上がっていきますが、しがみついたり執着したりしていると、どんどん苦しくなっていくこともあるのではないかと心配しています。

　かく言うわたしもつい最近、古い感情の痛みを手放す経験をしました。レッスン4で詳しくお話ししますが、蘭のフラワーエッセンスとともに、クラシカルホメオパシーという自然療法の勉強も始めて、自分を癒すことを続けているためかもしれません。その過程で、マヤズムというとても深いところにある病理を癒すレメディを自分で選んでみたのです。

　すると、自分でも忘れていたある満月の記憶とともに、そのときの感情まで、まざまざと浮かび上がってきたのです。それは怒りの下に眠っていた静かな悲しみでした。前に進もうとどんなにがんばっても、こんな悲しみがあったら、波動が重く

なってしまうだろうと思ったことでした。

　がんばっても、がんばっても、満たされないとき。結果が出せないように感じるとき。潜在意識が重くなっているのかもしれません。

心の痛みが浮かび上がったら、癒すチャンス

　身のまわりでも、セッションにおいでになる読者の方でも、昔の出来ごとが未だに傷となっていることに、今になって気づいていることがよくあります。

　たとえば、2024年の初めには、コロナ罹患をきっかけにお子さんが不登校になってしまったという方がセッションにおいでになりました。何でも、ゼロコロナを目指しているなかでコロナになってしまったために、「自分がとても悪い病気になってしまった」「自分は悪い子だ」と思い込んでしまい、学校に行けなくなったのだそうです。エネルギー的には男性の担任と父親が一緒になって、部屋に閉じ込めてしまったようなものだと。

　ひとまずは、クラシカルホメオパシーの専門家であるホメオパスをご紹介しました。またヒプノセラピーで、担任や父親との記憶を癒したら、学校に行けるかもしれないと思ったので、麻衣子さんのヒプノセラピーも推薦しました。

　やはり、心のお医者さまにかかるのはハードルも高いもの。

地方だと選択肢も少なく、どうしようか考えあぐねているうちに何年も経ってしまうこともあると思います。とくに、不登校のお子さんにとっては、癒しは早いほうがいいでしょう。大人になってからでは、なかなか心をひらいてくれないかもしれません。こじらせる前に手を打ったほうがいいのです。

　以前だったら、セッションを通じて、今、問題になっていることの根っこにある出来ごとを掘り出したものでしたが、今はこのように、痛みや原因はすでにわかっていて、わたしの言葉に反応して、ご自分から話し出す方が多い印象です。もっと前の、子ども時代のことでもそうなのです。

　これはきっと「土の時代」の終わりとも関係していることなのでしょう。

　つまり、みずがめ座とやぎ座を冥王星が行ったり来たりしているために、まるで、排水溝をゴシゴシ掃除しているように、「土の時代」の汚れが浮かび上がっているのですね。

　傷が浮かび上がってきたとき、「すっかり忘れたと思っていたけれど、傷がまだかさぶただった」と気づいたとします。かさぶたですから、また痛くなるかもしれないと思い、痛みを感じたくない、それ以上、刺激は欲しくないとばかり心を閉ざすと、外からよいものが入ってこなくなります。

　でも、こうしたときこそ、癒すチャンスなので、心を閉じてしまうのは本当にもったいないのです。

　今は昔と違い、ヒプノセラピーや蘭のフラワーエッセンス、

クラシカルホメオパシーのレメディのようなツールがたくさん
あります。今すぐお願いする必要は感じなくても、どこに相談
すればよいか、癒しの選択肢があることを覚えておくと、安心
感がまったく違うものだと思います。

「やりたくないことはやらない」時代に

 **みずがめ座のエネルギーを知っておこう**

　2024年11月20日に冥王星が入るみずがめ座のエネルギーについて、いつもこうお話ししています。
「ひとつ前のやぎ座が
高い山に登るようなエネルギーなのに対して、
みずがめ座は山に登っても意味がないとばかり、
初めから登らないところがある。
山のふもとで楽しく過ごすほうがいいという世界観です。
もしくは、登り切った先にある高原かもしれません。
身体性を大切に、ペースを落として働く。
競争せずに、自立した者どうしが協力し合うのです」
　国で言うと、フィンランドがイメージです。
　デンマークやスウェーデンなど他の北欧諸国もライフスタイルは似ているのですが、こちらは王さまがいます。フィンランドには王さまがいないのです。フィンランド人の関係性はとてもフラットで、対外的にも長い間、国境を接するロシアやス

ウェーデンに苦しめられてきた歴史をもつので、他国に対しても理解があります。

　日本で言うと、東京の中央線文化もそうかもしれません。東京23区の中心は、日本中から集まってきた優秀な人たちによって、競争が繰り広げられていますが、中央線はそこから少し外れた感性があるためです。でも、本当の田舎ではなくて、"少し"外れているのがキモ。

　今住んでいる京都市なら、洛中ではなくて左京区です。周辺の楽しさというものがあります。

　トップに立つと責任が生じるので、みずがめ座的な世界ではピラミッド型の組織は嫌われ、自由でいたい人が増えるでしょう。空間や時間、ジェンダー、ジェネレーションによるギャップも嫌われます。

　でも、"長いものに巻かれない"姿勢を貫き、個人でいるためにはひとりひとりに力が必要ですね。

　今までの日本なら、人口が多いために安い労働力で資源不足を補ってこられましたが、今後は、人口は少なくても、ひとりあたりのGDPが多い。そんなみずがめ座的な国家に舵を切らないといけなくなるでしょう。

　ジェンダーによる差別がなくなるということは、甘えもゆるされなくなる。若い人は、ひとりひとりが経済力をもち、自活していくことが大切になるでしょう。家族単位で責任を取るというモデルも、なり立たなくなるはずです。

自分を犠牲にして、ガムシャラにやるのはやぎ座的です。そうではなくて、ひとりひとりが自分を活かして働いていけるように、システムを整えていくことが必要なのです。

　カギとなるのは、「ひとりひとりが幸せを感じられる」ワーキングスタイルであり、ライフスタイル。「自分にとって大切なもの」を間違えなけば、未来は変えていけるはずです。

 やりたいか、
やりたくないかを判断基準にする

　2024年の立春を迎えた頃の話ですが、あるフリーランスの方とお話ししていたときのこと。2023年の年末から進んでいた企画がなくなってしまったと落ち込んでいらして、「最近、星まわりで何かありましたか」と聞かれました。

　詳しくうかがってみると、「本当はやりたくなかった仕事を諸事情あって、引き受けてしまった。それにエネルギーを取られているうちに、やりたい企画が頓挫した」ということでした。

　2023年の秋、仕事が少なくて不安に襲われた時期があり、以前もうまくいかなかったクライアントなのに強引に迫られ、断ることができなかったのだそうです。いざ始まってみると、やはりコミュニケーションがうまくいかず、エネルギーを消耗されていたのでした。

「2024年の1月21日に冥王星がみずがめ座に入ったのですが、

風のエレメントの星座であるみずがめ座の波動は、やぎ座より
ずっと軽いんですね。だから、やりたくないことをイヤイヤ
やっていると、波動が重たくなってしまう。それで、新しい波
動に乗っていけていないのかもしれません」

　そう説明すると、心底、納得されたようでした。

「やりたくないことではあるのですが、以前、成功した企画の
第2弾なので、今回も売れることが期待されている。この仕事
の報酬を運転資金にして、本当にやりたいことにお金や時間を
投資できると思ったんです。でも、その後、すぐにもっとやり
たい仕事のお話が複数来て、やりたくないほうの仕事は引き受
けなければよかったと本当に思います」

　と肩を落とされていました。

　気持ちはよくわかりますし、お金を稼ぐための仕事が悪いわ
けではありません。家族のためを思ってのことなら、むしろ
“尊い”と言えるでしょう。でも、会社員と違い、本来は、仕
事の選択ができるはずのフリーランスの方が「お金」だけを基
準にしてしまうのは「土の時代」的かもしれません。依頼があ
ると、もったいなくて断れないというのもそうですね。

　もちろん、労働の対価は当然もらうべきで、“タダ働き”や
“やり甲斐搾取”はあってはならないこと。

　でも、「風の時代」は、“やりたいか、やりたくないか”とい
う個人の意思を判断基準にすることが欠かせない。それは覚え
ておくと役立つと思います。

レッスン1でもお話ししたことですが、みずがめ座の象徴の水がめとは、水を入れるピッチャーです。わたしたちも、自分の置かれた状況がゆるすかぎり、"やりたくないこと"から遠ざかり、自分という器のなかの水＝感情をきれいにしておくことが今後は大切になるのです。

　断ると、いろいろなハレーションが起こるもの。大人になるほど勇気が必要ではありますが、上手にノーを言うことを考えてみたいですね。逆に、「やる」と決めたなら、その仕事を徹底的に愛すること。お金のために引き受けた自分のことも受け入れること。後悔しないほうがエネルギーは無駄にならないですし、疲れることが減ると思います。

 見極めには 潜在意識にある痛みを癒すこと

　みずがめ座に冥王星が入ってからのイメージが少し見えてきたでしょうか。

　やぎ座冥王星の影響で、「やりたくないことでもやって、達成しようとして、結果が出ない」ケースは、他にもありました。

　たとえば、リスキリング。このまま会社勤めでは未来がなさそうだから、何かしなくてはならないと考えて、「とりあえず院に行く」というような人も多かったのですが、これはもっとも避けたいケース。

「勉強したいことを楽しく学ぶ」のはみずがめ座的な選択なので、もちろん大賛成ですが、「お金もたくさんかかるし、勉強もハードだし、考えると気が重くなるのに、やろうとする」のではまったく話が違います。でも、後者のタイプも、とても多いのです。

　リタイア後についても同様です。「人生100年時代」になったらしいから、とりあえず早期リタイアして、起業しようと考える。「やりたくてたまらないこと、みんなに奉仕したいアイデアがあるから、起業する」ならみずがめ座的選択ですが、「いろいろ計算しても、融資を受けても、うまくいく採算が見えない。考えると気が重くなる」では無理ですよね。でも、こういう方もおいでになります。

　"やりたいか、やりたくないか"がわからないという方も大勢いますし、「興味がある」と「やりたい」は違うのも忘れずに。「会社にいる自分より起業している自分のほうが素敵だから」というのも、本当の「やりたい」とは違いますね。

　レッスン1でお話ししたことと重なりますが、本当にやりたいことを見極めるには、潜在意識にある感情的な痛みを癒していく必要があると思います。痛みを見たくなくて、心を麻痺させてしまっていると、本当の気持ちは見えてこないのです。

　Fさんという方がいました。Fさんの母親は、独身時代、家政婦をしていたそうで、家事を完璧にこなせる人でした。それで、Fさんが幼い頃、お手伝いをしても、いつもダメ出しをさ

れていたために、家事や結婚に興味がもてなくなってしまった
そうです。

　大人になった彼女は "やりたいこと" "心が動くこと" ではなく、"できること" だけを選ぶようになり、シングルのまま仕事をがんばり、管理職になって、50代を迎えました。

　リタイア後が視野に入ってくるなかで、「今までできることだけをしてきたから、やりたいことがわからない」と話してくれました。

　いろいろお話ししていくと、今やりたいのは休むことだ、という場合もあります。それなら、思い切って休んだほうがいいのです。本当にリラックスして、休息が取れると、わたしたちは自然に動き出すものです。

　だって、生きものなのですから。植物と違い、手も足も、目も口も鼻もついています。自分の身体性で、直観的な選択をしていくことで、本当の意味での人生のクリエーションが生まれるのだと思います。

 ## 04　人生とは幸せになる、楽しく生きるためのもの

「石の上にも3年」「人に迷惑をかけるな」「我慢ができてこそ大人」。昭和生まれの世代にはこんなフレーズはきっとなじみのものですね。

「やりたくないことはやらない」なんて、昭和の時代には大ひんしゅくだったと思います。

やりたくないことでも、みんながやっていたら我慢して同じことをするべき。

上の人が言うことには従うべき。とくに自分が投票した首長なら最後までついていく。

世間体があるから、ハートの言うことは無視する。

こうした昭和マインドは、みずがめ座に冥王星が入ると、真逆になると思ってください。ネガがポジに、ポジがネガに反転するのです。

やりたくないことは、みんながやっていても、ノーと言う。

上の人が言うことでも、間違っていたら従わない。

世間体など気にせずに、ハートの言うことに従っていく。

これが新しい時代なのですね。

昭和のサバイバル方法は、狭い国土に人口が多いなかで、競争が生まれ、それが生産性や国力を上げ、資源不足を補う。敗戦国としてのプライドもあり、経済で世界を牽引するというものでした。それはそれで、あの時代の正解だったのかもしれません。

でも、これからは違うのです。

先日、BSのテレビ番組をなにげなく見ていたときのこと。「世界で一番幸福な国」と言われるデンマークで、おじいさん

が「デンマークは550万人しかいないから、ひとりひとりが楽しく生活することで、文化が豊かになるんだ」と笑顔でインタビューに答えていました。これは真理だと思うのです。

　人生とは達成するためではなく、幸せになる、楽しく生きるためにあるもの。

　それがこれからのみずがめ座冥王星時代の北極星になるはずです。でも、効率的にお金を稼ぐためには王道があるとしても、自分が楽しいと思うことは自分で見つけるしかありません。それはホロスコープ（生まれたときの星の配置図）にも書いてありません。

　何をしたら楽しいのか、幸せと感じるのか。それは、ひとつひとつ自分で確かめていくことです。楽しむことで人生の扉はひらかれ、人生はあなたに豊かさを差し出してくれるのです。

 05 生活を楽しむ。
創造的なライフスタイルを意識しよう

　わたしはずっと「人が幸せになるライフスタイル」を探し求めていました。それがどうしてなのかもはやはっきりした記憶にないほど、自分にとっては当たり前のこと。

　ひとつは海外の児童文学で育ったこと。欧米や北欧を中心に児童文学のなかに描かれた暮らしに憧れました。

　また小学生のとき、母が朝日新聞で、『世界の地理』だったか、

週刊で薄い冊子が送られてきて、それをまとめると事典になるというシリーズを子どものためにと購読してくれていました。そのなかに世界中の家族と暮らしが取材された2ページの連載があって、アフリカの原住民からパリの素敵な家族まで、世界にはさまざまなライフスタイルがあると知り、興味をもちました。

　もうひとつ、やはり小学生で出会ったのが『私の部屋』という雑誌。長沢節さんや内藤ルネさんが連載していたような、チープシックではあってもセンスのよい暮らしをしようと提案する雑誌でした。大人になって、その雑誌の編集部で働くようになり、その後も20代から30代の初めまで、海外提携誌や流通系の生活雑誌で編集者をしていました。

　専業主婦が少なくなるとともに、生活文化を楽しむ婦人誌も消えつつありますが、「生活を楽しむ」という婦人誌カルチャーの灯は、日本から消えてはいけないものだとも思います。高度経済成長時代、誰もがよく働いてもいましたが、実は遊んだり楽しんだりもしていたと思うんですね。

　ただ、都市部に住んでいる人の多くが平日は会社に勤めて、週末に余暇を楽しむ。休みは盆と正月だけというのが昔の日本。今の暮らしは、そこまで画一的ではありません。

　今は、暮らしを根本からデザインできる時代です。親の近くに住まなくてはいけないとか、女性は家事をして子どもを産まなくてはいけないとか、そういった縛りはもう過去のものです（少子高齢化はもちろん問題ですが、子育てや教育にかかる費

用を無料にするくらいのことをしないと、女性たちはもうあと戻りはしないでしょう）。

　もちろん地域によって、まださまざまな思い込みに近い観念はあるのですが、それらを手放し、個人個人が自分に合った暮らしを作るのがみずがめ座の冥王星時代なのです。

　家族や一族が心を寄せ合い、協力し合い、生きていくことをよしとしてきた人からすると、個人が勝手に生きるように思えてしまうかもしれません。でも、個人が暮らしを作り出すのは、とても創造的なことだと思います。

　ただ、「人生100年時代」と言われ、多くの人がリビングデザインを見直すなかで、リタイア後の仕事や生活を考えていますが、「生計をどうするか」という発想になりがち。でも、「どうやって暮らしを、生きることを楽しむか」と考えていくと、また違う発想が生まれてくるでしょう。

　収入の大部分を住宅に注ぎ込むより、もしかしたら、住まいは団地でもいいかもしれません。高価な車も要らないかもしれません。自分にとって、何が心地よいのか、幸せでいられるのかを自由にイメージして、少しずつ実践していくことが何より大切な時代です。

　もちろん、好きな仕事、負担にならない仕事をずっと続けていくなど、リタイアしない道もあると思いますし、今後は主流になっていくでしょう。どんな人生でも、自分が選択した感覚さえあれば、乗り切っていけるでしょう。そして、他の人の生

き方が気になっても、口は出さないことも大切。相手から相談されない限り、アドバイスはしないことですよね。

 ## できないことを認め、ラクをすることを自分にゆるす

冥王星がやぎ座にあった時代、やぎ座にはひとつの正しい道を完璧に進もうとする性質があるので、多くの人が完璧主義に陥っていた気がします。

でも、それが行きすぎたために、社会は能力主義になってしまい、ひとりひとりはがんばるのが当たり前になり、できない自分を責めはじめてしまっていました。

能力のなさを認めたくないために、近くにいる他者への攻撃やマウンティングも起こりがちでした。

でもときには自分はできない、と認めてしまうほうがラクになると思います。

またわたしの話で恐縮ですが、わたしは子どもの頃からテストはなぜかできたのですが、それは本を読むのが好きで、読解力があったから。でも、その他はてんでダメ。運動神経がなく、球技もかけっこも苦手でしたし、不器用で、大人になるまでお湯しか沸かせませんでした。勉強は学年で一番でも、かけっこは学年でも下から数えるほうが早いという、これだけ能力に差があると、今なら協調性運動障害と判断されるのではと

思うくらいです。

　とくに保育園の椅子取りゲームは、いつも椅子に座れなくて、立ち尽くしていたし、そもそも、「このゲームの意味がわからない」と思っていました。大人になってもそれは変わらず、みんなでひとつの椅子を取り合うような、会社の力関係のゲームにまるで興味がもてなかったのです。

「普通になりたいけれど、できない」というなかで、たまに好きなことで、できることがあると嬉しくてがんばる。それがわたしにとっては雑誌づくり、占星術や星占いだったのだと思います。

　もちろん、できないけれど、できるようになりたくて、努力を重ねることもあっていいと思います。わたしにとっては、それはライティングです。どちらかと言うと苦手意識がありましたが、なぜかずっと原稿を書いています。うまく書けなくても、書くこと自体が好きだったからですね。

　占星術で言えば、努力を重ねて、レベルを上げていくのは土星マターです。わたしの土星は、書くことです。また料理も、初めは惨憺たるものでした。でも、料理ができる人に憧れがありましたから、今は家で食べるくらいは作れるようになりました。好きで積み重ねて、なんとかなってきたので、これも土星マターですね。

　でも、「できないけれど、できるようになりたい」という以外のことは、できない自分を認めて、手放して、ラクになって

いいと思うんですね。

「できるのが普通だから」「完璧にできないとダメ人間だから」「みんなはできているのに」というような思い込みで、できないことにしがみつくのは、波動を重くするだけです。すると、疲れて燃え尽きてしまい、どんどん運が悪くなってしまいます。ラクをしたほうが楽しく、運がよくなるのです。

季節のめぐりを意識して、心と身体を整える

 **12のリズム（太陽星座）と
24のリズム（二十四節気）で自分を見つめる**

　星占いで使われる12の星座は、太陽の通り道を12で分けたもので、太陽星座と呼ばれます。それをさらにふたつに分割したのが二十四節気です。

　12の星座も二十四節気も、太陽のサイクルが基本にあるので、毎年、同じ頃に同じ星座や節気がやってくるため、とても便利なのですね。

　星座占いと言うと、「すべての人を12の性格で分類するなんて乱暴な……」という意見も聞かれますが、二十四節気のように、季節のめぐりにもとづいたもので、春のこの時期に生まれた人は、その時期らしいエネルギーを発揮するというように解釈すると、納得する方も多いのではないでしょうか。

　西洋占星術では、太陽、月、惑星が太陽の通り道のどこに来るかは、実際の星の動きにもとづいています。とても精密なものですし、12の性格と言うより、12のエネルギーのタイプが人にもあるし、12のリズムがあるととらえると、「占いは苦手」

という人も入りやすいのではないでしょうか。

　わたしが星占いを書くときも、この12のリズム、流れを意識しています。占星天文暦と付き合わせてみると、本当にわたしたちは宇宙に影響されていることを実感します。

　二十四節気を意識するようになったのは、きものを着るようになってからですが、和のお稽古などしている人は、二十四節気から、太陽星座をイメージしてみると、星座の性質をつかみやすいでしょう。

　たとえば、12星座はおひつじ座から始まるのですが、スタート地点は春分です。そのため、春分と清明の時期の明るさや活気をイメージすると、おひつじ座を理解しやすいかもしれません。また二十四節気の一気（約15日間）を5日ずつで分けた七十二候も加えてみると、さらにイメージがふくらむかもしれません。

　一年間の時の流れは、目に見えないものですが、確実に存在します。それらを季節によって、感覚でつかんでいくことは、星座のエネルギーや惑星のパワーを感じていくことにもとても役立つでしょう。

　そうして季節を俯瞰する一方で、自分の調子も見つめてみてください。人によって、夏から秋に調子を崩す人、冬から春にかけて落ちる人などとても差があるのですが、ひとりひとりの崩す時期は不思議と毎年、同じ。このリズムを把握するにはただガムシャラに日々を過ごすのではなく、自分の心と身体の調

子をよく見ることが欠かせません。

　その先に、占星術で言うトランジット（現在の惑星の通過）の影響もあります。ニュートラルな自分と、季節のめぐりによってアップダウンのある部分。落ちる時期、上がる時期。これらを把握すると、セルフケアがしやすくなります。

 ## 2日半で変わる月星座のリズムと 新月、満月のサイクル

　月が約2日半でひとつの星座を通過する間、星座のエネルギーが地上に降りそそがれる。そうイメージしてみるといいかもしれません。

　ルドルフ・シュタイナーの思想にもとづいたバイオダイナミック農法などでは、月星座を取り入れた農事暦が使われます（12星座については、西洋占星術でよく使われるトロピカル方式ではなく、サイデリアル方式が使われていることが多いようです）。

　フランスやベルギーなどのEUのオーガニックワイン農家では、実際にこうしたバイオダイナミック農法で葡萄を栽培していることも多いようで、ブリュッセルのソムリエの女性にそうしたお話を聞いたこともあります。

　わたし自身、たとえば、月がおうし座の日にはおうし座の象徴する五感が刺激され、おいしいものを食べたくなったり、ア

ロマトリートメントに行きたくなったり。おとめ座に入ると、非常に仕事がはかどったり。

わたしの生まれたときの星の配置図＝ホロスコープではおとめ座に4天体あるのですが、おとめ座はコミュニケーションをつかさどる水星が支配していて、デスクワークと親和性があるので、原稿も事務仕事もはかどるんですね。

外の世界を眺めていても、月がふたご座にある日は、コミュニケーションが活性化され、とくに今、住んでいる京都ではみんなおしゃべりに。いつもの喫茶店でもうるさいくらい、にぎやかです。

こうしたリズムも、なんとなくでも把握しておくと、スケジュールもコントロールしやすいし、自分の心を見つめたり、調子を把握したりにも役立ちます。

一方、太陽のリズムと月のリズムによって生まれるのが新月、満月のサイクルです。新月では太陽と月が同じ星座の同じ度数で重なり、満月では太陽と月が180度という緊張や葛藤を表す角度になります。

てんびん座に太陽がある時期の新月は必ずてんびん座で起こるし、満月は必ず反対側のおひつじ座で起こります。てんびん座に太陽がある時期、人にひっぱられすぎていると、おひつじ座の満月で、「いや、そうじゃない。自分はこうしたいんだ」と我に返ったりするわけですね。極端になりすぎないよう、月がバランスを取るのです。

こうした心の動きが起こるであろうことが占星術の基礎を知るだけで把握でき、日々のメンタルケアに役立つものです。

　星占いというロマンティックなイメージも嫌いではないのですが、このように、暦として使える部分も多いので、おとめ座に4天体あるわたしはつい実際的になってしまいます。

　自分の心や身体に起こる波を実感している人ほど、月星座とともにリズムを把握してほしいなと思います。

 水星、金星、火星、土星など 天体の「逆行」で起こること

　西洋占星術のなかでも、もっともベーシックなものが太陽系を中心とした占星術です。太陽と地球の衛星である月は別として、ほかの惑星は、"惑う星"と書くくらいなので、地球からは「逆行」して見える時期があります。「逆行」時期は、その天体の性質がネガティブに現れるとされています。

　コミュニケーションや思考をつかさどり、メンタルに影響の強い水星は、年に3回、「逆行」があり、基本的にはだいたい2年間、火・土・風・水のエレメントのうち、ひとつのエレメントで、「逆行」が起こります(隣の星座にかかることもあります)。

　2024年と2025年は、火のエレメントの3星座のどれかで「逆行」になるので、コミュニケーションの混乱にも勢いがあると言いますか、乱暴になることも。長く星よみをしていると、天

文暦を見ただけで、なんとなくイメージが湧いてくるのです
が、派手な混乱がありそうだなあとブルーになったりします。

　金星と火星も、水星と同様、とてもパーソナルな天体です
が、「逆行」がない年もあります。2024年は、12月まで火星の
「逆行」がない。金星と火星の「逆行」がないまま、なんとな
く過ぎていって、年末になって大混乱ということもありそうな
気がします。

　金星は愛の星。金星の「逆行」でよくありがちなのは、同性
の、仲がよい人へのジェラシー。火星は戦いの星。「逆行」期
間では攻撃が他者に向かうこともありますね。そのため、パー
ソナルなレベルの混乱が起こりやすいのが金星、火星の「逆
行」期なのです。

　木星や土星以降の天体、外惑星も含め、遠い天体は毎年、「逆
行」期間があります。その時期にはたとえば、物ごとを現実に
していく働きのある土星の「逆行」期間には、非常に物ごとの
進みが遅く感じられたりします。ギリシア語では時計の時間が
クロノス。カイロスは、時計とは違う主観的な時間ですね。

　惑星の「逆行」する期間も、クロノスの時計時間は普通に進
んでいますから、心理的な影響はカイロスの時間。わたしたち
の心で感じる、「物ごとの進まなさ、遅さ」なんです。

　今は、秋の途中から年明けくらいまでに、外惑星が次々に
「順行」に転じるため、わたしなどは、その頃からいろいろな
ことがスピーディに進んでいくように感じます。でも、それは

カイロス的な時間なんです。

　占星術や星占いは、こうしたカイロス的な話をしているので、「科学的かどうか」はあまり意味をなさない問いのような気がします。「占いは統計学でしょう」と言われる方も多いのですが、それもちょっと違うように思えてしまうのです。

　クロノスの時間がすべてだと思う人にはカイロスの時間はきっとわからないでしょうし、それでいいと思うんですよね。強制するものでもない。

　でも、星とのシンクロ、"思い当たる"感覚が生まれたとき、わたしたちの心はちょっと喜んだりします。それが占星術の楽しいところです。

 04 木星のトレンド、土星のルール、外惑星がもたらすジェネレーション

　生まれたときの星の配置図＝ホロスコープでは太陽が意思であり、月が感情や子ども時代の自分。水星が思考やコミュニケーションのあり方、金星が愛のあり方。火星が行動のあり方。それが転じて、怒りを示すときにも火星を使います。

　こうした太陽に近い天体がパーソナルなもので、サイクルも速い。月はひと月足らずで12星座をめぐりますし、水星、金星は太陽よりは少し短いくらい。火星は約2年です。

　でも、それより離れた木星は、約12年かけて、12星座をめ

ぐり、ひとつの星座には約1年滞在します。そのため、トレンドや時代の気分と密接に関係しています。

それから土星は、言わば、頼もしいガードマンのような天体で、それでいて現世的な知恵もあり、教師的存在でもあります。現実的な道のりを作るのは土星です。約2年半、ひとつの星座に滞在しますが、「逆行」して、前の星座に戻ったりするので、足かけ3、4年、ムードが続くこともあります。

たとえば、コロナ禍は、初めにみずがめ座に土星が入った2020年の春から、土星が抜ける2023年の春まで続きました（5類になったのが2023年5月です）。この間、ずっと「ソーシャルディスタンス」「ステイホーム」が叫ばれたわけですが、その"人と距離を取る感じ"がとてもみずがめ座的ですし、ルールになったのが土星的です。

外惑星のうち、天王星は土星が作った壁を壊していくし、海王星は壁を溶かしていく。そして、冥王星は、天文学では準惑星になりましたが、占星術の世界では相変わらず力をふるっています。冥王星は、扱いが難しい天体で、個人のチャートでは失われているものを示していることもあります。失われているからこそ、求めていくようなイメージです。

喪失感があるとき、人はそれを補おうとするので、強烈な磁力として働いたり、究極のものを追い求めたりもします。見通す力、支配する力として働くこともあります。また、人間が生き残るために使う、本能的な力でもある気がします。

冥王星が入った星座では、破壊が起こり、それとともに変容が生まれ、再生していくということもありますし、その星座の性質が世の中で欲望の方向になることもあります。

みずがめ座に冥王星が入る話をこの本ではずっとしているわけですが、みずがめ座の象徴する「自由・平等・博愛」の世界観が大きく揺るがされ、そのうえで新しく生まれていくものがある。やぎ座までの世界で目をつぶられていた悪習についても、浄化が起こっていくでしょう。

外惑星はまた天王星で約7年、海王星で約13、4年、楕円軌道の冥王星で15、6年から20年というように、ひとつの星座にとても長く滞在するため、ジェネレーションも作り出します。おとめ座冥王星生まれとてんびん座冥王星生まれでは、ベースに働いているものがまるで違うわけですね。こうしたことも世の中でもっと知ってもらえると、違う世代を理解することもできるようになるのにな、と思うところです。

 ## 春分、夏至、秋分、冬至でも　エネルギーが変わる

占星術でその年の運勢を読むとき、春分、夏至、秋分、冬至の瞬間のチャート（四季図）を作るのですが、以前は、それを占星術にさまざまあるテクニックのひとつとして受け止めているところがありました。

でも、セラピューティックエナジーキネシオロジーのプラクティショナーの資格を取って、クライエントのエネルギーを整えるようになってみると、せっかくケアしても、夏至や秋分を過ぎると崩れる様子が頻繁に目にするようになりました。

　「わたしたちは宇宙にシンクロしないといけないんだな。実際に宇宙のエネルギーが四季で変わっているから、わたしたちもエネルギーをこれだけ崩すのだなあ」ということが体感できるようになったのです。

　セラピューティックエナジーキネシオロジーは、イギリス・ロンドン在住のエイドリアン・ブリト＝ババプーレ博士が作ったセラピーです。

　博士はスリランカ人のお医者さまで、現在はロンドンでクラシカルホメオパシーのホメオパスとして、施術をされています。

　レッスン1からお話ししている蘭のフラワーエッセンスのすばらしさに気づき、セッションに取り入れた博士がホメオパシーやフラワーエッセンスなどの自然療法においても、的確な施術が行われるようにと編み出されました。スイスでは健康保険が適用されています。

　施術ではベッドに寝てもらい、クライエントにも経絡のポイントを押さえてもらいながら、プラクティショナーが足の反射を見ていきます。

　ホロスコープは、生まれたときの魂の設計図。精密な情報がわかるのですが、実際に今、その人がどんな状態にあるのかは

探りながら見ていくところがあります。

　でも、セラピューティックエナジーキネシオロジーになる
と、ホロスコープがレントゲンなら、こちらはCTを撮ってい
るくらいに、より解像度が上がります。また蘭のフラワーエッ
センスやホメオパシーのレメディでエネルギーを整えていくの
で、終わられたあとは、みなさん、すごくすっきりされます。

　たとえば、Oリングなども筋肉の反射を使ったテストです。

　左手の親指と人差し指でリングを作り、それを右の人差し指
と中指で作ったはさみで切る。離れなければ、エネルギーが自
分に合っているし、離れるものは合っていないというふうに考
えます。昔は、わたしも懐疑的だったのですが、慣れてみる
と、Oリングを使い、サプリメントや化粧品まで選べるように
なりました。

　要は、「自分の感覚に尋ねる」ということですね。それはホ
ロスコープリーディングでも同じですが、セッションをやれば
やるほど、クライエントのなかにこそ答えがあることを実感し
ます。占い師が一方的に、「あなたの運命はこう」とお告げを
する時代ではないのです。

 ## 感覚が微細になるほど、
自分を癒し、守る発想が必要

　蘭のフラワーエッセンスを使うようになる前から、ヒーラー

さんに頼んで、潜在意識の浄化をしてもらっていたことは書いたと思います。実は、それより以前、20年近く前にもクラシカルホメオパシーという自然療法のセッションを受けています。

ホメオパシーは、日本では疑いをもって見られることも多いのですが、ヨーロッパでは割と当たり前にホメオパシー薬局を見かけ、日本の漢方に近い存在です。また、アメリカの「iHerb」を初め、オーガニックの通販サイトでも、ホメオパシーの考え方を取り入れたアイテムがよく販売されているので、見かけたことがある人も多いのではないでしょうか。

"似たものは似たものを癒す"という考え方にもとづき、物質があると毒になるような植物や鉱物、昆虫などの波動を水に転写し、白い砂糖玉（レメディ）に。飴を舐めるだけという療法です。

20年前にホメオパスという専門家のセッションを受けたときも、わたしにはとても合っていたのですが、合うレメディがわかったのは1、2回だけ。その後、長いこと、自分に合うレメディを見つけてくれるホメオパスに会うことができませんでした。

と言うのも、ホメオパシーのレメディは何百、何千とあるので、カウンセリングでぴったりのものを見つけられるホメオパスはそう多くないのが現実です。

わたしの場合は、蘭のフラワーエッセンスとセラピューティックエナジーキネシオロジーを日本に紹介してくださった

寺山順子さんのご縁で、2019年、野村潤平さんというすばらしいホメオパスに出会うことができました。

その後、「クラシカルホメオパシー京都」というスクールで、セルフケアコースを半年、専門コースを2年、自分でも学んでしまいました。専門コースはまだ2年あるので、学びはまだ途中なのですが、家族や自分のケアはできるようになってきました。

少子高齢化で病院サービスや保険診療も限界を迎え、お薬の流通も以前より少なくなっているなか、簡単なことなら自分でケアできるというのはとても安心です。何もかもドクターに頼るというのではなく、自分で自分を治すとか、病院に行く前の段階で治せる自然療法の当てをもつとかは、これから大切になると思います。

現在、活躍中のホメオパスで、「病院に行くな」という方はいないと思いますが、ホメオパシーは、できるだけ化学物質のお薬に頼らず、自分のなかにある自然治癒力を活かそうとするもの。受ける側も、自分で自分の症状を見つめたり、勉強したりという熱意は欠かせません。

蘭のフラワーエッセンスやホメオパシーのレメディを使っていると、感覚が微細になるため、自分で自分を癒すだけでなく、自分のエネルギーを守る発想も必要になってきます。周囲の想念から生まれる波動に影響されず、愛の存在でいるためにも、こうしたアイテムを上手に使っていきたいなと思うところ

です。

　もともとアタマでっかちで、自分の感情を信じ切れないところがあったわたしも、こうしたエナジーメディスン（波動療法）に目覚めることで、生きることもすごくラクになりました。

Lesson 5

スペースを作り、
本当の望みを知る

 **パーソナルスペースを作る重要性**

　今回、説話社の高木利幸さんに「Sayaさんのメソッドを漏れなく紹介してほしい」と問われ、改めて、わたしのメソッドとは何だろうと考えてみました。

　ホロスコープリーディングでも、蘭のフラワーエッセンスのカードのリーディングでも、セラピューティックエナジーキネシオロジーでも、「自分自身とつながること」をもっとも大切にしていると思います。

　でも、大人として忙しく生活していると、この"自分自身"が迷子になってしまうものなのです（最近では子どもたちも忙しそうですが）。そのとき、わたしがいつもアドバイスしているのは、時間的にも、物理的にもパーソナルスペースを作ること。

　インテリアやライフスタイルのエディター、ライターをしていたのも影響しているでしょう。実家に家族と住んでいるなら、「ひつじ不動産というサイトでシェアハウスを探してみては？」。ママでなかなかひとりになれないなら、「ラグジュア

リーなホテルに1泊、あるいはデイユースでいいから、数時間ひとりで過ごしてみては？」。ワーキングママなら、「週に1回、通勤の途中に15分だけ、モーニングに寄ってみては？」と具体的な提案をいくつも重ねていきます。

　すると、人生に閉塞感を抱いていた人でも、帰るときには「こんなにやることがいっぱいあるんですね」「宿題をたくさんいただいた気分です」と笑顔になるのです。

　これらは、ホロスコープリーディングとはちょっと離れていますよね。でも、わたしは、とても大事なことだと思っています。何も悩みがなくて、セッションに来る人はほとんどいないからです。初めは、「星に興味があって」とだけ言っていた人も、星よみをしているうちに、まったく違う本音や悩みが出てくるものなのです。

　自分のまわりにスペースができると、自然と、窒息したようになっていた"わたし"が息を吹き返し、元気になっていきます。

　そうやって、"わたし"と本当の意味でつながれると、他者ともつながりが復活してきます。"わたし"を無視していると、他者の気持ちも無視してしまうし、"わたし"を虐待していると、他者のことも虐待してしまうと思うんですね。

　セッションの申し込みなどで、失礼な方もたまにはいます。でも、そうした方は、会社などで、リスペクトなく扱われているんだなとわかってきました。自分がどこかで、相手のリスペ

クトのない扱いをゆるしてしまっている。ということは、自分自身に対してリスペクトがないのですが、すると、他者にもリスペクトなく、行動してしまうものだと思います。

　ハラスメントの根っこにあるのも、スペース不足があるはず。苦しいときは、パーソナルスペースを作り、「自分自身とつながること」を意識してみるといいかもしれません。

　何年もかかる場合もありますが、これを続けていくと、だんだんに、「自分がやりたいこと」が見えるようになってきます。親や上司に言われたことだけをまじめに取り組んできた人が自分のやりたいことを見つけたときは、こちらも本当に嬉しくなるものです。

　また、そんなふうに自分の本質とつながってみると、自然と星ともつながれる。「自由意志で人生を選びたい」とこだわらなくても、自分自身を宇宙に明け渡し、オープンマインドで生きていけるようになります。それが結果的に、ホロスコープどおり、自分の星の軌道どおりということにもなるのです。

　ただ本質は、時として、重く感じられることもあると思います。心地よいだけではない面もありますし、本質からは逃げられないところもあるからです。それでも、その道を引き受けていくときに、花ひらくものが必ずあるはずです。

「モーニングノート」に 自分の気持ちを書く

子育て真っ最中で、15分だって時間が取れない。そういう方も多いと思います。

そんなときにおすすめなのが「モーニングノート」。

『ずっとやりたかったことを、やりなさい。』(サンマーク出版)というジュリア・キャメロンさんの著書で紹介されたのが最初でしょうか。日本の自己啓発本でも、一時期かなり流行ったので、ご存じの方も多いはず。

夜つける日記だと、どうしても、その日あった出来ごとを記録するだけになる。疲れて寝落ちしてしまうこともある。でも、朝なら、心のうちが現れるのだと思います。

思い浮かぶままにただ書いていく行為は、瞑想にも似ています。モヤモヤも夢も、全部書いてしまうんですね。すると、心にスペースが生まれ、自分の気持ちが見えてきます。

わたしは12歳から30年くらい日記をつけていたので、知らず知らず「モーニングノート」をやっていたのだと思います。夜だけでなく、朝、喫茶店などでも書いていました。

仕事をしていると、イヤなこともももちろん、ありますね。そんななかでも、自分自身とつながることを忘れず、好きな仕事を続けてこられたのは、「ノートをつけていた」おかげなのだという気がします。

今は日記を書いていないのですが、それは、現在の本業である星占いを書くという行為そのものがわたしにとっては瞑想のようなところがあるから。どんなに締め切りがたくさんあって疲れても、ちょっと休んで時間ができると、結局、星の文章を書いている自分がいます。もちろん、本の執筆も瞑想というところがあります。

　たとえば、これを書いている今は、太陽、冥王星、水星、火星がみずがめ座に揃っています。生まれたときのチャートで、みずがめ座に火星があるわたしには、とても快適な配置ですし（火星、冥王星がコンジャンクションではあっても）、それらの波動を受け取って書いているので、書きやすいんです。星の波動にチャネルを合わせている。チャネリング的なところもあるのかもしれないな、といつも思います。

　一方、星占いは少し先のことを書くのですが、苦手な波動もあります。「書きづらいなあ」と思うような、重たい波動のときも。それでも一定の時間、集中することで、瞑想効果が生まれ、イヤなことが仮にあったとしても、切り替えられるのです。

　これを読んでいるあなたがもし占星術を勉強しているなら、「占いを書く」と肩に力を入れるのではなく、リラックスして、天文暦をひらき、「今日はどんな星の波動かな」とチャネルを合わせてみるだけでも違うと思います。

　それを毎朝、たとえば、通勤電車のなかでやってみる。そうやって、星に波動を合わせる習慣を作ると、自然と自分の心に

もスペースが生まれ、波動が上がっていく。ストレスまみれでいるより、俄然、運がよくなることも多いものです。そうやって、三次元世界とちょっと離れる。トラブルがあっても、正面からぶつかることなく、ちょっと目線をズラすことで、解決策が見えることも多いのです。

03 外的な宇宙と内的な宇宙を 呼応させる大切さ

　占星術の基本は、太陽系の惑星たちの動きと、地上の出来ごとやわたしたちの心が相似形になっているということです。わたしたちの心には内的な宇宙がある。それがこのレッスンでお話ししているパーソナルスペースですが、内的な宇宙と外的な宇宙がうまく呼応していると、心が開放され、安心感を得ることができます。

　その一方で、わたしたちには生まれたときに与えられた、星の配置があります。太陽、月、惑星たちそれぞれに星座が当てられています。それらは、心に刻印され、星の種のように働き、いつしかそれらが育っていき、「わたし」が作られていきます。

「わたし」は、内的な宇宙である心のスペースを聖なる空間として、住みかとしていますが、「生まれたときのわたし」のまま成長できない部分があり、それを外的な世界に投影してしま

うと、主張が強くなりすぎ、頑固な人に思われてしまうでしょう。社会的な評価という面では満たされない人生になりやすいはずです。

　だからと言って、「生まれたときのわたし」を無視して、外的な宇宙に合わせすぎてしまうと、心のスペース、聖なる空間は、混沌としたものになります。葛藤が生まれ、いつも我慢をしているような、フラストレーションを抱えた人生になってしまうでしょう。

「生まれたときのわたし」と外的な宇宙、内的な宇宙にあるギャップを埋めて、「わたし」をバージョンアップさせていく。その舵取りをするのが太陽です。それは、外的な太陽ではなくて、心のなかのスペースに宿った内なる太陽のこと。内なる太陽は、星の種を育て、取りまとめ、「わたし」を成長させていきます。

　そんなふうに内なる太陽を働かせるためには、「生まれたときのわたし」をよく知ることが必要です。この本でもお話ししてきた先祖のこと、過去生のこと、現世の両親のこと。またどんなふうに育ってきたか。どんなときに楽しいと感じ、どんなものに心が喜び、どんなものに夢や憧れを抱いたか。そんなふうに「生まれたときのわたし」と「これまでのわたし」をよくよく理解していれば、どのように外的な環境が変わろうとも、「わたし」を成長させていけるので、変化を恐れることはなくなるでしょう。

惑星たちは、常に休むことなく動いています。その惑星たちと適度な距離でつながっていけば、新しいエネルギーを取り入れ、新陳代謝できる。そして、内的な宇宙という心の聖なる空間は、「わたし」にとって、心から休むことのできる、心地よいものになります。そこに何か葛藤が生まれても、目をそらすことなく見つめて、解決していけるようになるので、外的な世界との間に隔たりがなくなり、内的な宇宙と外的な宇宙を呼応させていけるのです。

　つまり、パーソナルスペースがないようで、自分の意見が言えずに苦しく感じるときは、外的な世界との調和がうまくいっていないのですね。どうしてうまくいかないのだろうという目線で見てみると、相手の苦しみなど自分が見ていなかったことがわかってくることかもしれません。

 ## 「約束の 15 分前到着」が 運気アップの第一歩

　これも2001年に出た古い本なのですが、『理想のわたしになる！　最強のセルフプロデュース術』（きこ書房）という翻訳書があります。

　そのなかで、わたしが長年、できるだけ守っているのが「アドレナリンで走らないで、約束の15分前に到着する」というチップス。

メディアの世界では忙しいほうがいいというスタンスで、平気な顔で遅刻する人もいないではありませんでした。わたし自身も、20代は年に一度くらいは遅刻してしまうことがありました。

　でも、「15分前到着」を始めてみると、そのゆったりした、アドレナリンではないペースのほうが自分に合っていました。

　なにしろわたしは、カピバラだとかウミウシだとか言われるくらい、動きがゆっくりしたタイプ。予定を朝からいくつも詰め込んだりは向いていなかったのです。スケジュールにもスペースを作ることを心がけるようになりました。

　それでも40代までは、時間を有効に使おうとやりくりをがんばったりもしていましたが、50代になった今は、時計の時間であるクロノスには縛られない方向へと向かっています。それには、余裕をもって行動する、予定を詰めすぎないことが大切なのですね。

　今わたしのまわりに残っているのは、基本的にわたしと同じ「遅刻しない」人ばかりです。仕事である程度、結果を出している、とんでもなく忙しい人たちなのに、みな「遅刻をしない」。ドタキャンなども、自身や家族の体調不良などやむを得ない事情以外はありません。

「平気で1時間も2時間も遅刻をする」「相手を待たせても良心の呵責を感じない」「自分の都合で予定を変えてくる」タイプの人たちとは自然とご縁がなくなっていきましたが、その後の

人生を聞く分にはあまり運がいいようには思えません。

　お金もちも貧乏人も、一日の時間は同じだけもっています。自分の都合だけで動き、相手の時間を奪う行為は、まわりまわって、自分の運を下げるものだと思います。

　逆に言うと、「約束の15分前に到着する」ことを心がけるだけで、数十年経ったときには俄然、運がよい人になっているかもしれません。

　やはり、運というのは人を通じてもたらされるもの。よいお話をいただくには、信頼されないと始まりません。長年のお付き合いのなかで、「この人なら信用できる」と思われるには、「遅刻やドタキャンをしない」ことは、とても大切なのです。

　なぜなら、人はやはり、自分を大切にしてくれる人でないと、心から信じることはできないからです。「遅刻やドタキャンばかりの人」と一緒にいたら、どんなに楽しくてもモヤモヤしますよね。「遅刻やドタキャン」をゆるしていると、相手は、どんどん甘えてきます。自己中心的な幼稚さがほの見えたときには境界線をしっかり引く。それも運気アップには大切ですが、そのための一歩として、自分自身がまず「遅刻やドタキャンをしない人」になることが大切だと思います。

 ## "自力と他力" のバランスを大切に

　地道な勉強をコツコツ続けていたら、いつかそれが花ひらくと信じているという若い方とお話ししたときのこと。
「違うことにも目を向けたほうがいい」とお話ししたら、「Sayaさんなら応援してくれると思ったのに」と驚いてしまわれたようです。もちろん応援しているのですが、自分の思いだけに縛られるのは逆に可能性をせばめてしまうこともあると思います。
　彼女が続けているのは英日の映像翻訳の勉強でしたが、思うほどにはうまくいかないと言っていらしたので、彼女の英語力、翻訳のできる言葉の力を活かせる道がほかにもないか、いつも目はひらいていたほうがいいと思ったのです。
　"自力と他力" のバランスと言いますか、自分の力をどんなにつけたところで、それが需要と合わなければ、仕事になることはないものです。その方にわたしが送ったメールです。
「コツコツ積み上げていくことは大事だけれど（自力）、
その結果は思いどおりになるとはかぎらないのが人生。
そこには他力の要素も入るからなのですが、
その思いがけなさがとても楽しいことでもあります。
たとえば、わたしは20代、
インテリアやライフスタイルのムックや書籍の
編集者になろうと思っていましたが、

出版不況のなか、うまくいかなくて、
好きで勉強していた占星術の仕事がメインになりました。
勉強するのは自力だけれど、
占星術が仕事になったのは他力なんですよね。
こうしよう、こうなりたいと思い描いたわけではないんです。
自分の理想を思い詰めすぎてしまうと、
他力が入ってこられなくなります。
幸運は、自分で考えているのと違う形で
やってくるかもしれません。
そう思っていると、
小さなチャンスを見逃さなくなると思います。
またわたしは編集やライティングの世界では
目立たないかもですが、
占星術と組み合わせることで、希少性が出てきます。
そうすると、マーケットのニーズにマッチするというわけで、
○○さんの英語力や翻訳力も、
英日の映像翻訳の世界でもし目立たなくても、
別のところに行くと目立つかもしれません。
そんなふうに、自分の力がどこで希少性になるかを考えて、
働く場所をちょっとずらしてみるのもひとつの手ですよ、
と言いたかったのです。
やりたいこと、学びたいことも続けつつ、
そのときのマーケットのニーズ、

社会的な意義を考えていくと、

きっと仕事（お金）になるポイントが見えてきますよ」

　自分にのなかにスペースがないと、他力の入る余地もなくなります。"自分の思いで頭がいっぱい"にならないことが大切だと思うのです。

ミソジニー的価値観が 自分のなかにないかチェック

　前の項目で書いた"自力と他力のバランス"とは"男性性と女性性のバランス"でもあると思います。それは、2024年11月20日に冥王星が入り切るみずがめ座の性質の特徴でもあります。

　ジェンダーによる男性と女性ではないのですが、男性的なエネルギーとは精子をイメージしてみるといいと思います。精子のように競争し、卵子というひとつの目標にたどり着こうとするエネルギーの状態です。

　女性的なエネルギーとは卵子です。たったひとつしかない貴重なものとして、ただありのままに存在する。愛でもって惹きつける、女性的なあり方ですね。

　本来、人間は男性性も女性性ももっているのですが、やぎ座までの世界観では男性に生まれたら男性性だけを生きて、女性に生まれたら女性性だけを生きるように、物理的なジェンダー

で、役割が限定されてしまいがちでした。

でも、みずがめ座は、両性具有的。男性性のエネルギーも、女性性のエネルギーも、時と場合に応じて、使い分けられるようになることがみずがめ座の冥王星の時代は大切です。両方の力をもっていることで、カタマランヨット（双胴船）のように、エンジンがなくても風に乗っていけるのです。

ガムシャラにDX（デジタルトランスフォーメーション）化するとかは、だからちょっと違うと思うのです。エッセンシャルな仕事をしている人を含め、全員がもっとラクに、幸せになるように、社会をリデザインする。そうした「ラクに働ける」というマインドが今後、欠かせなくなるでしょう。

またみずがめ座はユニセックスな星座ではありますが、それは女性が男性化することではないと思うんです。

今の日本社会の組織のあり方は、戦中の軍隊のあり方を引きずっていると聞きます。女性も男性も戦士と化して、戦うように働くことで幸せになれるでしょうか。

男性のたくましさや力強さ、明るさ。女性のやわらかさ、優しさ、共感力。こうしたジェンダーの魅力はそのままに、自分のジェンダーとは違うエネルギーも取り入れてみる。違うジェンダーを抑えつけたり、反発したりするのではなく、リスペクトしていく。男性であっても、女性性の思いやりの力を。女性であっても、男性性の行動力を、自分のなかで育てていく。そうした姿勢が大切だと思います。

そのときに、"群れにいる女性は、男性に奉仕して当たり前"

というミソジニー的価値観が自分のなかにないか点検するのは忘れずに。身体的な性が男性でも女性でも、そうした社会の刷り込みによって、自分の本当の望みがわからなくなることが多いと思うからです。

　わたしたちは、原始時代に生きているのではありません。肉体的な優位性がある男性の力は機械が補ってくれる時代。産む性としての女性の力も、卵子凍結に代表されるように、今後、科学の発展とともに補われていくでしょう。年齢や肉体に縛られることが減るみずがめ座冥王星の時代、あらゆる刷り込みをなくしていきたいですね。

自分を見つめて、
癒しの必要性に気づく

先祖と自分の
人生のつながりを探ってみよう

　レッスン1で、波動について。レッスン2で、やぎ座の冥王星時代のわたしたちの欲求について、レッスン3で、みずがめ座冥王星という時代の波動について。そして、レッスン4で、いつの時代でも季節のめぐりに合わせて自分を整える大切さ、レッスン5ではパーソナルスペースを大切にすると、自分の気持ちが見えてくるというお話をしました。

　そうやって、まっさらな自分に戻っていっても、まだ闇があることがあります。多くは、自分の先祖、ときには過去生という、「なぜ今の自分なのか」という縦の物語を知らないからなんですね。文字どおり、光が当たっていない、自分には見えない部分です。

　わたしが過去生や先祖の癒しに向かっていったプロセスは、『星の道を歩き、白魔女になるまで〜わたしの「物語」を見つけると人は癒される』（説話社）に詳しいので、ぜひ読んでいただきたいのですが、そのなかで助けてくださったのがこの本

のパートナーである大槻麻衣子さんと夫の文彦さんなのです。

　先祖に目を向けはじめたきっかけは、2007年の沖縄の聖地取材でした。それまで知らなかった"先祖崇拝"の文化に触れて、「他人の先祖について調べている場合ではなく、わたしの先祖はどんな人たちなんだろう」と帰りの飛行機のなかで、わたしの心に"問い"が生まれたのです。その瞬間をはっきりと覚えています。

　そこから先祖について調べはじめたところ、奥方のねねさまの血筋ですが、まさかの豊臣家の生き残りだということが判明。2024年に直木賞を取られた作家の万城目学さんの『プリンセス・オブ・トヨトミ』が流行っていた時期だったので、「リアル・プリンセス・オブ・トヨトミだ」と言い言いしたものでした（ついでに言うと、直木賞の直木三十五とも母方と同じ一族の出身でした）。

　その時期、お付き合いのあった別のヒーラーさんに言われたのは、豊臣秀次の側室と子どもたち39人が京都の三条河原で殺された、俗に言う"秀次事件"がわたしの血の呪いになっている（！）こと（そのときに、文彦さんが浄化をしてくださいました）。また、わたしの先祖が和歌の家系であったことでした。確かに、ねねさまの血筋の木下家は、木下長嘯子や木下利玄といった歌人を排出しています。

　生まれつきの文章の才能はもしかしたら、人よりあるのかもしれない。それは先祖からのギフトだけれど、一方で、「身分

に関係なく、好きなように生きると悲惨な結果になる」という
トラウマを、日本人全員に刷り込んでしまった問題のある家系
でもある気がします。

　今、わたしが星占いなどを書き、たくさんの人のセッション
をしつつ、「自分自身を活かして生きる」ことを訴えているの
は先祖を癒すことでもある一方、日本人全体のトラウマを癒し
ているのかもしれないなあと、壮大なことを考えたりもしま
す。これも、先祖と自分の人生のつながりを探したことで、見
えてきたミッションだと思うのです。

専門家の手を借りつつも、
自分で自分を癒すと決める

　宇宙があり、地球がある。自然があり、人の営みがある。そ
ういった環境のなかで、たまたまのように生まれ落ちた自分自
身がどう周囲と調和しながら、生きていくのが幸せなのか。

　この本では改めて、自分の興味のあること、やっていること
を見てきましたが、結局のところ、それがすべて。その問いに
よって、動かされてきた人生だなあと思うのです。

　その答えとしては、やはり風水のよい土地に住むのはとても
大切だと思います。

　と言うのは、レッスン1でもお話したように、人間は成人で
も半分くらいは水でできているので、周囲の波動に合わせて、

簡単にきれいにもなるし、また闇に落ちたりもする。だからこそ、できるだけよい環境にいるほうがいい。

でも、自分自身の潜在意識の浄化方法を知って、愛の存在でさえいれば、蓮の花のように、泥のなかでも美しく咲くことができるのかもしれない。

最近は、そんなふうに思うようになりました。

お金のある人だけが風水のよい土地に住んで、貧しい人はよくない土地に住むしかなく、"親ガチャ"に外れたら挽回しようがない。そんな社会はやっぱりイヤなので、誰もが運がよくなる方法を知りたくなってきたのです。

実は、わたしが袂を分かったヒーラーさんは、10年前の段階で、「今から浄化しても、一般の人は時代の変化に間に合わない」というようなことを言っていました。

そのときのわたしは、内心、「何じゃそりゃ」と思っていました。「間に合わない」と決めつけるのはどうなんだろうと。

確かに、スピリチュアルなコンサルテーションはどうしても高額になってしまうものだし、ヒーラーひとりが癒せる数も限られている。蘭のフラワーエッセンスやセラピューティックエナジーキネシオロジーにしても、余裕がない方はフラワーエッセンスを買えないかもしれない。それは仕方のないことだけれど、もっと多くの人が自分でできるケアはないのだろうかという思いがずっとありました。

「はじめに」にも書いたことですが、その思いがとても強く

なったのが2024年の元旦の能登半島地震です。新しい時代の波動に合わず、苦しむ人がまたたくさん出てくるだろうし、何とかしたい。そんな思いを、たまたまメッセージをくださった大槻麻衣子さんと共有できて、この本の企画も始まりました。わたしのメソッドはたいしたことがないかもしれないけれど、麻衣子さんも、ご自分のメソッドのなかで、ひとりひとりができることを教えてくださることになったのです。できることが倍になったようで、とても嬉しく思いました。

　普段は自分でシャンプーや歯磨きをしても、ヘアカットは美容院に行き、たまにはデンタルクリニックでクリーニングもするように、セルフケアと専門家のケアを使い分けながら、自分を癒していくことが大切だと思います。

　それは、「わたしを癒して〜」「応援して〜」「お母さんのように甘やかして〜」という癒し手との共依存関係では生まれません。自分で自分を癒すと決め、専門家にお世話になるにしても、何が起こっているか、何をしているかもしっかりと説明してもらいながら、納得して進んでいくことです。

03 "光と闇" の分離を癒して、サスティナブルに

　前にもお話ししたことですが、"心の影" ＝ シャドウの存在は、とても手強いものです。

わたし自身も、シャドウがないとはとても言えないと思いますが、ただ昔と違うのは、自分のシャドウの部分をだいぶ見つめられるようになったことです。と言うことは、意識の光を当てられているので、闇が少しは薄くなっているのでしょうか。

　2008年以来のやぎ座の冥王星時代は、誰もが「もっともっと」と生きていたとお話ししました。2013年頃、著名な文化人の方たちと同じプロジェクトに参加したのですが、彼らがみな一様に、家族に心を病んだ人がいることに驚きました。

　本人はスポットライトのなかで生きているけれど、家族には引きこもりやうつの方がいる。光が強くなるほど、闇もまた色濃くなるものなのだなあとつくづく感じたものですが、この光と闇のコントラストは、今思うと、やぎ座の冥王星的です。

　家族のなかでも誰かひとりが光の道を行き、山の頂上に登ると、ほかの人たちは影の存在になってしまう。本来は、家族全員でシェアされるべき生命力がひとりにだけ集中してしまったようでした。

　結局のところ、先祖から来る家系の問題など、潜在意識にある闇を癒さないで、現世の自分をいくらがんばっても、何も変わらないのかもしれません。人間関係を初め、人生の出来ごとは、潜在意識の波動によって、引き寄せられていくからです。いくら表面だけポジティブシンキングをしたり、愛の言動をしたりしても、潜在意識に闇があれば、そうした問題が鏡のようにやってくるのですね。

とくに、わたしは1971年生まれですけれど、やはり昭和生まれくらいまでは、両親は戦前の価値観を受け継いでいるのに、自分たちが育つときには米欧のカルチャーや価値観がメインという分断やギャップがあります。ボディ、マインド、スピリットのあり方がばらばらで、統合されづらいのです。

　そのため、世の中でいいとされている価値観でいくらがんばっても結果が出ないことも多い気がします。がんばりすぎて、燃え尽きそうになっているときは、潜在意識の先祖や家族の問題に目を向けてみることがとても大切です。

　がんばって、がんばって、「自立」を目指していると、自分に癒すべき問題があるとか、傷ついているとかは認められないものです。でも、それは、実は、「依存」を否定しているだけで、まだ「依存」と変わらない状態なんですね。

　自分には癒すべき問題がある。助けてもらう必要がある。そう認められると、人生は変わり始めます。

　わたし自身、2013年の段階では"光と闇"が自分のなかで分離していたので、あのプロジェクトに引き寄せられたのでしょう。わたしの星占いが東京で流行っていたことから、かりそめのセレブのようにちやほやされることも多く、きっとイミテーションの光が強くなりすぎていたのです。

　それは自分を癒したうえでの内面からの輝きとは違うもの。ホメオパシーで言うアダマスのレメディ、ダイアモンドの人工的な輝きだったようにも思います。だから、とても不安定で、

不安な時代でした。癒しがある程度、進んできた今は、もうちょっとどっしりと構えていられます。それがサスティナブルな活動にもつながっていく気がします。

 潜在意識を癒し、他者の想念も取り去って、まあるい自分に

　新しいみずがめ座の冥王星時代に波動を合わせていくためにも、潜在意識の浄化が必要だということをここではずっと書いてきました。

　2008年、いて座からやぎ座へと冥王星が動いたときはそこまでではなかったのに、と思う向きもいるでしょう。それはやはり、2020年にみずがめ座で起こった木星と土星のグレートコンジャンクションによって、"風の時代" に入ったのもありますし、もうひとつは、みずがめ座にそもそも "浄化" の性質があるのだと思います。

　美少年ガニメデが水と神酒を混ぜたものを注ぐはずが、こぼしてしまい、それが次のうお座の魚の口に注がれた。そのとき、水と神酒が入っていたのがみずがめ座のアイコンである水がめです。

　水と神酒が混ざったもの……それはまさにフラワーエッセンスのようでもありますが、水がめの水は、いつもきれいで、浄化されていなくてはならないわけです。

また、みずがめ座が象徴する身体の部位は、ふくらはぎです。重力にさからって、下半身の血流を心臓に戻すのがふくらはぎです。みずがめ座ではこぼしたり、さからったりしつつ、血液循環をよくしていくんですね。

　潜在意識の癒しも、これと同じだと思うんです。

　先祖から受け継いだエネルギーのなかには、そのときにはサバイバルのために重要だったかもしれないけれど、今となっては不要な刷り込みも多くある。だからこそ、そのままを受け取るのではなくて、要らないものは取り除き、圧力にも抵抗し、きれいなものだけを次に渡すのです。

　とくに日本は、世界でも有数の、長い歴史がある国です。近代になってからは明治維新という革命も、二度の大戦もありました。潜在意識に溜まったものも、たくさんあって当たり前かもしれません。国家の体制を続けていくために守られなかった、小さな声も数え切れないほどあったでしょうし、狭い島国ですから、群れのなかで、他者と和合することが最優先され、"わたしを生きる"なんてこともゆるされなかったはずです。

　そう、狭いからこそ、スペースを作らないと、自分自身が見えてこないことにもなりがちなのですが、先祖という過去との鎖からも、すべて自由にはなれないまでも、スペースは作ってみる。それが運気アップにはとても大切だと思います。

　もっとも近い先祖は親になるわけですが、親や先祖との間にスペースを作るためにも、相手のこと、家系のことはよく知ら

ないといけません。

　普段はなんとなく時代に合わせたことを言っていても、突然、垣間見える古い価値観も、逃げていても仕方がないもの。向き合い、話し合い、互いの違いを認めていく姿勢が必要なのだと思います。

　気が遠くなるような作業ですが、それらを重ねて、まあるい自分を取り戻していくと、だんだんに折れない心＝レジリエンスも育っていくものだと思うのです。

自分を癒してきた道がいずれ他者の幸せに。傷はギフトかもしれない

「わたしは、どうしてこんな人生なんだろう」と自分の人生を受け入れられない思いになることは、きっと多くの人にあると思います。

　でも、自分のことを振り返っても、セッションにおいでになる方を見ても、傷はギフトではないかと思うのです。

　たとえば、わたしは、普通の女の子が仕事をするという意味ではまだまだパイオニアの世代。同級生が総合商社や外資金融などのエリートと結婚するなか、好きなことをがんばる生き方を選んできました。でも、当時、わたしのようなタイプは、世の中では少数派だったので、いつも「これでいいのかな」と揺らいでいた気がします。自信があったことなんて、まるであり

ません。

けれど、普通の女の子が働くことがスタンダードとなった今となっては、わたしの生き方のなかにも、あとから来る人たちの助けになる知恵があるかもしれません。それで、ホロスコープのセッションをしたり、本を書いたりもしています。傷ついた経験も、そうやって、世の中にお返ししていくと、ギフトになる気がするのです。

つまり、自分では隠したいような傷やコンプレックスがそれを癒すプロセスのなかで、錬金術のように変容し、宝ものになっていくんですね。だから、自分で傷やコンプレックスがあると認め、それを癒そうという出発点に立つだけで、未来は明るいと思います。

でも、そうなるには、傷との付き合い方が大切になります。

と言うのは、人生には容易に願いが叶うジャンルがある一方で、望んでいることがなかなか叶わないことがあります。その場合は、望みの道を目指して傷ついたら、立ち直れないと思ったり、古い傷が潜在意識のどこかにあったりして、望みながらも回避してしまっているのかもしれません。

傷があることを認められないと、傷を隠してしまい、「自立」に向かっていく。「わたしは大丈夫。誰の助けも要らない」とバリアを張りめぐらし、孤独になってしまうんです。わたしと同世代のキャリアウーマンにはこうした方も多いので、このモードに入ってしまうと、なかなか手助けできるものではあり

Lesson 6

ません。男性社会で苦労されたのだろうとは思うのですが、彼女たちには、「自分は与える側、助ける側」「上下で言えば、上」「与える側が優位なのだ」といった思い込みがあるのですね。

　お母さんが亡くなったあと、テレワークで、飼い猫だけが友達。一日誰とも会話をしない日も多く、数年過ごしているという方がいました。近所にサードプレイスを作るように伝えたものの、余計なお節介だと受け取られてしまい、返ってくるのはとげとげしい言葉だけで、力及ばずということがありました。きっと、もっと伝え方があったのだと思いますが、彼女を助けられるのはわたしではないんだなと身を引きました。

　ホメオパシーの理論で行くと、癒しのトリガーとなるのは似ているもの。彼女を癒せるのは、同じようにシングルで、親を亡くしても、立ち直った方なのかもしれません。彼女もいつかは元気になって、今度は、同じような人を癒していくのかもしれません。そうやって、癒しの循環が起こっていくことが理想です。決して、助ける側が上でも、助けられる側が下でもないのですよね。同じようなエネルギーをもつ人が引き寄せられ、お互いがお互いを癒していく時代だと思います。

06 日本中、さまざまな場所で 女性たちが目覚め始めている

　宇宙の波動に合わせていくこと、季節のめぐりとともに自分

を整えること、パーソナルスペースを大切にすること、潜在意識を癒すこと。わたしが話しているのはメソッドというほどのものでもなく、ほとんどこれだけです。

二十四節気に合わせて暮らし、茶道をたしなむ。先祖や両親を大切にする。そんな日本人の昔ながらの暮らしとあまり変わらない部分もあるかもしれません。大きく違うのは、生まれもったジェンダーからフリーになり、パーソナルスペースを尊重することですね。

"群れ"ではなく、わたしという"個"を大切にした生き方に切り替えることは、みずがめ座の冥王星時代の必須事項。惑星が「逆行」はしても、基本的には前へと進んでいるように、わたしたちもあと戻りはできません。

わたしは、第1章でも書いたように、冥王星がやぎ座に入ってすぐの2008年の立春に、『エル・オンライン（現在の『エル・デジタル』)』で星占いの連載が始まったことで、デジタル化と女性の意識の変化をリアルに見てきました。

初めは東京や横浜など関東圏と、名古屋や神戸、岡山など本当に限られたエリアからのコンタクトに限られていました。女性の意識が進んでいるか、もしくは霊的な感性があるエリア、わたしと先祖のご縁がある方などが中心だったのです。

30代の女性がシングルでゆるされる環境が、当時は都市部にしかなかったのもあると思います。また当時は、海外では日本語をオンタイムで読める媒体が少なかったために、海外在住

者からのコンタクトも頻繁にありました。

　デジタル媒体が増えるとともに、海外からのコンタクトは一時期、減りましたが、日本国内では保守的なエリアからも連絡が入ることが増えていきました。

　2024年現在でも、山陰や東北、北陸からのコンタクトは、ほとんどないのですが、近畿を初めとした西日本では各地で、"目覚め"が起こっているのを感じます。

　2016年からわたしが京都に拠点を移したためも、わたしのルーツが近畿圏にあるのもあるでしょうが、何かは起こっているのだと思います。2023年の大晦日などは、3人くらい続けて近畿地方の特定のエリアからセッションのお申し込みがあって、びっくりしたものです。

　今まではミソジニー的な価値観に疑問を感じつつも、周囲に合わせて従っていた女性たちも、「自分たちが変えていこう」「自分自身が変わろう」と決意しているようにも思えます。そのためには潜在意識にある、あらゆる刷り込みを浄化していくことが大切になるでしょう。

　第3章では潜在意識のスペシャリストである大槻麻衣子さんに、専門家の立場から、知見を語っていただきます。

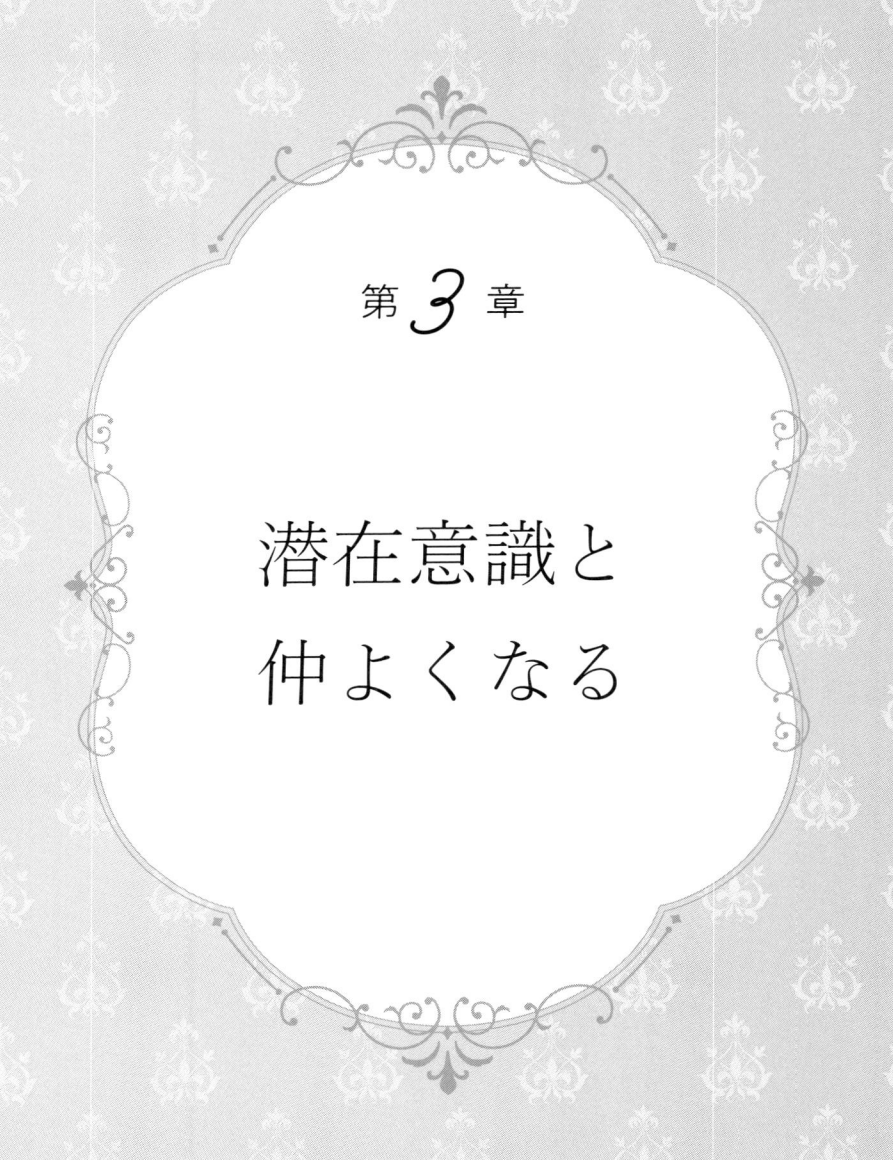

第 3 章

潜在意識と
仲よくなる

潜在意識には
すべてのデータがある

潜在意識は、
こんなふうにコミュニケートしてくる！

　バトンを引き継がせていただいた大槻麻衣子です。この章では、「潜在意識と仲よくなる」ためのいろいろなお話と方法をご紹介いたします。

　まず潜在意識は常に、わたしたちに働きかけてくれていますが、どんなふうにコミュニケートしてくるか、ご存知ですか。その一例として、Sayaさんから「一緒に本を作りましょう」というお話しをいただいたときに、わたし自身が体験した潜在意識とのコミュニケーションを挙げてみたいと思います。

　どんな内容の本にしようかとミーティングさせていただきながら、わたしは自分のハートに意識を向け、「今この時期に、わたしたちが読者のみなさんにお届けできる最高最善は何か」を問いました。するとその瞬間に、こんなインスピレーションを得たのです。

　まず鮮明なイメージで、ナウシカのメーヴェが浮かびました。それが見えた途端に、ヒューッと一筋の風が吹いてきて、

その瞬間に、そこにいた "わたし" は「これだ！」と感知して、瞬時にふわっと、その風のエネルギーに乗ったのです。そして、スーっと流れるように優雅に飛んでいきました。

そんな誰かの姿が見えると同時に、自分自身がその人の感覚をありありと感じたのです。そこには恐れや戸惑いはなく、落ち着いた自信とゆるぎない肯定感がありました。そして、直感的に自分の乗るべき風を読み取り、ごく自然に、当たり前のように、自由に飛べている。なんとも気持ちのよい感覚にあふれていました。

そして、この一連のイメージの後に、「"わたしの風" に乗る」という言葉が現れたのです。このインスピレーションを即座に共有したところ、Sayaさんもほぼ同時に受け取られていたように目を輝かせて共鳴され、その瞬間に、みなさんが今手にされているこの本の軸となるコンセプトとタイトルが、決まったのでした。

つまり、潜在意識は、顕在意識のように思考・論理的に考えを伝えることができない代わりに、直感やイメージ、感性を通して大事なことを伝えてくるのです。ですから受け取る側も頭で考えるのでなく、感性感覚を優位にしてハートで受信するのが、潜在意識とうまくコミュニケートするコツです。

そのとき、わたしの潜在意識は、こう伝えてくれたのです。「読んだ人が、『あたかもナウシカがメーヴェに乗るように、自分の乗るべき風を知り、信頼し、悠々と空を飛ぶがごとく、

自分の人生の新たなフェーズに歩み出すことができるようになる』ための手ほどきとなる、そんな本を書きなさい」

潜在意識と顕在意識
～ "記憶の宝庫" と "見張り番" ～

　わたしたちが普段から認識している心の領域を顕在意識といい、普段は認識されていない領域を潜在意識（または無意識）といいます。顕在意識と潜在意識の関係は、よく氷山にたとえて説明されます。

　顕在意識は水面から出ている氷山の一角のようなもので、水中に隠れて見えない氷山の大部分が、潜在意識であると。実に、見えている顕在意識は心の領域全体のわずか10パーセントほど（諸説あります）で、残りの約90パーセントを潜在意識が占めているということを、読者のみなさんの多くがご存じなのではないでしょうか。

　ここではその関係を、現代人に身近なパソコンになぞらえて、理解してみたいと思います。まず、パソコンのデスクトップ上に表示されている、あるいはデスクトップからすぐに開けて、頻繁に扱われ、普段から認識されている範囲が顕在意識。一方で、普段はあまり使われず、ファイルのなかにしまい込んだ古いデータが保管されている領域が、潜在意識と考えることができます（少し探せば、すぐに思い出せる領域は「前意識」

とも呼ばれますが、ここではざっくりと潜在意識と顕在意識の
ふたつで考えることとします）。

　パソコンがたくさんのデータを扱い、長く使われるほどに、
保有するデータが増え、古い情報は奥にしまわれていきます。
そして、年月が経つと、その存在すらも忘れられてしまいま
す。押し入れの奥に閉まったままの古い荷物のようなものです
ね。潜在意識は、実に無制限のデータサーバのようなもので、
"記憶の宝庫" と言われます。サーバーのなかには膨大な量の
データが保存されているので、そのすべての情報をいっぺんに
デスクトップに表示してしまったら大変です！　パソコンは処
理不能になって、フリーズしてしまうでしょう。

　そこで、顕在意識がせっせと働いてくれているわけです。わ
たしたちのマインドは一度にひとつ、ないしはいくつかのタス
クにしか集中できないので、仕事の能率を上げるためにも、顕
在意識は取り組むべき情報を選別し、不要な情報はしまってお
く必要があるのです。

　それだけではありません。外部からの情報を過剰に取り込む
ことを防いだり、また、大事な過去のデータをむやみに引っ張
り出して傷つけてしまわないように、保護することもしていま
す。つまりわたしたちの顕在意識は、常に潜在意識を守ってく
れている、"見張り番" のような役目を担っているのですね。

　このように、わたしたちの心の奥には、今では本人すら覚え
ていない、古い記憶がたくさん存在していて、保管されている

データの中には必要に応じて取り出され、そのときどきで編集・上書き保存されているものもあれば、忘れ去られた古い時代のデータが、かつてインプットされた状態のままで、触れられることなく、たたずんでいるのです。

 ## 顕在意識の発達
〜無防備な "ハイジ" に "お帽子" を？

　5歳くらいまでの幼い頃を、"アルプスの少女ハイジ" みたいな印象で、懐かしむ方が多くいらっしゃいますが、潜在意識はまた、「幼い子ども」にもたとえられます。

　ここでは意識の発達という観点から、潜在意識と顕在意識の関係を考えてみましょう。

　人の赤ちゃんは動物に比べ、未熟な状態で生まれ、備わっている本能よりも、生まれてから学習する部分が大きいのが特徴です。そんな乳幼児の意識は、まずは大容量の潜在意識ありきで、驚くべき吸収力によるインプットから始まります。周囲の大人の言動や情緒、社会・文化的および自然の環境から見聞きし、肌で感じ取り、あらゆる情報をスポンジのごとく吸収していくのです。

　顕在意識が形成される以前の状態である幼い子どもの意識は、"イマジネーションの住処" といわれる潜在意識の特徴そのものを持っています。みなさんも子どもの頃、空想の世界に

遊びに行ったりしていたのではないでしょうか。時間や場所や距離、または分離といった概念も、大人のように理解は出来ないので、子どもは突拍子もないことを言い出したりするのです。彼らの意識は、感情・感覚・直感などの感性が圧倒的に優位で、イメージや想像力、情感やストーリー性にあふれているのですね。

ですが、反面、思考・分析・論理性などは未発達なため、何でも素直に受け入れてしまう傾向があります。しかも、教え込まれたことは疑いもせずに従い、教えられたとおりに繰り返すことができてしまう、"高性能ロボット"のような特徴もあるのです。放っておいたら誘拐されてしまいそうで、怖いですよね。「誰か、見ていてあげないと！」となるわけで、幼子たちを危険から守ってあげられる、大人の存在が必要になります。読者のみなさんも、5才くらいまでは、個人差はあれ、圧倒的に"潜在意識優位"で過ごしていたはずです。そして当時は、親や保育士さんなど、周囲の大人たちの保護下にあったでしょう。でも、小学校に上がって、だんだんと大きくなって社会生活になじんでいくにつれ、いつも保護者がそばにいなくても大丈夫になっていったでしょう。それが可能になったのは、言うまでもなく、顕在意識が形成されたからなのです。

わたしたちは皆、小学生から中学1〜2年生くらいまでのさまざまな経験のなかで、自分の頭で考え学び、比較分析し、判断する思考を発達させてきたのです。そうして、徐々に自我が

育つにつれ、あけっぴろげで、無防備だった潜在意識を保護するかのように、顕在意識の覆いが、まるで"帽子"か"鍋蓋"のように、潜在意識の上にかぶせられたのです。

04 潜在意識の記憶にアクセスするには ～「催眠」のメカニズム

　お話ししてきたように、水面下に隠れている氷山の本体のように巨大で、パソコンの奥にしまわれて普段は意識されない古いデータの領域である潜在意識には、過去に取り込んできた情報のすべてが保存されていると考えられます。一方で、子どもから大人への成長過程において、徐々に潜在意識を隔てる膜が厚くなっていき、"顕在意識優位"のモードへとシフトしていきます。

　そうなると普段は、まさに水面に突き出た氷山のてっぺんだけを見て過ごすようになり、水面下の本体とのお付き合いは薄れていきます。そうして、子どもの頃はいつも仲よしだった潜在意識にアクセスするのは、ボーっとしているときや何かに没頭しているとき、音楽や自然に浸ったり、または寝ているときの夢のなかくらいになってしまうのですね。

　わたしは、1998年にブライアン・L・ワイス精神科医による医療従事者などの専門家向けの「前世療法プロフェッショナルトレーニング」を受けました。以来25年にわたり、大槻ホリ

スティックとして、延べ六千人の相談を受けてきましたが、前世療法とは、前世までさかのぼる退行催眠療法（リグレッション・セラピー）のことです。

　退行催眠療法は、催眠状態を利用して過去の記憶を想起させ、癒しや気づきをもたらすことで、クライエントのより健全なあり方（ウェルビーイング）や行動変容を促していく、心理療法の一種です。「催眠」という言葉を聞くと、「催眠術」や「催眠術師」を連想し、「あやしい」と感じられる方も多いかと思いますが、本来、催眠は医療的に用いられる科学的なツールであり、正しい理解をもって適切に用いれば、大変、有用なものなのです。

　みなさんは、「ふと、ボーっとして何か考えごとをしていたら、信号が青になったことに気づかなかった」。または、「電車のなかで読書に集中して、乗り過ごしてしまった」などの経験がありませんか。催眠とはそのような、「リラックスして、フォーカスした、普段とは少し変わった意識の状態（変性意識）」です。決して異常でもなく、わたしたちが日常的に自然と経験しているもので、特徴はカメラのズームレンズと同じなのです。「何か一点にフォーカスすればするほど、周囲のことが気にならなくなる」という現象です。

　もうおわかりと思いますが、この「催眠（＝ヒプノシス）」が、普段は蓋がされ、しまわれている潜在意識にアクセスすることを可能にする、鍵となるツールなのです。潜在意識にアク

セスするためには、それを守っている顕在意識の見張りを緩めなければなりません。潜在意識に大切に保管された記憶に触れさせてもらうには、「安心安全」であることが確認され、「リラックス」することが可能になり、思考が休まり、「頭からハート」に意識を移し、潜在意識優位な状態にシフトする必要があるのです。

05　潜在意識にはすべてが記録されている？ 〜 TV 番組「逢いたい……」で

　十年以上前に、TBSの「逢いたい……」という徳光和夫さんが司会を務めていらした番組に出演させていただいたことがあります。さまざまな事情があって、長年会いたくても会えなかった親子や兄弟姉妹などに「逢いたい」という希望を叶えるための番組です。

　わたしが番組から依頼されたケースは、ある女性が親を探したいと希望されていて、ところが情報があまりに乏しくて捜索ができないので、退行催眠で少しでも手がかりとなる記憶を取り戻してもらえないか、というものでした。

　わたしはセラピストなので、単に情報や証拠としての記憶を取り戻したいという依頼はお受けしませんが、お話しをお聴きしてみたところ、ぜひその方のお力になれればと感じました。ご依頼者は、若いシングルマザーで、推定2歳以前の頃、ある

スーパーで父親に置き去りにされ、近くの施設に引き取られて育ちました。当時、彼女を置いていったのは父親だったということ以外は何も、自分の本当の名前も誕生日も出身地もわからなかったそうです。そして今、ちょうど自分が捨てられたくらいの年の娘の母親となり、自分自身のルーツを少しでも知りたいと望まれていたのです。

「過去の記憶は決して都合よく取り出せるものではなく、ご本人の本質的な必要性と許容範囲に応じて、潜在意識の叡智を介して想起させてもらえるもの」という理解を前提に、あくまでセラピーとしてさせていただくという条件でお受けしました。このようなケースの場合、とくにネグレクトや虐待など強いストレスを受けた記憶がしまわれている可能性が高いので、せっかく忘れていた（多くの場合、心が壊れないように守るために）記憶を時期尚早に起こしてしまわないように、十分に配慮しなければならないのです。

　ですが、この方の場合、施設や里親に引き取られてからも、数々の過酷な状況を経験済みであり、捨てられる以前も幸せではなかったであろうことを承知のうえで、すべて受け止めたいとおっしゃいました。

　数回受けていただくことを前提に、1回目はカウンセリングでじっくりとお話しを聴かせていただいてから、"心の庭"という内なる安全な領域をイメージすることで、「安心安全」の感覚を取り戻し、心を整えていただきました。そして2回目か

ら少しずつ、なるべくよかった過去にフォーカスしながら、記憶の旅をしていきました。すると、お父さんは優しかったことや、産みのお母さんに乳母車を押してもらい安心していたこと、みかんがなる、海が近い温暖な地域にいたことなどが思い出されてきました。こんな穏やかな日々もあったということを感じ取れて、彼女はとても嬉しそうでした。

　再び心に安心感や肯定感が湧いてきたところで、次の3回目では、よくなかったことも含めて見ていくことにしました。すると、母親でない人から暴力を受けているようなシーンや、フェリーに乗っているシーンも出てきました。ひとりでぶらぶらと道を歩いて、消防署のおじさんたちにご飯をもらったりしていたことや、近所の公園で地面に木の枝で絵を描いていたことなどが、思い出されてきたのです。そこで、そんなふうにひとりでも強く生きていた小さな自分の気持ちに、大人になった彼女が寄り添い、共感し、優しく抱きしめました。「よくがんばったね。もう大丈夫」と伝え、その小さな自分を心の庭の安全な領域に連れ出しました。そして、彼女が過去の縛りから解放され、自由と笑顔を取り戻したのを確認したところで、一連のセッションを終えたのでした。

　これらのセッションから得られたヒントを手がかりに、番組のチームがリサーチをした結果、住んでいた場所を特定することができ、なんと、彼女のお父さんという方にたどり着いたのです！　これは本当にすごいことで、番組の捜索力に、ただた

だ感服いたしました。ですが、残念なことに、結局父親には事情があるとのことで、彼女の希望であり、番組の狙いでもあった、父娘の再会を果たすことはできなかったのです。

　こうしてプロジェクトは終了したのですが、彼女はそれを受け止め、さわやかな笑顔でこうおっしゃいました。

「お父さんには会えなかったけど、自分自身のルーツがわかってよかったです。何より、自分が自分を見つけることができてよかった！　これからは、前より自信をもって、この子を育てていきます！」

　と、可愛い娘さんと満面の笑顔で手を振られて……。涙があふれてしまったのは、わたしのほうでした！

　潜在意識のなかには、本当に、過去の記憶のおそらくすべてが保存されている、と改めて実感できた、とても光栄で貴重な経験でした。このような形で、彼女の人生に寄り添わせていただけたことに、心から感謝しています。

06　潜在意識は無限大〜個を超え、トランスパーソナルに果てしなく！

　退行催眠療法（わたしは「心の庭療法」と呼んでいますが）をていねいに施していくと、ご本人の必要性と許容力に応じて、実に見事なまでに適切に、過去の記憶を思い出すことができます。前項で述べたシングルマザーの女性のケースでは0歳

児と思われる記憶も想起しましたが、2歳以下の乳児記憶を、大人になってもはっきりと覚えている人は少ないですよね。わたし自身、2歳まで暮らしていたドイツでの記憶を、顕在意識では忘れてしまっていましたが、ワイス博士のトレーニングで初めて催眠を受けたとき、鮮明に思い出して号泣した経験があります。

このように、普段の意識状態では思い出せるはずもない、赤ちゃんの頃や、お母さんのお腹のなかにいた胎児の頃の胎内記憶なども、退行催眠で想起していくことができます。また、さらにさかのぼると、お母さんのお腹のなかに入る前に、お空の上で生まれるのを待っていた魂の状態であったときのことや、さらにはもっと前の前世や過去世の記憶、つまりは今の自分とは違う人物であった、魂の記憶を思い出していくこともできるのです。ドキュメンタリー映画「かみさまとの約束」（荻久保則男監督、池川クリニック院長・池川明、中部大学教授・大門正幸他出演）では、小さい子どもの多くが、胎内記憶について語っています。親を選んで生まれてきたことや、前世の記憶をもつ子どもたちも少なくありません。

つまり潜在意識のなかには、今の人生（現世）でインプットした個人の情報だけでなく、それ以前の魂のデータも含まれているのです。地層のように、潜在意識のなかにはいくつかの層があると考えられます。顕在意識のすぐ下の、一番浅い層が現世の個人としての記憶、人生と人生の間の中間世の記憶を挟ん

で、その下にあるのが前世の記憶、さらにはそれ以前の転生、というふうに果てしなく、魂の記憶の層が連なっているのでしょう。

　また、潜在意識は、個人を超えた先祖の記憶も内包していると考えられます。たとえば、ときに、催眠療法（心の庭療法、ヒプノセラピー）をすると、思い出された記憶が、実は自分自身のものではなく、おじいさんなどご先祖さまの人生だったとわかることがあります。あるいは、子どもの頃、何度も見た夢の内容が、よく調べてみたら、実際には会ったこともないひいおばあさんの人生の重要なシーンだとわかった、などの例も珍しくありません（これらのことは、レッスン6で詳しくお話しします）。

　わたしたち個人の意識は、個を超越した（トランスパーソナルな）、家系や民族、種族などの記憶をも内包または共有し、先祖の意識とつながっていると考えられます。実に潜在意識は、人類としての種の意識をも含み、さらにはすべての生命の意識、地球の意識や宇宙の意識ともつながっているようです。潜在意識の広大さは計り知れず、富士山の裾野のように、または大海のようにどこまでも続き、すべてとつながっているのでしょう。

自己実現への道
〜あなたは何を信じ、選択してきたのか？

 01 あなたの現在地と、
歩んできた道のりを確認しましょう

　初回カウンセリングでご相談を受けるとき、わたしはまず、ご相談内容をお聴きしながら、その方に今見えている人生の景色と、これまで歩んで来られた道のりを、一緒に見渡し、現在地を確認することから始めます。ここでは、個別カウンセリングのようにおひとりおひとりのお話に耳を傾けることはできませんが、読んでいらっしゃるあなたが、ご自分でセルフ・カウンセリングできるようナビゲートしてみたいと思います。

　太陽に向かって草花が育つように、人間にも、自分らしく健やかに成長する力が備わっています。そして「自己実現」に向かって、おのずと歩むように創られているのです。自己実現とは「自分の潜在能力を最大限に開発し、実現して生きること」「なるべく自分になり、なすべきことをなすという願望」です。マズローの欲求5段階説という心理学理論では、人はみな、さまざまな人生経験を通して、「生存、安全、愛と所属、承認、そして自己実現、さらに自己超越」という欲求（ニーズ）を段

階的に満たしながら、より豊かな人間へと発達成長していきます。これが人生における、ナチュラルかつ必然の過程であり、わたしたちはこのプロセスを体験するために、生まれて来ているといっても過言ではないでしょう。

　この自己実現へのプロセスを山登りにたとえて、人生のオリエンテーリングに取り組んでいる自分自身を想像してみるとしましょう。まずは、少し高台から俯瞰するように、眺めてみてください。そして今、あなたが存在している位置を確認してください。現在は、どのような場所にいますか。どんな景色が見えていますか。きつい登りを抜けて、パノラマを楽しめているかもしれません。次はどんな出会いが待っているかとワクワクしながら、今は一時休憩中なのかもしれませんし、あるいは、難しい斜面をわき目も降らずに登っているとか、または二股に分かれた分岐点まで来て、どちらの方向に行こうかと検討中かもしれません。

　次に、あなたがこれまで通ってきた道のりに目を向けてください。どのような環境で、どのような出来事や困難があったでしょうか。嬉しいことも、イヤなこともあったでしょう。かつては、先が見えない暗い道が続き、心が折れそうになったこともあったでしょう。あなたはそれらの経験を通し、何に感動し、何を学んできたのでしょうか。どんなニーズを満たしてきたのか、あるいは何が満たされなかったのでしょうか。思い返してみてください。

何がよい、悪いではありません。見たいように見るのではなく、優劣をつけるでもなく、あるがままに眺めてください。今まで自分は、こんな道を歩んできて、今はこの辺まで来ていて、こんな気持ちで、こんな課題に取り組んでいる最中なのだと、認識してください。

　とにもかくにも、あなたはここまでよく歩んで来られたのです。

これまでの歩み方の傾向と、ハートが照らす未来への道

　さらに、想像してみましょう。あなたが歩んできたのは、どんな山ですか。険しくそびえ立つ、標高の高い山でしょうか。比較的なだらかで美しい山でしょうか。緩い丘や花畑のような、安全なハイキングコースでしょうか。どちらがすごいとかではなく、どんな舞台が選ばれてきたかで、あなたの人生の嗜好がうかがえます。

　たくさん挑戦したくて生まれてきたチャレンジャータイプの魂は、次から次へと、危険な山に挑戦するでしょうし、着実に向上したい成長志向の魂は、最初は低い山から、段々と高い山を目指すでしょう。無理せず、のんびり味わいたいマイペースな魂は、気楽な丘や花畑を楽しむでしょうし、いろいろな体験をしたい好奇心旺盛な魂は、多様な環境を選ぶでしょう。

　そして、それらの山を、あなたはどんなモードで歩んできま

したか。穏やかな気持ちで、困難はあっても道中楽しみながら、楽観的に歩んできたでしょうか。それとも、気づけば危険な環境に置かれ、他に選択の余地も無く、必死にしのいできたかもしれません。重い荷物を背負って、自分は人一倍働かねばと、もしかしたら誰かの分まで担いで、踏ん張ってきたケースもあるでしょう。

あるいは、自分に自信がなく、これでよいのか、何をしたいかもわからないままに、なんとなく一般的な道を歩んできたのかもしれません。大半の人が利用するメジャーなルートを好む人もいれば、混雑や競争を避けて、少数派のマイナーなルートを好む人や、自分に適した新たなルートを開拓し、新しい楽しみ方を見つけるような、クリエイティブな人もいるでしょう。

いずれにしてもあなたは、どんな努力をして、何を大事にして、どのような収穫を得てきたのでしょう。何に対して喜びや、やりがいを感じてきましたか。それとも失敗の連続で、行き詰まることが多かったでしょうか。

実は、今見えている人生の景色は、これまでの日々の歩みのなかで、あなたが何を信じ、何を選択してきたかの結果なのです。すなわち、今あなたが日々、何を信じ、選択し、どう行動するかの積み重ねこそが、あなたが将来、どんな人生の景色を味わうかを決定づけていくのです。

あなたは、目的あってここに生まれてきた、価値ある存在です。たくさんの経験をし、さまざまな感情を味わい、学び成長

するために、ここに身体を持っているのです。ですから遠慮せず、あなたの人生を豊かにするために必要なことを、求めてよいのです。では、今後はどうしたいですか。このままの歩み方を続けていくか、それともモードを切り替える必要がありますか。今までできなかった、または遠慮していた、もっと好きなことをやってみたいなど、願いはありますか。あなたのハートは何と言っているでしょうか。ゆったりと呼吸をして、心を鎮めて、胸の奥から響いてくる微細な声に、耳を傾けてみてください。あなたのハートの知性は、どんな未来への道を照らしているでしょうか。

 ゆがんだ固定観念から、"脱"催眠しましょう！

　山登りでもそうですが、人生は常にうまくいくものではありません。突然天候が悪くなったり、急な災難に見舞われたり、正しいと思っていた道が誤っていて、引き返せねばならなかったり、迷子になって遭難してしまうこともあるでしょう。そんなときは、どうにもならなくなる前に、早く助けを求めてくださいね！

　いくらがんばっても思うような結果が得られず、苦しくなってしまうときはたいてい、潜在意識のなかに、ネガティブな固定観念があります。それは、親や学校など育った環境から刷り

込まれた価値観や、個人的に学習した特定の信念などです。「○○のほうがいいんじゃないか」くらいの、押し付けがましくない柔軟性のある価値観ならよいのですが、「絶対に○○せねばならない」ほどの、強迫めいた「決めつけ」になってしまうと、「もしもそれができなかったら、人生おしまいだ〜」と潜在意識に想像させてしまうのです。

実際、まじめな人ほどそんなふうに信じ込んでしまうので、たとえば、本来「結婚する、しない」は本人の自由なのですがそう思うことができずに、年齢を重ねて独身でいると、早く結婚せねばというプレッシャーに襲われてしまうこともあります。ストレス状態が続き、失望感や罪悪感、無価値観などに悩まされ、その結果、自律神経が失調し、心身の不調が生じてしまうのです。

また、仕事はできるのに、恋愛が成立しない、あるいは恋愛しても結婚に至らない、あるいは離婚等の悩みから、心の調子を崩して相談においでになる場合、普段は顔に出さずとも、心のなかは悲壮感でいっぱいになっていることもあります。このまま一生、自分はひとりぼっちなのではという不安と寂しさで、嘆いているうちに具合が悪くなってしまったのです。

そんな方が、数回のカウンセリングとセルフケアを通し、本来の健全な自己肯定感を取り戻されると、不要な価値観や偏った見方が剥がれ落ちていって、結果、「わたし、何であんなに悩んでいたのかしら」と、まるで悪い催眠が解けたように、楽

になられます。

　仕事や学歴、結婚、出産、子育てなどについて、わたしたちは何かしらのジャッジメントを含んだ価値判断をしがちですが、あなたも「○○できていないとダメだ」と決め込んでいることはありませんか。それができていない自分は、一人前ではない、欠陥がある、劣っている、価値が無いなどと責めながら、なんとしても「○○せねば！」と必死にもがいているとしたら、まるで、自分で自分にムチを打ちながら、先の見えない険しい山道を、重荷をしょって、さ迷い歩いているようなもの。痛々しいですね。

　親は子どもに失敗させないためによかれと信じて、価値観を押し付けることがありますが、あなたにかけられた「呪い」のような催眠を解くのはあなた自身なのです。一度、自分自身が当たり前と思っていた固定観念を疑ってみてください。もはや必要のない価値観がこびり付いていないか、確認してみましょう。ネガティブで不健全なジャッジメントを見つけたら、「今までありがとう。お疲れさまでした」と手放しましょう！

 ## 04　無視してばかりいると、潜在意識はストライキを起こします

　レッスン1では「潜在意識は何でも知っている」という話しをしましたが、そんなふうに「潜在意識と仲よくなる」ことが

なぜ大事なのかを知るために、潜在意識と顕在意識の関係を、「馬と騎手」にたとえて考えてみたいと思います。

　前にご説明したように、顕在意識が発達して大人になり、潜在意識を隔てる壁ができて思考優位の生き方になると、水面に出ている氷山の一部しか見なくなって、自分がまたがらせてもらっている「見えない馬」の存在を、ふと忘れてしまうのです。

　セッションにいらしたA子さんは専業主婦で、スープの冷めない距離に住んでいる、年を取ったお姑さん（旦那さまのお母さま）に、朝晩の食事を作って持っていくのを日課にしていました。実のお母さまもお姑さんの面倒をよくみておられたので、A子さんはとくに苦にもせず、毎日続けていましたが、ある日、いつものように作った食事をもって、お姑さんのところに行こうとすると、足が動きません。お姑さんの家の方角に向かおうとすると、足が硬直したように固まってしまって、びくともしないのです。そこで初めて、A子さんは自分の身体が「ノー」と言っていることに気づき、これはなんとかしなければと、相談に来られました。カウンセリングには足が向いたのですね！

　この状況に至るまでの経緯を想像してみてください。A子さんの馬、つまり潜在意識は、彼女の意志に従って、黙々と働いていたはずです。A子さん自身はその習慣に慣れてしまって、嫌とも思わずに平気で過ごしていましたが、何年も続けていくうちに、馬は疲れてへとへとになり、限界に達してしまったの

でしょう。

　同じように、ある日突然、会社や学校に行けなくなったり、パートナーと一緒にいられなくなるなどがありますが、そうなったときにはすでに外向きの自分と内側の本音との間にかなりのギャップが生じているはずです。「○○するべき」「○○して当然」と思っている部分と、自分の本音である感覚や感情との隔たりが、大きくかけ離れてしまったのでしょう。

　この傾向は、自分の気持ちよりも、他者のニーズを優先して応えようとする「外向型」の人にありがちです。自分のことを後回しにし続けることで、自分自身がどんな気持ちで、何を必要としているのかも、わからなくなってしまうのです。そして無自覚の我慢がある限界レベルを超えてしまうと、突然アレルギー反応が出たように「もう無理！」となるのです。

　実際、ストライキならまだやさしいですが、抑圧に対する反発が強い場合、騎手を蹴り飛ばしたり、振り落として馬だけが暴走してしまうことも有り得るでしょう。ですから、自分は騎手に過ぎず、常に自分を運んでくれている馬がいて、馬と自分は一心同体なのだということを忘れないでください。ときには歩みを止めて、馬の身体を撫で、瞳を見つめ、どんな気持ちや心地でいるか、何を求めているかに共感を向けてください。そしてこのかけがえのない「もうひとりの自分」を、どうぞ大事にしてください。

05 離婚の原因は契約違反!?
〜成長は、止められません

　結婚相手や仕事のパートナーの言動に対し「それは契約違反だ！」と思った、またはそう思われた、というお話しをお聞きします。あなたも、相手から約束を破られたように感じ、あるいは自分が約束破りだと言われて、ショックを受けたことはありませんか。

　ひと昔前なら、専業主婦だった妻が、子育てが一段落して、仕事に復帰してバリバリ働き出すと、「君には家にいてほしかった」「俺と仕事とどっちが大事だ？」などと聞かれ、仕事を選んで離婚する、といった話はよくありました。

　また一方では、「夫が定年まで会社に務める」という認識で結婚したご夫婦が、状況が変わり、夫が中途で会社を辞め、田舎暮らしを始めたいと言い出したことで、奥さんが裏切られたような気持ちになり「そんな人と結婚したはずじゃなかった」と嘆く、というケースもあります。

　そもそも結婚相手を、「条件」や「ステータス」でなく、「人間性」や「あり方」を優先して選んでいれば、このような怒りや嘆きといった過剰反応は起こりにくいはずなのですが、その人にとっては、重要なこだわりだったのでしょう。

　いずれの場合も、共感的に話し合って、お互いのニーズを満たそうと協力できれば、うまくいくはずです。けれども、ふた

りのどちらかまたは両方が、自分の立場や固定観念にしがみつき、相手の心境や状況の変化に応じて、相手に求めていた内容を見直そうという前向きな意志、柔軟性や寛容さをもてなければ、難しいでしょう。

　そんなときに思い出していただきたいのは、わたしたちは学び、成長するために生まれて来ていて、誰もが自己実現に向かうプロセスの途上にあるということと、結婚とは、人を大きく成長させ得る、貴重な経験の場だということです。

　結婚によって満たされやすいのは「安全」と「愛と所属（社会的）」欲求で、夫や妻、親として役割を果たすことで「承認」の欲求もある程度満たされるでしょう。また、自分の得意なことを活かして社会貢献ができれば、まさに「自己実現」のニーズを満たすことになります。一方で、先ほどの会社勤めに生きがいを感じられなかった夫のケースは、社会人としてある程度の他者承認は得ていたはずです。でも、会社では建て前で生きていたとしたら、自分で自分に満足するという自己承認は満たせなかったのかもしれません。自分に正直な、ワクワクする未来が田舎暮らしにあるのなら、彼もまた、「わたしの風」に乗るために、踏み出そうとされているのかもしれません。

　かつては、見知らぬふたりが、山の同じ位置に来たタイミングで出会い、手をつないだのでしょう。でも、次第に歩み方に差異が出て、気づいたら離れていたのかもしれません。そこに「愛」があるなら、相手の成長は喜ばしいことで、「○○してほ

しい」と相手に求めるよりも「自分に何ができるか」が主体になるはずです。お互いの成長を助け合い、幸せな未来を共有したいと感じられたら、すこやかに「契約更新」をして、ふたりの進化した人生を歩んでください。でも、もし別々の道を歩むほうがお互いに幸せだと感じたなら、それもまた最善の選択なのでしょう。

06 傷ついたインナーチャイルドの、破壊力はあなどれません

　ジャガイモの芽が光あるほうへ伸びていくように、人間にも成長する力が備わっていて、植物が伸び続けるように、人の成長も生涯続くものなのですが、わたしたちは自分の欲や執着、恐れやプライド等によって、自他の成長を妨害してしまうことがあります。

　そのおもな原因となるのが、「傷ついたインナーチャイルド」の存在です。今では日本でもだいぶ知られるようになっていますが、「インナーチャイルド」とは、文字どおり、「内なる子ども」という意味で、具体的には「心に内在する子ども時代の記憶や感情や心情」のことです。つまり、実年齢は大人になっていても、「心のなかに、子どもの頃のままの人格として存在し続けている、もうひとりの自分」のことです。

　「インナーチャイルドを癒したほうがいいよ」と勧められて、

わたしのもとにセラピーを受けに来られる方が多くいらっしゃいますが、本来の健やかなチャイルドが、何らかのトラウマを負って"傷ついたまま"になっているのが、「傷ついたインナーチャイルド」です。

その概念を広く知らしめた米国のカウンセラー、『インナーチャイルド：本当のあなたを取り戻す方法』（NHK出版）の著者でもあるジョン・ブラッドショーは、「傷ついたインナーチャイルド」は、人生を汚染し、「インナーチャイルド・セラピー」は、その破滅的な操縦を止めるための癒しであると説明しています。

つまり、傷ついたインナーチャイルドが内在していると、本来のすこやかなチャイルドが奥に隠れたようになってしまい、傷ついたチャイルドのネガティブな感情が現れやすくなり、現在のその人の言動に影響を与えます。実際、ある特定の人や状況に刺激され、ほとんど条件反射的に、感情的な反応を起こしてしまうのです。今は大人になっているその人としては、普段は忘れている昔のことなので、「何でこんなにイラつくんだろう」「どうしてこんなに怒ってしまったんだろう」などと、自分でもコントロールできない感情に戸惑いつつも、ほぼ無意識に、内在する傷ついた子どもに振り回されてしまうのです。まるで誰かに人生を操縦されているようにさえ感じられます。

そんな状況を放っておくと、同じ失敗を繰り返したり、病気や事故が続いたり、悪循環が止まらなくなって、人生がどんど

んよからぬほうに向かうことも有り得るのです。このように「悪いことが重なる」ときは、「悪霊に憑りつかれているのでは」と心配し、お祓いや除霊をしてもらいたくなるかもしれません。

　でも、怖がる必要はありません。人生は、常に信頼に値するものです。本当に一番怖いのは、「無意識のままでいる」ことなのです！　人生は、「潜在意識ともっと仲よくなりなさい」と、あの手この手であなたに伝えようとしているのです。大事なのは、自分自身の潜在意識のなかにある「傷ついた心」を知り、「終わっていない感情」に共感することです。過去に怖いことやつらいことなどがあって、緊張や不安や悲しみ、寂しさや怒りなどを抱えた当時のままの、小さな自分がまだそこに、居心地の悪いまま、我慢してがんばり続けているのだということに気づくことです。その子のありのままを受け入れ、ちゃんとわかって思いやりを向けてあげることなのです。

　そうすることで、あなたのインナーチャイルドが本当に安心でき、もう大丈夫だとわかると、本来のその子らしい素直な輝きが取り戻されます。そうして出現するのが「ワンダーチャイルド」の存在です。実は、この「ワンダーチャイルド」こそが、本当に魂が望む、自己実現の道への最高最善の「わたしの風」に乗る、ワンダフルな達人なのです！

「わたしの風」に乗るために、レジリエンスを発動させよう

 01 「レジリエンス」とは、4つの領域における、しなやかな強さ

　さて、ナウシカのように「わたしの風」に乗るには、どうしたらよいでしょうか。小さな頃から日々訓練し、自由自在に乗りこなせる達人のようにはいかなくとも、自分なりに風を見つけ、ひらりと乗るのを可能にするためには、何が必要でしょうか？　それは、ひと言でいうと、「レジリエンス」です。

　レジリエンスという言葉は、近年日本でも、とくにビジネスの分野などで用いられるようになりましたが、異常気象や世界情勢の悪化など、いまだかつてない変化や困難な状況に鑑み、医療や教育など、さまざまな分野で、ますます注目されています。

　記憶に新しいのは、世界中が新型コロナウィルス感染拡大で大変な状況にあった2020年に、NASAとスペースXが打ち上げたクルー・ドラゴン宇宙船が、「レジリエンス」と命名されたことです。その指揮官は「レジリエンスという言葉は、ストレス時であっても機能を保ったり、逆境を克服することを意味している」とインタビューで語っていました。また、搭乗した日

本人宇宙飛行士の野口聡一さんは、世界中の医療関係者、エッセンシャルワーカーのご尽力への感謝を込め、「このような困難な状況のなかでも、お互いに協力し合って、元の状況に戻していく力（＝レジリエンス）にならないか、というのが我々の思いです」と、名前に込めた思いを語られていました。

みなさんは、「レジリエンス」という言葉の意味を、どうとらえていらっしゃいましたか。「強さ」というイメージをもたれていると思いますが、ここで知っていただきたいのは、「レジリエンス」が意味する「強さ・強靭さ」は、決して鉄のような「頑丈さ」ではなく、バネのような「しなやかさ」だということです。たとえば、植物の「竹」をイメージしてください。嵐に吹かれて曲がっても、ポキっと折れたりせずに風が止めば跳ね返し、立ち直るしなやかな力がありますね。そのような「柔軟性、回復力、弾力、復元力」などが、レジリエンスなのです。つまり、人間で言えば、「困難、危機やストレスを、しなやかに乗り越え回復・適応する力」、「折れない心」や「再起する力」「逆境を跳ね返す力」などのことです。

レジリエンスには、フィジカル（身体的）、メンタル（心理・思考的）、エモーショナル（感情的）、スピリチュアル（精神・倫理的）の4つの領域があると、米国のハートマス研究所は伝えています。同研究所は、心臓の機能とストレスについての先端的な科学的研究を、スタンフォード大学などとも連携し行っている非営利機関で、レジリエンスを養うための自己調整

法を開発し、そのメソッドは消防・警察・軍、スポーツ、医療・教育・企業など幅広い分野で活用されています。具体的なやり方については、あとの章でご紹介するとして、ここではレジリエンスについて、理解を深めていきたいと思います。

　この4つの領域のなかで、あなたはどのレジリエンスが高く、または低いでしょうか。また、この4つのなかで、もっとも影響力が大きく、注意すべきなのは、どの領域だと思いますか。それは「感情」です。ポジティブな感情はエネルギーを再生し、全体のレジリエンスを高め、維持するパワーとパフォーマンスの向上をもたらしますが、ネガティブな感情は、エネルギーの消耗を招き、全体のレジリエンス低下、パワーダウンと機能不全をもたらします。ですから、感情のコントロールが重要になるのです。

　また、ネガティブな感情は原因があって生じるものですね。「お腹が空いた」「疲れた」「眠い」などの生理的要因を除けば、ネガティブ思考や視野の狭さ、寛容でない価値観心のもち方など、メンタルやスピリチュアルな要因も関与しているのです。フィジカルな領域については、日々の生活のなかで、食や睡眠、適度な運動などを意識していただくとして、このレッスン3では、もっとも重要なエモーショナルに加え、メンタルとスピリチュアルな側面における、レジリエンス向上について、お話ししたいと思います。

「わたしの風に乗る」
事前準備：メンタルを整える

「わたしの風に乗る」ためには、「乗りたい」と感じたら、その想いを素直に行動に移すことができる、メンタルのすこやかさが必要です。そもそも「わたしの風」とは何でしょう。それは、この本を読むことを通して、みなさんおひとりおひとりの感性でとらえていただきたいのですが、言い換えれば、「内なる導きに沿って歩む道」です。「その人が生まれてきた目的を、もっともその人らしく輝いて歩む「学びと成長の道」であると、わたしはとらえています。

きっとあなたは、学校教育や、仕事、結婚など、社会的に求められることは、それなりにこなしてきたけれども、何か物足りなさや、このままでいいのだろうか、何かもっとできるのではと感じて、この本を手にされたのではないでしょうか。

では、メンタルのすこやかさとは何でしょう。心理面のレジリエンスとして「メンタルの強弱」が挙げられますが、メンタルが強い人は一流のアスリートや宇宙飛行士のように、ポジティブ思考で有言実行できる人。メンタルが弱い人は、行動する前からマイナス要素にフォーカスしてしまい、ネガティブ思考で自信がなく、なかなか行動に到達しないといったイメージがありますね。

そもそもメンタルという言葉のもととなる「マインド」と

は、どんな意味でしょう。それは「心」を表しますが、「ハート」が「感情や愛」などを表すのに対し、「マインド」は「知性や判断力、考え方や意見」など、より思考的な心の部分を表します。つまり、同じ心でも、ハートは「"感じる"心」で、マインドは「"思う、考える"心」であって、より「アタマ」に近い思考的機能を含むのが「マインド」なのです。

　つまりメンタルが強いというのは、自分自身や他人をどうとらえるか、人生に起こる出来事をどう解釈するかといった、「考え方・とらえ方」が健全で理にかなっていて、前向きかつ柔軟で、ゆえにへこたれない、折れにくい心の持ち主、ということになります。ただ、わたしたちの「思考」は、そもそも比較・分析・判断し、理由づけするのが仕事なので、マインドはどうしても、よい悪いのジャッジメントをしたくなるものです。その判断の結果として、わたしたちは喜び、幸せや感謝で胸がいっぱいになることもあれば、傷つき、落ち込み、嘆き、腹を立てるなどのネガティブ感情を抱くこともあるのです。

　たとえば、妊婦さんが電車に乗って立っていて、その目の前に座っていた人が席を立って、いったん電車を降りて、隣のドアに移動したとします。「妊婦だから気遣って譲ってくださったのかも」と考えて、「ありがたいな」という気持ちで座らせていただく妊婦さんが多いのではと思いますが、なかには、「妊婦だから嫌われ、邪魔扱いされたのだろう」とネガティブにとらえて嫌な気持になる場合もあるかもしれません（だからと

言って、席を譲らないほうがいいということでは決してありません）。

　同じように、まわりの人が、自分の風を見つけて飛んでいくのを眺めて、「いいね」と素直に思えたり、客観的に観察し、参考にさせていただいたりして「わたしの風はどんなかな」「いずれ、こんなふうに飛びたいな」などと、ワクワク想像しながら、前向きに準備する人もいれば、一方で、みなが上手にできているように見え、自分が馬鹿にされているとか、否定されたような気持ちになって、自分だけ取り残されたように、みじめに感じるという場合も、あるかもしれません。

　このように、人と比べて自分はダメだと責めてしまう、うまくできなかったら恥ずかしい、失敗して傷つきたくないなどという感情が強い場合、羨ましい、真似したいと思っても、すぐに失敗してしまうだろうという思いが湧いてきてしまう場合は、まず、自己イメージを見直してみましょう。そんなに自分を否定していたら、あなたのマインドが信じているとおりになってしまいます。ダメだ、無理だと思い込んでいると、その思考が現実となるのです。そのよからぬ現実を見て、マインドは、「ほら、やっぱり、わたしの思ったとおりになったでしょう」と、ネガティブな自信を持ってしまうのです！

　簡単な例を挙げると、たとえば、日本で英語を教えているアメリカ人に言わせると、日本人は努力家で、学習能力も高いのに、英会話スクールでの自己紹介の際に、必ずといっていいほ

ど、「わたしは英語を話せません」と言うのだそうです。謙遜という文化があるので仕方ない面もありますが、その否定的なとらえ方自体が、日本人の英語力が伸び悩む原因となっているのではないでしょうか。現に、「わたしは英語を話せません」と言えているのですから、まったく話せない訳ではないのです。「ほとんど話せない」ととらえるのか、「少しは話せる」ととらえるのかで、かなりメンタルが違ってきます。また、繰り返し発する言葉は自分自身が一番よく聞いているので、それ自体が自分に対する暗示になります。「わたしは英語を話せません」を連発することは、そうなるように悪い自己暗示をかけているのと同じなのです。なので、本当に話せるようになりたかったら、「わたしは英語を話せます」と肯定的な表現に変えて、それをポジティブなアファーメーションにして、嬉しい未来を引き寄せたほうがよいと思いませんか。

　いろいろお話ししてきましたが、改めて、「わたしの風に乗る」前準備として、自分自身のマインドの傾向を観察してください。何に対して、どんなふうに、ネガティブなとらえ方をしているのか。そして、その考え方が決めつけのように感じたら、深い呼吸をして、それをやわらげてください。次に、その立ち位置から一歩外に出て、別の、より広い視点から物事を眺めてみましょう。物事のとらえ方はいくらでもあり、それは選択可能なのだと知ってください。あなたのマインドが、あなたを守るために一生懸命働いてきたことに感謝しつつ、「これか

らはもっと、自分が自分らしく幸せに、充実した人生を歩めるように、協力してほしい」と伝えましょう。よりオープンで、柔軟な視野をもって、「わたしの風」を見つけられるように、マインドにはよきチームとなって、すこやかに、賢く働いてもらいましょう。新しい経験と成長の旅に踏み出し、まだ見たことのない景色を楽しめるように！

 ## 03 「わたしの風に乗る」 事前準備：感情を整える

　フィジカル（身体的）、メンタル（心理・思考的）、エモーショナル（感情的）、スピリチュアル（精神・倫理的）という、レジリエンスの4つの領域のなかで、なぜ、感情（エモーションまたはフィーリング）の影響力が大きいのでしょうか。

　何かイヤなことがあって、イライラした気持ちで会社に行った日のことを思い出してみてください。上司に叱られ、仕事がはかどらず、ミスをしてお客様から文句を言われたりして、「今日はなんて運の悪い一日なんだろう」と、どっと疲れたことはありませんか。一方で、朝からよいことがあって、明るい気持ちでいたら、褒められ、お礼を言われ、仕事が早く片付いた。その後も、友だちと会って楽しんで、長い一日でも疲れた感じがしなかった、ということもあったでしょう。すると、「今日は、運がいいな」と楽しい気持ちのまま眠りにつけるかもしれ

ません。

　でも、このような、運で片付けがちなこと。マイナスのスパイラルやプラスのスパイラルの裏にも、あなた自身のハートがどんな感情を抱いているかが、仕事や人間関係のパフォーマンスや持続力にも、影響を与えているのです。その生理的メカニズムを知るために、「心臓のリズム」に注目してみましょう。もしも会いたくない人があなたに近づいてきたら、緊張を感じますよね。すると心臓の動きはどうなりますかキドキが強く、乱れてくるでしょう。そんなストレス状態が続くと、エネルギーが消耗して疲れてしまいます。でも、その人が遠のいていったら、ほっと安心して、心臓の鼓動も静まり安定し、リラックスして普段の調子を取り戻せるでしょう。

　わたしたちの心臓は常に、少し速くなったり、遅くなったりを繰り返しながら、拍動しています。この心臓のリズムは「心拍変動HRV（Heart Rate Variability）」と呼ばれ、ハートマス研究所が開発したバイオフィードバックシステムや、アップルウォッチなどで計測すると、心拍数の変動パターンが波のように現れます。不安や怒りなどネガティブな気持ちでいるとき、HRVは、不規則でギザギザな波形になり、感謝や喜びなどポジティブな気持ちでいるとき、HRVは、ゆるやかに整った波形を描きます（次ページの図参照）。

　HRVの波が整い、リズムが安定しているときは、音楽でいえば、ヒーリング系の音楽を聴いているようなもので、ドライ

ブでいえば「エコ運転」でしょうか。エネルギーの消費を抑えるだけでなく、心地よい感情はエネルギーを再生する働きがあるので、バッテリーの充電のようにもなるのです。一方で、HRVの波が乱れ、不規則になっているときは、ヘビーメタルのような音楽を聴きながら、急な加速・減速を繰り返す、荒い運転をしているようなもの。エネルギーの消耗が増え、燃費が悪い上に、乗っている人も、落ち着かないでしょう。

　そもそも感情には、ピアノの鍵盤に低い音から高い音があるように、ポジティブ・ネガティブの両方があって、どの感情を感じることも悪いことではありません。ときにネガティブな気持ちになっても、またポジティブにシフトすればよいのです。そして気分よく、ただ「ある」ことで、心身を調整し、潜在能力を発揮していけば、プラスのスパイラルを生み出すことができるのです。

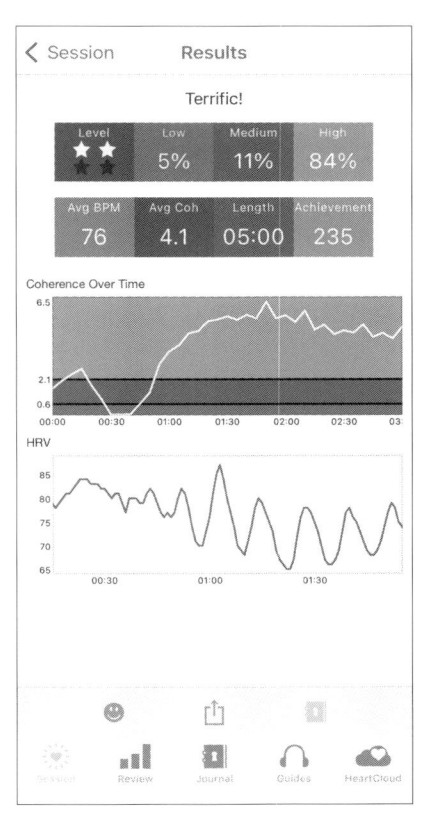

「わたしの風に乗る」
直前準備：呼吸を整え、ゾーンに入る

　あなたは、かつて何か大事なスポーツの大会や、何かしらの演技や発表などをする直前の数分や数十秒間に、どうやって準備を整えていましたか。きっと、首や肩、腕や腰を回したり、手足をぶらぶらさせるなど、まずはストレッチや柔軟体操をしたのではないでしょうか。これは、身体の緊張をほぐすためですね。そして次に、呼吸を整えたのではないかと思います。深呼吸、ないしは普段より大きく、深い息をすることで、心身を落ち着かせ、集中力を高めようとしたでしょう。

　アスリートが試合や競技に挑むような、何か重要な、試されるようなことを公の場でしなければならないという、ストレス下に置かれたときに、わたしたちの心と体がどんな状態になるかを考えてみましょう。野生の動物であれば、戦うか逃げるか、生きるか死ぬかの危険にさらされているような、ある種危機的な状況です。ここで自らの能力を十分に発揮できれば、すばらしい未来が待っている、でも発揮できなければ、とても残念なことになるといった、運命の瞬間に挑もうとしているのです。神経が高ぶり張り詰めるような局面です。

　このようなとき、わたしたちの心と体は交感神経がオンになり、興奮モードになるので、どうしても力み、緊張してしまいます。適度ならよいのですが、力みすぎると、柔軟性を欠いて

レジリエンスが下がってしまうので、余計な力を抜く必要があるのです。

　ここで重要なのは、だからといって、力を抜きすぎないことです。リラックスして脱力しすぎてしまうと、今度は副交感神経がオンになり、お休みモードになってしまいます！　あくびが出るほど緩んでしまわないように、目指しているのは交感神経と副交感神経のバランスが取れた、真ん中の、もっとも調和した状態なのです。それは「コヒーレンス」とも呼ばれますが、「適度にリラックスして、集中できる」状態です。よくアスリートたちがインタビューで、「力まずに、リラックスしてできました」とか「いい感じに集中できてよかったです」などと表現していますね。

　この「リラックスして、集中できる状態」とは、軽い催眠状態や瞑想状態にも似ていて、いわゆる「ゾーン」に入った状態です。「ゾーンに入る」と、野球のバッターならホームランが打てたり、サッカー選手なら絶妙なパスやシュートが打てたり、射撃の選手なら、的を射る瞬間が事前に見えていたりと、各競技でさまざまな神プレーが生まれます。ゾーンに入ると、普段の1.2倍以上、潜在能力を発揮できることが報告されているので、世界のアスリートたちは、短時間でそこに入る訓練をしているのです。「わたし、アスリートじゃないから関係ないかも」と思われるかもしれませんが、人間の心と身体のしくみは誰も同じなので、そのしくみを知って、自分自身をよりよく

取り扱えるようになっていただければ幸いです。

　そして、「ゾーンに入る」ために不可欠なのが、呼吸の調整です。実は、わたしも、呼吸によって自己調整してから、筆を進めている次第です。前の項で、心拍変動HRVについてお話ししましたが、このHRVを整えることは、自律神経のバランス、つまり交感神経と副交感神経、オンとオフのどちらにも偏らない、パワーバランスが調和した状態に調律する、ということなのです。これを、ハートマス研究所が開発したバイオフィードバックシステムで測定すると、心拍変動HRVの波が整うにつれ、自律神経のバランス状態が整う様が可視化され、リアルタイムで確認できます。

　感情がHRVとエネルギーの消耗にいかに影響を与えるかは、前項でご説明したとおりですが、さらに心臓のリズムと直結しているのが、呼吸です。わたしたちは普段、ほぼ無意識に呼吸していますが、そもそも心拍数は、息を吸うときに上がり、吐くときに下がります。つまり、呼吸の深い・浅い、長い・短いは、それ自体が心拍リズムに、密接に影響しているのです。そして覚えておいていただきたいのが、わたしたちの心臓は、意図して動かすことができない、ということです。たとえ、「おい、心臓速くしろ！」とか「お願い、遅くなって！」などと一所懸命に伝えたとしても、それは直接、心臓さんには届かないのです。ですが、安心してください。呼吸なら、意図して行うことができます。アスリートでなくても誰でも、吸ったり吐い

たりの長さや深さをある程度調節し、自らコントロールすることができるのです。

　具体的な呼吸法と、そのメリットについては、さらにレッスン4でご紹介するとして、ここでしばし、呼吸のリズムを、普段より深く、ゆっくりとした一定のリズムに整えてみてください。そして心地よいゾーンに入って、感性をひらいて、体感覚を素直に感じ、周囲の風や光を受け取り、心の目や耳を澄ませてみてください。

「わたしの風に乗る」 その瞬間：直感に従い、行動する

　さて、ゾーンに入ると、普段より能力を発揮できるのですが、なかでもとくに高まるのが、直感と決断力です。

　前項でお話ししたことに加え、呼吸を整えることには、もうひとつのすばらしいメリットがあります。それは、「呼吸を整えると、意識も整う」ということです。普段より深く、ゆっくりの、一定のリズムの呼吸をしばらくすると、わたしたちの意識は自然と呼吸に集中します。

　すると「アタマで考えなくなる」のです。このシンプルな呼吸法を試してみただけで、「考えない状態って、これなんですね！」「"無"になれた感じが、生まれて初めてしました！」と、喜びの声をいただくことが多々あります。さまざまな瞑想法が

あり、実践者も増えているのは喜ばしいことですが、「考えない状態になることが難しい」と感じ、あきらめてしまう方も多いようです。そんな方こそ、心拍リズムを整え、自律神経を安定させる呼吸法をまず実施することで、理想の瞑想状態に入る体制を整えていただければと思います。

　つまり、呼吸に集中し、ゾーンに入ると、いい感じの瞑想状態になります。それは、思考を働かせていない状態なので、余計なことを考えたり、意識が散漫になったりせず、ネガティブなマインドや感情が働かない状態です。そして、意識は"今、ここ"にあり、今自分が存在しているこのときに集中しているので、過去のことを後悔したり、まだ起こってもいない未来を心配したりもしません。シンプルに、わたしは、「"今、ここ"に、こうして生きている」ということ。それをフルに感じられると、とても気持よく、感謝や喜びが自然と沸いてくるものです。呼吸ができていること、心臓が動いてくれていること、好きなことができていることや、応援してもらっていること等、あらゆることが有り難く、尊く感じられたりするのです。みなさんも、そんな感覚になったことがあるのではないでしょうか。

　このように、マインドよりハートに軸を置き、心と身体が生理的にも調和し、心が"今、ここ"にある状態をわたしは、「ハートフルネス」と呼んでいます。「ハートフルネス」については、スティーヴン・マーフィ重松博士が『スタンフォード大学の心理学授業　ハートフルネス』という著書で書かれてい

ます。「マインドフルネス」よりも、よりハートに軸をおいた、思いやりや共感にもとづくあり方です。このような意識の状態になると、直観はごく自然に働きます。そもそも、わたしたちの潜在意識は常に、実に賢く巧みに、必要な情報を送ってくれているのであって、それを受け取れないのは、わたしたちの思考がうるさくて聞き取れなかったり、焦って、変に期待してしまったり、受け取っても疑ってしまったりと、自ら邪魔しているだけなのです。

　あなたには、物理的な五感に加え、豊かな内的な感性（心の目や耳など）というすばらしいセンサーが備わっているのです。それらが発してくれている微細な信号を、あなたが自分自身を整え、調律し、心をオープンにして、感じ取りさえすればよいのです。自然の音や気配を感じとるように、内なる領域で耳を澄ませ、あなたの風を見つけてください。あなたの心が"今、ここ"にあれば、「これだ」と直感したら、前向きな決断をし、素直に行動に移せるでしょう。

06 わたしの風に乗る達人 ：ワンダーチャイルドを発動させましょう！

「チャイルドの元型は、わたしたちの意識の範囲を超えた生命力の人格化されたものである」と、深層心理を扱うユング派臨床心理学を創始したスイスの精神科医カール・ユングは言って

います。「元型」とは、人類全体が無意識に持っている心の象徴的イメージで、アーキタイプとも呼ばれます。つまり人は、時代や地域を超え、集合的レベルにおいて、生まれながらに「子ども」のイメージを心のなかに持っており、それは信じられないほどの「バイタリティの塊」である、と言っているのです。言い換えれば、「命のエネルギーそのもの」であるような、わたしたちの心に内在する子どものアーキタイプは、レッスン1でもお話しした例ですが、"アルプスの少女ハイジ"などの、子どもらしいイメージに象徴されます。

　子どもは本来、ハイジのように、驚きに満ちて、自発的で、今を生きています。レッスン2で少し触れたように、そんな本来の子どもを、「インナーチャイルド：本当のあなたを取り戻す方法」の著者であるジョン・ブラッドショーは、「ワンダーチャイルド Wonder Child」と呼んでいます。ワンダフル「すばらしい」から派生したもので、「驚きや畏敬」も含み、「神童」つまり「神聖な子」をも意味します。

　「天真爛漫、素直、純粋、正直、自由、好奇心、遊び心、楽しみ、ときめき、情熱、直感、創造性、独創性、楽観的、回復力、思いやり、喜び、愛、生命力」これらは皆、ワンダーチャイルドの特徴です。中高年の方なら、ハイジがおばさんに連れられて初めて山に行き、おじいさんと暮らし始め、山の生活に感動し、子犬のように転げまわって喜んでいた様子を覚えておられる方もいるかもしれません。あれがまさにワンダーチャイ

ルドです。また、物語の途中で、ハイジが一時おじいさんと離れて町で暮らしたとき、本当の気持ちを抑圧して過ごした結果、心を病んで、別人のように暗く無気力になってしまいます。この、本来のハイジらしからぬ、病んだハイジの状態は、「傷ついたインナーチャイルド」を表しています。そしてその後、再び山に戻って、本来の自分らしさを取り戻し、太陽のような輝きを復活させたのが、ワンダーチャイルドを再び発動した、ハイジの進化系と言えるでしょう。

　わたしが25年間、さまざまな方にさせていただいたセッションのなかで、無数のインナーチャイルドに出会ってきました。相談にいらしたほとんどの方が、傷ついたインナーチャイルドの癒しを必要としていました。その子の存在を見つけ、その気持ちに十分に共感するプロセスを通し、今の大人の自分がその子の願いを理解し、ありのままに肯定し受容すると、その子は安心し、止まった時から解放されます。

　すると、その奥に隠れていた、本来のすこやかな、すばらしいチャイルドが出現します。そうして、ワンダーチャイルドとの再会によって本当の自分らしさを思い出し、それを肯定し、祝福できると、そのすばらしい感性とパワーが発動し始めるのです。今は大人になって、人生の何らかの節目に直面していたその人が、人生の新たなフェーズに、ワクワクしながら、明らかにバージョンアップした動力で、漕ぎ出していくのです。そんな脱皮のような変化のプロセスに寄り添わせていただくこと

は、何度経験しても、とても尊く、光栄なことです。

　あなたの内なるチャイルドは、生き生きと輝いていますか。それとも、どこかに隠れてしまっているでしょうか。もしそうなら、ぜひその子と再び出会ってください。

　人生の次なるステージに踏み出すとき、より自分らしく本質的な生き方にシフトしようとするときこそ、あなたの内なるすばらしい子どもに出会ってください。あなたが本当の人生に歩み出す原動力となるのはその子なのです。なぜならその子は、自分は何が好きで、どんなときが一番嬉しいか、自分に何が必要かを明確にわかっていて、ブレないからです。その子こそが、"今、ここ"を100パーセント、自分らしく生きる達人であり、「いのちと創造性の輝き」そのものなのです。

　そのエネルギーが再び活性されるとき、ハートの中心にある太陽が稼働するかのごとく、あなたが真の自分になる、すこやかな自己実現への道が、ひらかれるのです。

自分でできる
セルフケア・メソッド

 ハートフォーカス呼吸で、
コヒーレンスに

　さて、ここからは実践編です。このレッスンでは、みなさん
に普段からご自分で実践していただける、セルフケアの方法を
ご紹介いたします。読みながら、ぜひ一緒にプラクティスして
くださいね。レッスン2でレジリエンスについて、まずは呼吸
を整え、心拍変動HRVを安定させることが大事だとお話しし
ましたが、実際のやり方を学んでいきましょう。

　呼吸法にもさまざまなものがありますが、ここでは、ハート
マス研究所が奨励している呼吸メソッドをご紹介します。いつ
でもどこでも短時間で実践でき、持続可能で実用性が高いのが
特徴です。

STEP 1 意識を頭でなく、胸、心臓のあたりにフォーカスします。

STEP 2 普段より深く、ゆっくりと、まるで心臓から吸ったり吐
いたりしているかのように、一定のリズムで呼吸します。でき
れば5秒で吸って、5秒で吐くくらいの、自分にとって心地よ

いリズムで、ゆったりと呼吸を続けます。

　たったこれだけのシンプルなものですが、大事なのは、実際に行って体感することです。1回に5分ほど、一日に1〜3回、朝昼晩など。またはネガティブな気持ちになったときや、大事なことや緊張する場面の前など、必要と気づいたときに実践し、準備を整えたり、立て直したりしてください。「筋肉は裏切らない」と言われますが、「呼吸は裏切らない」ので、ともかく実践してください。

　ステップ1で、意識の置き場所をシフトしますが、普段あなたの意識はどこにありますか。考えているとき、悩んでいるときなど、わたしたちの意識は頭部に上がっています。アタマ（脳）にある意識を胸の位置まで下ろし、ハート（心臓）にフォーカスすることで、思考中心から感性中心モードへ、顕在意識優位から潜在意識優位へと切り替えます。

　ステップ2で、心臓に意識を置きながら、普段より大きくしっかりとした、一定のリズムの呼吸を繰り返します。呼吸の大きさは、身体の大きさや体力などによって個人差があるので、5秒—5秒でなくとも、4秒—4秒や、6秒—6秒など、ご自分にとってちょうどよい長さのサイクルを見つけてください。また、吸気が短めで、呼気を長めにする方法や、吸ったあとに少し止めてから吐く呼吸法でもよいですが、守っていただきたいのは、同じパターンの繰り返しを維持することです。

そうして、ただ呼吸に集中すると、本当に考えなくなります。心地よい一定のリズムで呼吸を続けることで、自然と「落ち着き」や「安定感」が感じられるようになります。これは、生理的・物理的にそうなるようになっているからです。また、深く平らな呼吸を続けられているということによって、「今、自分は安全な状態にある」「大丈夫だ」というメッセージが身体に伝わります。さらに、安定した呼吸の継続によって心拍リズムが整うと、心臓は実際、体内において、オーケストラの指揮者のようなリーダー的存在なので、それに合わせて、他の臓器たちのパフォーマンスも整う、ということなのです。結果的に心臓と、脳をはじめ他の臓器が同期、シンクロナイズする、一貫した調和、つまりコヒーレントな状態となり、言い換えればゾーンに入り、レジリエンスが向上するのです。

あらゆる瞑想法の基本は呼吸です。古代の言語、たとえば、イエスやマリアを含むエッセネ派の人々が話していたアラム語の「Ruwach（ルーハ）」という言葉は、「呼吸」や「息」を表しますが、同時に、「風」や「スピリット（霊）」という意味も含んでいるそうです。意識的に息をすることを通して、わたしたちは魂やおおいなるものにつながることができるということです。

そして、呼吸法を続けるほどに、すべての命はともに呼吸していて、わたしたちはみな、ワンネスまたは全体性の一部なのだと、感じられるようになるでしょう。

愛にもとづいた感情で、ハートを満たす

セルフケアの次のステップは、ひと言でいえば、「気持ちのシフト」です。たとえ、おもわしくない状況のなかで、緊張や不安が生じたり、突然の刺激に対してネガティブな反応をしてしまっても大丈夫です。わたしたちは、気持ちを切り替えることができます。ネガティブな気持ちになること自体が悪いことではないので、ダメだとジャッジするのではなく、まずは「あ〜、今、わたしは不安になっているな」と素直に観察してください。そして、呼気とともにその不安を吐き出しながら、次のように感情をシフトさせていきましょう。

（あらかじめ、ハートにフォーカスした呼吸をしながら）

STEP3 肯定的な感情にシフトする。感謝や喜び、安心感や思いやりなど、"愛"にもとづいた、ポジティブな感情を心に再生します。

STEP4 その肯定的な感情を、今この胸にありありと感じ、そのあたたかい気持ち（エネルギー）でハートをいっぱいに満たします。

わたしたちが抱く感情は、ポジティブかネガティブに分けられますが、根本的には"愛"か"恐れ"の二極になります。緊

張や不安、心配、焦り、苛立ち、不満、寂しさ、後悔、失望、嫉妬などの否定的な気持ちは、「"恐れ"にもとづいた感情」であり、エネルギーの消耗を促します。これらのネガティブな感情が長時間続くと、コルチゾールという抗ストレスホルモンの分泌が続き、気力低下や睡眠障害、自律神経の失調等を招きます。大事なのは、ネガティブな感情に浸り続けないようにすることです。

一方で、感謝、喜び、楽しみ、幸せ、ときめき、感動、安心、平和、希望、勇気などの肯定的な気持ちは、「"愛"にもとづいた感情」で、エネルギーの再生を促します。これらのポジティブな感情を維持すると、DHEAという若返りホルモンやオキシトシンという幸せホルモンなどが分泌され、免疫力も上がります。「病は気から」というとおり、日頃からどんな気持ちで過ごしているかが、その人の健康に大きく関与しているのです。

あなたは一日のなかで、どれくらいの時間、どんな気持ちで過ごしていますか。どんなときに、何に反応して、ネガティブに振れるのでしょうか。観察すると、自分の傾向やパターンが見えてくるでしょう。また、あなたが嬉しい気持ちになるのはどんなときですか。あなたに幸せや感謝を感じさせてくれる対象は何ですか。

大切な人や、可愛いペット、美しい自然の風景や、リラックスできる場所など、自分にとってありがたい存在を心に描き、あなたのハートを愛にもとづいた感情で満たしてください。頭

で考えるのでなく、子どものように純粋にありありと、本当に感じることが秘訣です。そうすると、泉からきれいな水が湧くように、あなたのハートに内在している愛があふれ出て、胸いっぱいに広がって、言葉にしがたいような、満ち足りた心地になるでしょう。

 ## 03 潜在意識と、短時間でコミュニケートする

　前項のステップ4までを実施すると、「心が"今、ここ"にある」という"ハートフルネス"や"コヒーレンス"という、ゾーンに入った瞑想状態になり、直感やインスピレーションを受けやすくなります。つまり、潜在意識にアクセスしやくなるのです。従来の催眠療法では、潜在意識にアクセスできるようにするために、少なくとも5分から10分、またはそれ以上、時間をかけて誘導し、催眠状態に導きます。わたしも、30年近く前にアメリカでそのように習いましたが、今から約8年前にハートマス研究所の科学とメソッドに出合ってからは、ヒプノセラピーのセッションのなかで、誘導にかける時間が大幅に短縮されました。

　自分で行う瞑想の場合も、従来は少なくとも5分から10分くらい時間をかけることが多かったのですが、ハートマスのメソッドを取り入れることで、5分以内でも可能になったので

す。もちろん、長時間の瞑想は、別の価値があります。わたしもときどき、時間を気にせず、好きなだけ瞑想することがあります。

　ですが、毎回長時間の瞑想を継続するというのは、なかなか難しいでしょう。大事なのは継続と習慣化ですから、忙しい日常のなかに組み込んでいくには、短時間で実践できることが大きなメリットになります。ですので、１〜４のステップを、１セッション５分、少なくとも３分、それを朝晩、あるいは一日に１回〜３回、続けてみてください。そして、「心が"今、ここ"に、満ち足りた心地」になって、さらに時間や余裕があったら、次のように潜在意識とコミュニケートしてみてください。

（あらかじめ、"ハートフルネス"な状態になっておく）

STEP5 潜在意識、または、"ハートの知性"、あるいは、"魂の叡智"に、常に導いてもらっていることに感謝しながら、心のなかで問いかける。「今、わたしが知るべきことは何ですか」。または、「わたしにできることは何ですか」など。または、「わたしが喜びをもってできることで、貢献させてください」や「生まれてきた目的を達成できるよう、見守り、導いて下さい」などの祈りを伝える。

STEP6 静かに待ち、観察する。心をひらいて、ただゆだねる。イメージや感覚、言葉やインスピレーションなど、内側で感じ取り、受け取る。

ここまでの1〜6ステップを「ハートフルネス瞑想」と呼んでいますが、"ハートフルネス"になれているということは、「潜在意識とインターネットが接続された状態」のようなものです。せっかくですから、コミュニケーションを取ってみましょう。でも、期待はしないでくださいね。「結果にこだわらないこと」が、成功の秘訣なのです。あなたの問いに対する答えがすぐに聞こえず、何も浮かばなくとも、大丈夫です。気にせずに、続けてください。そして、大事なのは、本当に高次に届く祈りは、「誰に何をしてもらえるか」ではなく、「自分に何ができるか」なのです。

 ## "心の庭"に親しみ、
潜在意識とのラ・ポールを築く

　さあ、ここからは、ハートフルネス瞑想をさらに発展させて、心の内側の領域に、もっと入っていきましょう。誰の心のなかにも、安全に守られた、ふるさとのような内なる領域があります。それをわたしは「心の庭」と呼んでいます。そこは、何にも邪魔されない、誰にも気を遣う必要はない、ほっとくつろぎ、安心できる、穏やかな自然に囲まれた場所です。ただそこにいるだけでリラックスでき、心が"今、ここ"に満たされた感覚になり、自然と感謝が湧きます。そして、子どものように純粋な、素の自分になれ、固定観念や思い込みに縛られず、

自由で柔軟な、本質的な視点に立ち戻ることができるのです。

　わたしは、何千人もの方々の、心と魂の癒しと成長のプロセスに立ち会わせていただくなかで、誰の心にも、このように「内なる聖域」のような場所が存在すると確信しました。わたしたちは、その領域に踏み込み、親しむことで、おのずとハートフルネスになります。また、そこにいる感覚をありありと感じ、内的感性が発揮されると、潜在意識のもっとも賢い部分、見守り導いてくれる高次元の意識とつながり、コミュニケートしやすくなるのです。そして、子どものように素直に感じるほどに、そこから、さらに、さまざまな次元の扉がひらかれていきます。

　これを、16世紀スペインの聖人、アヴィラの聖テレサは、「Interior Castle（内なる城）」と呼び、霊的成長の道を説いています。

「心の庭瞑想」

（あらかじめ、ハートにフォーカスした呼吸をしながら）

STEP1 目を閉じ、ゆったりと呼吸しながら、心地良くリラックスし、心の内側の、安心安全に守られた領域「心の庭」に入る。内なる感性をひらき、そこにいる感覚や景色をありありと感じ、味わう。自由に、くつろいだり、寝転んだり、遊んだり、好きなように楽しむ。

STEP2 その景色のなかで、自分にもっとも安らぎや信頼を与え

てくれる存在を意識する。太陽、月、空、光、風、水、草花、木、大地、動物、天使や妖精、ガイドやご先祖様など。そしてその存在から、自分に伝わって来るメッセージ、言葉やインスピレーション、感覚やエネルギーなどを感じ、受け取る。

STEP3 心の庭と、潜在意識の導きと、叡智と愛に感謝し、ひとつ深い呼吸をして、ゆっくりと自分のタイミングで目を開ける。

　心の庭の心象風景そのものが、あなたの潜在意識からの象徴的メッセージなのです。あなたが普段の思考パターンから離れ、感覚優位になり、心の庭の居心地に浸り、ゆだねるほどに、潜在意識との対話が自然と成り立ち、心の庭に親しむほどに、自分の魂とのラポール（信頼関係）が築かれていくのです。

自分自身を "友" として見つめ、ハートフルネス・フィールドで包む

　感情が自律神経に及ぼす影響について、前にお話ししたように、自律神経には「緊張・興奮の交感神経」と「リラックスの副交感神経」があります。自律神経についての新しい理論（ポージェスが提唱した「ポリヴェーガル理論」）では、副交感神経にはさらに、2種類の神経複合体があると考えます。

　この理論によると、戦ったり逃げたりする、アクセルのような働きの交感神経に対し、副交感神経のひとつは、危険に対

して凍りつく「背側迷走神経」です。突然クマに出くわして、とっさに死んだふりをするといった働きですが、社会生活でこれが作動すると、サイドブレーキがかかったようにフリーズして、何も言えなくなったり、足がすくんで動けなくなってしまいます。もうひとつの副交感神経は、リラックスして機能する「腹側迷走神経」です。これは、フットブレーキによって、適度に速度調節しながら快適な安全運転をするようなもので、安心して人と関わることができる状態です。

　交感神経と背側迷走神経は、生まれたときから動物的本能として備わっているものですが、腹側迷走神経は、赤ちゃんのうちから思春期くらいまでの間の親子関係など、社会的環境のなかで完成していくものです。この腹側迷走神経が周囲との関係のなかで発達し、しっかりと機能すると、緊張せずに人と関わり、さまざまな刺激があっても感情をコントロールでき、心拍も安定し、落ち着いた状態を保てるようになります。この感情のコントロールを失わずにいられる範囲は「耐久領域（耐久の窓）」と呼ばれます。

　お気づきのように、これまでにご紹介したセルフケア・メソッドのすべてが、この腹側迷走神経を優位にするための取り組みであり、「耐久の窓」を広げてくれるのが、コヒーレンスやハートフルネスという、肯定的な気持で、心身が安定した状態なのです。

　前置きが長くなりましたが、「心の庭」の第一の恩恵は、自

分にとっての「安心安全の場」を心のなかに見出すことです。愛情に乏しい親子関係やトラウマなどから、人との関わりに緊張や不安がある場合でも、自分自身の内側に安全地帯があることを知り、守られた場のなかで肯定感や信頼感を回復することができるのです。そうして、自然と「耐久の窓」が広がったところで、普段より寛容で共感的に、自分自身を見つめることが可能になるのです。

「自分を包むハートフルネス・フィールド瞑想」

（あらかじめ、心の庭に入り、くつろぐ）

STEP1 目の前の空間にスクリーンをイメージして、そこに、自分自身（疲れていたり、落ち込んだり、ネガティブな気持になったときの自分や、インナーチャイルドなど）を映し、観察する。どんな心地や気持ちか、何を求めているかを、共感的に感じ取る。

STEP2 その共感と思いやりでハートを満たし、そのエネルギー（ハートフルネス・フィールド）をさらに広げ、スクリーンの中のもうひとりの自分を包む。そして、大切な"友"のように、心の庭に連れてきて、そこで一緒にくつろぐ。

※何かを達成できて嬉しかったなど、ポジティブな気持ちのときの自分に対しても、同様にワークできます。

06 あなたのワンダーチャイルドと出会い、ギフトを分かち合う

「ラポール（rapport）」という言葉は、「友好的で調和の取れた人間関係」を意味します。今ではビジネス分野でも使われますが、とくに、相互理解、共感によって特徴づけられる関係で、コミュニケーションを可能にしたり、容易にしたりするものであり、心理学ではカウンセラーとクライアントの間の信頼関係を意味します。

　皆さんは、パートナー、家族や友人、仕事の仲間や顧客などの人々と、どれくらいのラポールが取れているでしょうか。地域の人々、動物たち、自分を取りまく自然環境、さらには地球や宇宙の星々とはどうでしょう。理想は、すべての存在との信頼関係ですが、もっとも取り組むべきは、自分自身とのラポールを築くことです。

　心の庭瞑想では、自分の心のなかの安心安全な居場所としてイメージされた、心の庭の環境に親しむことで、その風景・風情とのラポールを育みます。同時に、そのような庭を見せてくれている、潜在意識の叡智と導きへの、信頼が育まれていきます。そして、心の庭に触れるほどに、潜在意識は自分に必要なことが何かを常に知っていて、それを然るべきタイミングで、絶妙な表現によって、伝えてくれるということがわかってくるのです。

さあ、お待ちかねのワンダーチャイルドに出会う瞑想です。

あなたが自分のよさを忘れかけて、本当の自分を取り戻したいと感じたとき。母親やまわりの大人を喜ばせるために、社会に適応するために、外部から取り込んだ価値観のコートが重くなって、脱ぎたくなったとき。自分を勇気づけ、力づけたいと思ったとき。これから本当の意味で、自分が生まれもった個性や才能を発揮したい、楽しみながら役に立ちたいと望んだときに、ワンダーチャイルドと出会ってください。そして、その子の存在をありありと感じ、その太陽のような純粋な輝きを祝福してください。ワンダーチャイルドはきっと、あなたの魂がもっとも大切にしている価値観、「コア・バリュー」を思い出させてくれるでしょう。

「ワンダーチャイルド・インテグレーション」

（あらかじめ、心の庭に入り、くつろぎ、見守ってくれる存在を感じながら）

STEP1 自分の心のなかに存在している、もっとも自分らしく、光り輝く子ども、「ワンダーチャイルド」に意識を向ける。そして、その子の存在が自分の心の庭のどこかにいるのを感じる。感謝と会いたい気持ちを心のなかで伝え、「おーい」「会いに来たよ」などと呼び掛け、しばらく待つ。

STEP2 庭のどこかに、子どもの存在を見つけたら、その子の姿、表情、雰囲気や行動を観察し、その子の気持ちや感覚を

一緒に感じてみる。その子のもっている自分らしさと、本質的なすばらしさを認識する。

STEP3 その子と一緒に遊んだり、くつろいだり、自由に楽しむ。そして、その子に、「あなたが一番大事にしているものはなに？」と尋ねる（その子が生まれもったコア・バリューを感じ取る）。最後に、ワンダーチャイルドから、今のあなたへのメッセージや贈りものを受け取る。

STEP4 ワンダーチャイルドにお礼を言って、見守ってくれている存在と、心の庭にも感謝を伝え、深い呼吸をしてから、ゆっくりと目を開ける。

セルフケアと
クリニカルケアを使い分ける

 世界中で高まるセルフケアの重要性

　さあ、ここからは、意識を自分の外側の、見える世界に向けていきましょう。レッスン4で学んだセルフケア・メソッドを、より適切に実施・継続し、その恩恵を最大限に受けていただくために、なぜセルフケアが必要か、セルフケアとクリニカルケアの役割分担などについて、解説していきたいと思います。ここでは自分でできるセルフケアに対して、プロフェッショナルなヘルスプロバイダー、つまり心理・医療・代替療法などの専門家から受ける臨床的なセラピー・治療・施術などをクリニカルケアととらえてお話しします。まずは、わたしたちの健康を取り巻く、社会の実情を眺めてみましょう。

　とくに新型コロナウィルスパンデミック以降、医療費の上昇が、世界で大きな懸念となっています。OECD（経済協力開発機構）の予測によると、今後15年で、ほぼすべてのOECD諸国でGDP成長率を上回ると見られているそうです。世界的な少子高齢化により、生み出すものよりも、病気の治療代のほうが

伸びていくなかで、医療費の削減は各国の課題となっています。

　ところで、医療費は何にかかるかと言うと、「検診・検査・予防接種」や、治療後の「リハビリ」などもありますが、医師による病気の「診断」と、投薬などの「治療・薬代」がおもです。医療費を減らすためには、病気にならないのが一番ですが、病院が提供できる「予防」は、感染症にかかりにくくするための予防接種と、健康状態を知り、病気を早期に発見するための検診ですから、実際に病気にかかりにくくするのは、普段からのセルフケア、つまり生活習慣となります。

　WHO(世界保健機関)では、感染症以外の「不健康な食事や運動不足、喫煙、過度の飲酒、大気汚染などにより引き起こされる、がん・糖尿病・循環器疾患、呼吸器疾患とメンタルヘルスをはじめとする慢性疾患」を総称して「非感染症疾患（NCDs）」と定義しています。

　どうしても感染してしまうウィルス性の疾患や、事故による怪我などは別として、それ以外の病の多くは、呼吸器疾患や心の病も含め、生活習慣の改善によって、予防可能な病気群ととらえられているのです。

　実際、一般に診療される病の6〜8割がストレスに関連していると推定されており、ストレスマネジメントは欠かせなくなっています。今では、健康状態や睡眠、ストレスなど特定の状態を自己管理するためのアプリなども開発され、広く利用されていますね。

ハートマス研究所が開発したバイオフィードバックシステムもそのひとつですが、デバイスを用いて測定すると、心拍変動HRVと自律神経のバランス等をリアルタイムで可視化・数値化することができます。ハートマスの自己調整メソッドを一か月以上継続することで、高血圧、不整脈、心不全、自己免疫疾患、睡眠障害、アルコール依存症、うつ病、PTSD、発達障害、摂食障害などの症状が、約2〜3割緩和・改善されたという臨床データもあり、年間では一人当たり585ドル（2008年調査当時約6万円）の医療費削減につながったと報告されています。

 セルフケアでできること 〜ウェルビーイングの向上

　前項では、医療費と病気の予防という視点から、セルフケアにまつわる世界の状況について、かいつまんで共有しましたが、わたしたちの国ではどうでしょう。

　ご存知のとおり、日本は誰もが良質な医療を受けられるという医療制度を世界に誇ってきましたが、急速な少子高齢化と経済成長の鈍化によって、国民皆保険の維持は、危機に直面していると言われています。厚生労働省のデータによると、令和3年度の国民ひとり当たりの医療費は、前年度に比べ18200円、5.3パーセント増加したそうです。何かあったらすぐにお医者様にかかり、お薬をもらうという、シニア世代にありがちだっ

た傾向は変わっていくでしょうし、ホリスティック・メディスン（統合・代替医療）が今後、日本でもさらに盛んになるでしょう。

　一般の医療とホリスティック医療はどこが違うかと言うと、前者はおもに病気の症状を抑える対症療法が中心で、悪い部分を取り除くという方向性のものですが、後者は心身を丸ごとひとつのシステムとして、症状も全体のバランスのなかでの一部ととらえ、不具合が生じている原因を理解し、自然治癒力を発揮させる方向での根本的な治癒を目指すものです。どちらがよい悪いではなく、両方とも必要なのですが、「予防」という面では、ホリスティック医療の役割も大きいのではないでしょうか。「ウェルネス」や「ウェルビーイング」という言葉が用いられるようになってきたのも、ホリスティック医療的な視点が重要視されるようになったからです。ウェルビーイングとは「すこやかであること」といった意味ですが、大事なのは、健康になろうと頑張ってする「doing」ではなく、すこやかな状態で存在する「being」という表現です。

　病気にならないためにがんばらねばと意気込むと、「真に健康である」状態を知らずに、その感覚を実感しないまま、疲れ果ててしまうことがあります。「健康」というゴールに向かってあれもこれもしなければならないと、さまざまな健康法を取り入れることに一所懸命になってしまうのです。「健康」とは、受験勉強や金メダルのように、努力に努力を重ねて、やっとつかむ栄光のようなものではなく、日常の一瞬一瞬に宿っている

類のものなのです。

　レッスン4でご紹介したセルフケア・メソッドは、このような日々の積み重ねによる「ウェルビーイングの向上」に役立つものです。呼吸法や瞑想を実践していくと、以前の自分のあり方とは何か違っていると感じられるでしょう。心身がラクで心地よく、弾力が増した感じがして、気づけば不調になりにくく、調子を崩してもまた戻すことができるようになるでしょう。

日々コツコツと筋トレのように 〜古代の賢人たちも、基本は同じ

　さて、セルフケアの課題は「継続」と「習慣化」です。これまで読んで来られて、「なるほど、だからセルフケアが必要なのね」と理解し、「そうか、こうすればいいんだ」と方法もわかったところで、あとは実際に「やる」こと、そして、1回で終わらせずに、続けていくことですね。でも、「それが大変なのよ」と、実践・継続へのハードルを感じてはいませんか。そうは言っても忙しいし、時間の確保が難しいし、瞑想なんて、やったらすぐに寝てしまうし……。ええ、わたしもかつてはそうでした。でも忙しいほど、あえて5分、時を止めることで、不思議と一日の時の流れがゆったりと感じられるようになり、結果的に、さらに多くのタスクを効率よくこなすことができるようになるのです。そうして習慣にしていくと、気づけば甘いもの

を食べる回数が減っていたり、お酒を飲む量が減っていたりと、何かに依存する傾向も緩和されていくでしょう。また、我慢できないほど痛くなったり、もう無理と言うほど具合が悪くなってから、医師やヒーラーのもとへ駆け込み、「何とかしてください」とすがるようなことも、最小限になるでしょう。

一日2回ほどの5分瞑想を2週間程度実施することで、効果が感じられてくるものですが、そこまで続けるには、ある程度の意志と努力とコミットメントが必要です。そこに自分の貴重な時間と労力を投資するのです。いつもいろいろな講座を受けて、頭ではわかったけれど、その知識を実用し、本当に自分のものにするまでに至らないという方は、面倒くさがりだったり、せっかちで待てなかったり、あきらめが早かったりするのかもしれません。何でもすぐに結果が出ないと気が済まず、落ち着かなくなってしまって、投げ出してしまうなど、そんな傾向がある場合は、実は、失敗するのが怖いのかもしれません。うまくできないとカッコ悪い、バカにされたくない、時間を無駄にしたくないなどのネガティブな考えや感情が邪魔してくるのです。でも、そんな雑音が聞こえてきても、気にせずひたすら続けてください。自分で責任を取りたくない、人のせいにしたい、そんな虚栄心や葛藤が渦巻く、ジャンクにまみれたような雑念の間を抜けていったところに、すべてが今ここに調和してある、本来の自分のありどころが見いだせるのです。

心の庭療法を通して、人の魂の癒しに寄り添わせていただく

なかで、わたしは古代の聖人やマスターたちの叡智に触れる機会を多く与えられました。なかでも16世紀スペインに生きたアヴィラの聖テレサや、二千年以上前のエッセネ派の聖人たちから多くを教えられました。マリアの母であり、イエスの祖母であったアンナを中心とした人々の、すこやかなエコ・スピリチュアルな生き方を示した本、『アンナ、イエスの祖母』（ナチュラルスピリット）を翻訳させていただきましたが、彼らのように覚醒した超人たちでさえも、基本のトレーニングは、1回5分からの、日々の呼吸瞑想だったのです！　筋肉を使わないと筋力は育たないのと同じで、瞑想もコツコツと積み重ねることで、瞑想力が育つのだと、マスターたちも教えてくれています。

 豊かさの泉は自分のなかに 〜幸せのサステナビリティ

コヒーレンス呼吸や、ハートフルネス瞑想を習慣化していくことで得られるウェルビーイングには、もうひとつの利点があります。それは、自分が幸せであるための条件を、他者や環境に依存せずに済む、「自家発電型」のエネルギーシステムにシフトできることです。つまり、自分が前向きなエネルギーを発電するための幸福感や感謝といった燃料を、外部からもらわずとも、内部資源に見出し、自らエネルギーを再生できるという

利点です。

　たとえ周囲の状況が混乱し、ネガティブなニュースばかり飛び込んできて、先が見えない不安で、社会が暗く沈んでいたとしても、自分の胸の内側にあるかつて平和だった頃の居心地のよさや、愛する人やペットなどと喜びを分かち合ったことや、自然のなかで感動したことなどを思い起こし、ポジティブであたたかな気持ちをありありと感じ直し、ハートに再生することができます。今、その人や情景が、目の前に物理的に存在していなくても、彼らに対する愛と感謝は、絶えることのないリソースとして、あなたの心のなかに宿り、実在しているのです。そして、普段は忘れていても、また意識をそこにフォーカスすることで再び光をともし、温まることができるのです。

　人や自然などに感謝できることは、人として生きていくうえで、本質的に尊く素敵なことです。誰かが、または誰かの行いが、自分をありがたい気持ちにさせてくれ、生きるエネルギーを湧かせてくれている。同じように、自分も誰かの心に光をともす、燃料になれているのかもしれません。いやきっと、そうなのでしょう。実は、この感謝の交流がすばらしいプラスの連鎖を起こしていくのです。

　これからの時代では、以前まで当たり前にあった自然環境や生き物、天然資源、住める土地などが失われていくでしょう。自然災害に加え、戦争や紛争によって、恐れや悲しみ、失望、怒りや憎しみの連鎖も起こるでしょう。そんななかでも、あな

たは、自らを“今、ここ”に調和したハートフルネスに保ち、心の暖炉を絶やさないでいることができます。その光は、まずあなた自身を暖め、豊かなエネルギーで満たしてくれます。そしてそのエネルギーが周囲に伝わり、まわりの人々をも温め、さらに、場の波動をも上げていくのです。

もしも、今の人生において感謝の対象が見当たらないという場合は、前世や過去生に感謝の材料があるかもしれません。あるいは、地球上の記憶のなかに見当たらないという場合は、宇宙生にあるのかもしれません。いずれにしても、特定の人や存在に対する感謝というのは、実は、マッチのように火をともすきっかけであって、実際に光をともし続けるエネルギーは、あなたの魂に内在しているものなのです。普遍的な光の水源につながるポータルが、わたしたちのハートの中心にあります。その泉は、はじめは乾いていたとしても、あなたが訪れるたびに、アクティベートされ、美しく潤い、豊かな湧き水となるのです。その泉にアクセスし、感謝の連鎖で、持続可能なハッピーライフを楽しむことで、セルフケアの先にある、幸せの好循環を生み出していきましょう。

05 自分でできることには限界がある ～“しんどい”を放っておかないで

とはいえ、セルフケアでできる範囲は限られているので、何

でも自分でやろうとせず、まかないきれないことはプロの力を借りてください。

　セルフケアでできることは、たとえば、柔軟体操やヨガ、ウォーキングや筋トレなどのエクササイズです。もしも肩こりや腰痛があって、マッサージや整体、鍼などに通うとします。施術を受けた直後はよい姿勢になっていて、痛みも軽減され、すっきりしますが、数日経つと、またいつもの癖が出てしまい、姿勢も悪くなって痛みも出てきて、また施術を受けに行く。プロの施術では、身体のポジションをあるべき姿へ戻すことや、関節をやわらげ、筋肉や筋をほぐし、血液やリンパの流れをよくすることができますが、筋力や体力を増強することはできません。せっかく正してもらった姿勢を維持するために必要な筋力は、その人自身の継続的なエクササイズによってしか、得られない類のものなのです。

　ですので、プロの施術で何ができるか、自らの日頃の努力で何ができるかを理解したうえで、プロの施術とセルフケアの両輪をうまく働かせて、相互に補い合うように行っていけば、回復も早まり、最大限の結果を達成できるでしょう。ただ、不具合が治るというだけでなく、その先の、レジリエンスの高い状態、同じ不具合を再び起こしにくい身体を手にすることが可能になるのです。プロの施術が一段落してからも、セルフケアを続けていけば、その分、健康な状態を長くキープできるようになり、結果的に、整体などに通わずに済むようになりますね。

心の相談においても同じで、カウンセリングやセラピーを受けたときはとても癒され、ポジティブな気持ちになっても、家や職場の嫌な環境で、ネガティブな感情に戻って、つらくなってしまいます。でも、専門家のセラピーを受けながら、日々、自分で呼吸瞑想を継続し自己調整できるようになれば、そもそもの悩みの解決のみならず、さらに深い体験や気づきを得られ、より進んだ自己実現への道がひらかれるのです。

　また、普段はセルフケアで健康維持ができていても、わたしたちは完璧ではないので、ときには調子を崩しますが、常日頃から呼吸法などで自己調整していると、ほんの少しの不具合や違和感に気づけるようになります。いつものように深く息が吸えないとか、集中力が続かずに寝てしまうとか、感謝などを感じにくいとか、ネガティブなことが繰り返し浮かんできてしまうなど、ちょっとおかしいなと気づけるのです。実際、繁忙期や人手不足で休めなかったり、生活のリズムが崩れて睡眠不足になっていたり、無理をしているのなら、その状況の改善を試みましょう。それもうまくいかず、思考力も気力も落ちて、「しんどいな」と感じたら、早めにカウンセリングを受けられたらよいでしょう。それでもがんばり続けて、つらさも麻痺するまで、「しんどい」を放っておくことはしないでください。

　近年日本でも、普段からの口腔ケアクリーニングなどで早めの治療を心掛ける予防歯科が流行ってきているようですが、心のケアも、ひどくなるまで我慢せずに、もっと早期の段階で気

軽に、相談できるようになればと思います。

06 破綻する我慢から、 乗り越え成長する忍耐へ

　日本人は我慢強い国民だと言われますが、実に多くの方が、長年我慢を重ねた末に、心身の調子を崩され、相談に来られました。日本の文化では、ある意味「我慢」は美徳でもあり、「わがままで自分勝手な人」の対極に、「我慢強く、親切な人」が位置付けられ、社会で重宝される傾向があるようです。ですが、そのような「いい人」たちの多くが、心を病んでいくのはなぜでしょうか。そもそも「我慢」とは何なのでしょうか。
　「我慢」という言葉、概念自体に「ストレス」が帯びています。「我慢しなければ」と思うと、心と身体が自由に動けないような、窮屈な感覚になると思います。つまり、「自分の気持ちを抑え込んで耐えなさい」と自分に指示しているようなものです。でも実際、我慢を経験せずに過ごせる人生なんて、有り得ませんよね。同じように働いても、すり減って倒れてしまう人もいれば、元気に乗り切る人もいます。体力や諸条件の差はあるにしても、ここには、重要な違いがあるようです。実は、同じ「耐える」でも、「破綻に向かう我慢」と、「乗り越え、成長する忍耐」があるようなのです。
　「我慢」という言葉の奥には、「なぜ我慢するのかの意味もよ

くわからないまま、ただ苦痛に耐える」「本当は不快でイヤだけれど、そうせざるを得ない」「今、我慢すれば、あとでラクになる」といった発想があります。そもそも我慢するときの「意図」がネガティブで、実は、受け身で不本意なので、不満や怒りが貯め込まれてしまうのです。顔は笑っていても、ストレス状態を長く自分に強いるわけですから、健康が破綻するのも無理はありません。

　一方、我慢するときの意図がポジティブで、主体的に耐える場合、それは我慢ではなく、「忍耐」になります。何か前向きな目的意識、目指したい目標などがあり、そこに到達するために必要な訓練や試練ととらえ、辛抱強く耐えることです。そこには、困難にも自ら挑戦する姿勢と理念があります。決して、結果だけに執着せず、期待どおりにならなかったとしても、その忍耐のプロセスによって、大きく成長した自分がいるととらえられる、心の力、人間性であり、真のレジリエンスが養われていくのです。

　我慢ですり減る背景には、自信のなさや劣等感、過剰な責任感や、誰も傷つけたくないといったやさしい思いが潜んでいます。セラピーの過程では、その奥でひとりでがんばってきた、傷ついたインナーチャイルドをレスキューすることになるのです。そのような癒しのプロセスを通し、「わたしさえ我慢すれば」に代表されるような縛りから解き放たれると、「我慢」というとらえ方自体が、なくなっていきます。もう「我慢」する

必要がなくなるのです！

　傷ついたインナーチャイルドは、かなり頑なだったりしますから、このような癒しが必要な場合は、自分でなんとかしようとせずに、クリニカルケアを求めていただけたらと思います。これまで目を背けてきたことに目を向け、このような生き方のシフト・チェンジを図りたい、過去を引きずるのでなく、これまでとは違ったよりよい未来を創造したい、もっと成長したいというあなたのために、セラピストがいるのです。

　セラピーを受けていただき、先が見えないやみくもな我慢でなく、忍耐の先に、ハートが指し示す、光ある未来を目指していただけたらと思います。

　自分をあと回しにして、まわりの人の必要性や、期待に応え続けるうちに、感情が爆発してしまったり、心身の健康を損ねてしまうケースがよくあります。ひとつの可能性としては、他者のニーズばかり満たそうとして、自分自身が求めていることに応えていないことが考えられます。人から求められるいい仕事をして、喜ばれ、感謝されることは、自分自身の喜び、生きがいにもなり、元気の源にもなりますね。ですが、やり過ぎてしまうと、次第に自分がすり減って、活力を失ってしまうことがあります。そんなときは、前にお話ししたように、自分の馬が消耗し、疲弊しているのだと気づいてください。そして、必要としている休息や、エネルギー補給や、リクリエーションなどを与えてあげてください。そんなときはしっかりと、自分自

身を優先し、自分との信頼関係を深めてください。よき仕事を
するための器である、自らの心と身体に感謝し、大事にすると
約束してください。

魂の癒し

魂のトラウマ〜インナーチャイルドが癒されても、すっきりしないなら

　さあ、ここからは、魂の領域に踏み込んでいきましょう。これまでお話ししたように、自分のなかに安心安全な場所を見つけ、自己共感を深め、ワンダーチャイルドを活性し、必要に応じて傷ついたインナーチャイルドを癒すことで、大方の悩みは解消されますが、それでも足りない場合は、魂の領域まで扱う必要が生じてきます。

　前にも言及したように、わたしは、1998年春にフロリダで、ブライアン・L・ワイス博士のトレーニングを受けましたが、みなさんのなかには博士の『前世療法』（PHP研究所）という本を読まれたことがある方がいらっしゃるかもしれません。そのなかに、博士の患者さんが初めて前世に退行したときのエピソードがあります。

　博士は、精神療法のひとつとして、神経症などの患者さんに退行催眠療法を施していたのですが、あるとき、子ども時代にまで退行させても症状が消えないキャサリンという女性がいま

した。そこで、「その症状の原因までさかのぼりましょう」と指示したところ、今の彼女の人生ではない、別の時代、別の国で、別の人物であった記憶がよみがえり、それを思い出したことで、彼女を悩ませていた症状が解消されたのでした。

　つまり、今の人生における幼少期、青年期、あるいは乳児期や成人以降のトラウマを癒すことで、ある程度は症状が改善していたし、何度かセラピーを施して、インナーチャイルドなどをかなり癒してもいる。それでも、まだ何か残っている感じがして、すっきりし切れないなら、原因はさらに奥にあるであろうと推察されるのです。

　ヒプノセラピーの専門家に、1回から数回、インナーチャイルドなどのセラピーを受け、すっきりと晴れやかで、軽やかな気持になり、日常生活でひっかかりがない状態になっていれば、クリニカルなセラピーを重ねる必要はありません。ですが、まだ何か落ち着かず、過剰反応してしまったり、またはそれまで感じていなかったネガティブ感情が新たに出てきたりという場合は、もっと奥に膿んでいる何かがあると考えられます。

　手前にあったひとつのしこりを取り除いて初めて、その奥にあったしこりの存在に気づく、あるいは、大きな痛みを解消すると、それに隠れるように存在していた小さな痛みが目立って感じられるようになる、という場合もあります。あまりに長期間、我慢を重ねて、押し込めたまま、内部で炎症が悪化しているとしたら、セラピーも大がかりになります。大槻ホリス

ティックでは、状況によっては、精神科の先生がたと連携して、援助させていただく場合もあります。

　こう書くと、何かとても怖いセッションのように思われそうですが、セラピーはとても愛に満ちたものです。みなさん、現生での苦悩やジレンマが前世、過去生を含めた過去のトラウマを癒し、魂の大掃除をするきっかけを与えてくれたのだと理解されると、脱皮したようなさわやかさで、潜在意識の計らいに感謝されるものです。

 魂の癒しがもたらす恩恵
～差別や偏見を超えた理解へ

　前世や過去生を思い出し、時を超えた、魂レベルの癒しや洞察を得ることにはさまざまな恩恵があります。ひとつ目は、心の深部からの癒しです。心の庭療法では、傷ついたインナーチャイルドを癒すのと同じように、過去生で傷つき、そのまま時が止まったようになっている過去の自分を見つけ、共感と理解によって心をつなぎ、安全にレスキューしていきます。もちろん、過去生はとっくに終わっているのですが、そのときの感情と想念はそのまま変化せず、肉体が死んでも意識が残り、真空パックされたような状態で漂っている。言わば、地縛霊に近い感じです。

　このような魂のトラウマが未完で存在していると、今の自分

にはまったく覚えがなくとも、現在の人生に影響を及ぼします。傷づいたインナーチャイルドが大人になった自分の人生を操縦するのと同じです。そんな魂のトラウマに気づき、心から受容したときの癒しは深く、根本から生まれ変わるような浄化と治癒が起こるのです。

　ふたつ目は、人生に起こっていたことの意味がわかり、「腑に落ちる」感覚が得られることです。人は、理由がわからずにいると、余計に不安になってしまいますが、なぜそうだったかの由縁がわかって、「ああ、そうだったのか」と心から納得すると、安心して、心身が落ち着くのです。

　クリニカル（臨床的）な心理療法として行う前世療法においては、相談者の訴えや悩み、生きづらさが軽減・解消でき、より健全なあり方、ウェルビーイングにつなげられればよいので、実際に思い出した記憶が実在したかどうかは問いません。でも、なかには、本当に実在したと思わざるを得ない、リアルなものもあります。時代や国や、個人名や当時の言語など、今の自分では知り得ない情報が出てきて、あとから調べてみたら、実在した人物を特定できたというケースもあります。そのような事例についての学術的研究も進んでいますので、ご興味のある方はぜひ、「生まれ変わり」研究の、日本における第一人者である大門正幸先生（中部大学教授、アメリカ・ヴァージニア大学医学部知覚研究所客員教授）のご著書を参照されてください。

3つ目の恩恵は、文化や宗教、人種や性別、身分などの、偏見の壁を超えた、魂の視点からのグローバルな価値観・世界観を得られることです。今の人生だけではなく、魂は何度も転生し、経験から学んでいるのだということや、現在の人生では女性でも、前世では男性であったり、生まれた環境、置かれた立場、職業や地位もまったく違っていたり、今は被害者でも過去は加害者だったり。今とは異なる人生を歩んだことがわかると、個人を超越した、魂の視野から理解し直すことができるのです。さまざまな立場の人への共感が増し、誰かを悪と決め込んで、暴力を正当化するような傲慢さや、ひねくれた被害者意識や優越感、人や環境を責めてばかりの無責任さなどから、今自分にできることを精一杯しようという前向きさに転じるきっかけを与えられるのです。

　これが、わたしが前世療法に見出した、最大のポテンシャルと言っていいでしょう。心の成長、霊的成長を促す、そのセラピーの過程を通して、わたしたちは、本質的に大事なことは何かに気づかされます。人は、互いに学び合う魂であり、この世は何ひとつ切り離されておらず、ひとりひとりが日々、どうあり、どう生きるかで貢献し、世の中を共創しているのだと心の底からわかるのです。

自分の原点となる、魂のミッション・本質的な役割を知る

　魂の癒しや、自分の魂と一致していくプロセスを、わたしは「魂の療法」と呼んでいますが、この療法が与えてくれるもうひとつの贈りものは、自分が何のために生まれてきたのか、人生の意味・目的に気づけることだと思います。

　わたし自身は、物心がついた頃から、自分は地球に奉仕しに来たという本能的な自覚があったので、大きな目標はわかっていたのですが、具体的にどう働けばよいかは、はっきりしていませんでした。そのため、常に、「自分が一番役に立てることは何か」を問いながら、歩んできました。20代後半のあるとき、それは、「人の心の成長を助けること」だと、天からスポットライトで照らされたように、悟った瞬間がありました。そして、心のセラピストになる道を歩むべく渡米したときに、初対面で出会ったある人物から、ブライアン・L・ワイス博士の著書を2冊、いきなりプレゼントされ、それをきっかけに、魂のセラピストの道を歩むことになったのです。

　誰にでも、その人の心がもっとも喜び、生きがいに感じられる何か、生まれ持った個性・素質があります。「魂のギフト」とわたしは呼んでいますが、それは、光の花の種のようなもので、自ら活性し、育てていくもの。人生は、その種をいかに育て、開発し、役立たせていくかのチャレンジと言ってもよいで

しょう。具体的には、自分が心からときめき感動する、好きなことを実践し、磨いていき、それによって世の中に貢献していくことです。そんな開花、自己実現のお手伝いをすることが、わたしの魂は大好きなので、せずにはいられないのです。この内側からあふれるパッションは、ワンダーチャイルドが持っているすばらしさそのものですね。

　そして、この魂のギフトは、生まれ変わって別の人物になっても、変わらず持ち続けるようです。これは何千回と魂の療法に関わらせていただくなかで、わかってきたことなのですが、わたしたちは生まれ変わるとき、個々の人生の目的に応じて、肉体や人格傾向をカスタマイズしますが、その奥に宿っている魂の、本質的な個性と役割は、そのままなのです。つまり、着ぐるみは取り換えても、なかに入っている本人は同じ、ということですね。

　この魂の個性タイプにはいろいろありますが、どれも素敵で優劣はなく、またどのタイプにも長短、陰と陽の側面があります。そして、人が地球という舞台で人生ドラマを繰り広げる際に、登場する役者さんのような働きをしているのです。何がもっとも嬉しくて、得意か、がその特性となります。たとえば、わたし自身の場合、「人が学び成長する」のを「促す」ことが一番の喜びで、得意です。お世話したり癒したりというよりも、その人自身ができるようになり、やり切るのを、教え、見守り導き、支え励まし、見届け祝福するといった、助産師に近い

ティーチャー的な役割です。対照的に、わたしの夫の文彦は、命や健康のような大切なものを、体を張って守ることが喜びで得意な人です。天然のライフセーバー、戦士ヒーラーのような人なので、困った人を、現場まで助けに行くタイプです。ですからわたしたち夫婦の場合、文彦が救助してきて、安全を確保し、身体的、エネルギー的援助をしたところで、わたしが話を聴き、心理的援助をさせていただくといった連携をしてきました。

　他には、新しいものを創造し、人をあっと驚かせる職人クリエーターや、豊かで純粋な感性で、自由に伝え、楽しませる表現者、繊細な共感力で人のためによく気が付き、お世話する奉仕者タイプ、並々ならぬ探求心で調べ、物ごとのしくみを知ることが喜びの研究者タイプ、強い責任感で人に命じ、全体をまとめるリーダータイプなどがあります。どれもすばらしい本質的特性で、アーキタイプ（元型）とも言いますが、魂が経験を積み、自分を知り、学び成長するほどに、互いに尊敬し、能力を提供し合い、チームワークを発揮し、魂の一団としても、地球に来た目的を達成していくのです。

　さて、あなたの魂のギフト、本質的な役割は何でしょう？

　大事なのは、ないものねだりをするのでなく、自分のなかにある種を愛し、育てることです。それにはある程度時間がかかりますが、小さな種から、芽が出て、茎が伸びて、つぼみを出すプロセスを、楽しみ、ワクワク育てていきましょう。そして、できるだけその個性に適した職業につくのがよいですが、

そうでない場合は、プライベートな時間で、ご自分の個性を発揮してください。

　魂の療法、心の庭療法は、とくにクリニカルな必要性や悩みがなくとも、自分をよりよく知り、よりよく生きるために、受けていただくことができます。なぜこの人生に生まれてきたのか、自分の魂のギフトは何か、これからどう生きることを魂が望んでいるのか、それらを知るために、必要な気づきや、ヒントを与えてくれます。人生の次の章に進もうとしているとき、人生のパラダイム変換が望まれているときなどに、個人セッションなどを通して、ご自分の魂の本質につながり直していただければ幸いです。

04 アンセストラル・ヒーリング 〜先祖のトラウマを癒す

　レッスン1の6で触れたように、わたしたちの潜在意識は、自分自身の個人的な過去の記憶だけでなく、その奥のほうでは、先祖や民族、種の意識にもつながっています。

　ユング派の心理学者で、「傷を叡智に：ユダヤ系トラウマの世代間の癒し」（Monkfish, 2019）の著者である、ティルザ・ファイアストン博士は、深層心理について、無意識の領域には3層あると説明しています。ひとつは、個人が生まれて以来、経験し、考え、感じたことなどが内包されている個人的無意識で、

その下に、家族や民族などが共有する家系・文化的無意識があり、さらに奥に、人類が共有する集合的無意識（普遍的無意識とも呼ばれる）があるという見方です。

ファイアストン博士に、わたしは「アンセストラル・ヒーリング（先祖の癒し）」を学びましたが、そのわかりやすい一例をご紹介しましょう。

あるイラン人女性の7歳の娘さんが、激しい分離不安で学校に通えず、友だちと遊びにも行けずにいました。原因もわからず、何をしても改善せず、家族は困り果て、博士に相談したそうです。ジェノグラム（家系図）を描き出しながら、家族歴についてカウンセリングしていくと、女性の両親は80年代初頭、彼女を妊娠中に、イランの革命防衛隊から逃れ、真夜中にロバ車でテヘランから密脱出したのだそうです。さらに聴いていくと、そのとき一緒に逃げてきたご祖父母とは別の、もう一方のご祖父母についてはよく知られていませんでした。

そこで、女性がご両親に尋ねたところ、そこには35年も封印されていた、家族の悲しい秘密があったとわかりました。実は、彼らがイランを去るとき、当時92歳で盲目だったおばあさんを、彼女がパニックになることを恐れ、別れも告げずに置いてきてしまったのです。それまでは毎日訪ねてくれていた家族が突然いなくなり、おばあさんは何もわからず、ショックでその後まもなく他界されました。この秘密が明かされたことは、家族にとってつらいことでしたが、彼らは初めてお祖母さ

んについて語り、彼女に共感し、みなで供養したそうです。

　すると、7歳の娘さんの分離不安が、まるで前世のことであったかのように解消され、3週間のうちに、学校に通えるようになり、お友だちと遊びに出かけることも、普通の子と同じようにできるようになったということです。

　現在、娘さんと家族が暮らしている米国とイランとは1万キロ以上離れていますし、おばあさんと離別してから35年もの月日が経っていました。また、その件については、お祖母さんの孫に当たるご両親さえ聞かされていなかったわけですから、彼らの子どもでおばあさんのひ孫に当たる7歳の少女は、知る由もありませんでした。癒されずにいた先祖のトラウマが、時代を超え、3世代後のひ孫の心に、分離不安という形で影響を及ぼしたのです。そして、家族が正直に過去に向き合い、愛をもって取り組んだ結果、少女の問題解決と同時に、家系的なトラウマが癒されたのですね。

05 魂のトラウマの癒し 〜自分、先祖、そして人類の癒し

　無意識の領域は、自分という個人を超えた情報と、まるでインターネットのようにつながっていて、深い階層にいくほど、アクセスできる範囲が広がるようなものなのでしょう。わたしたちの日常のなかでも、ご先祖の霊とのコミュニケーション

は、亡くなった大切な人が夢に出てくるなど、寝ている間に夢の中で交わされることがよくありますが、「魂の療法」(前世療法、ヒプノセラピー)のなかでも、ご先祖様と対話をしたり、必要に応じてアンセストラル・ヒーリング(先祖の癒し)が起こることがあります。

「魂の療法」の個人セッションは、基本的には、セラピーを受けるご本人のための心理療法として行いますから、ご自身の前世(ひとつ前の転生)や過去生(ひとつ前に限らない過去の転生)を扱うのが普通ですが、自分自身の魂のトラウマを癒しつつ、関わっていた家族や友人などの登場人物と、相互に癒されることが多々あります。わたしたちは人との関わりのなかで、チームのような仲間として、互いに協力しながら転生しているので、傷を負うときも、癒えるときも影響し合い、すべてが連動しているのですね。

前項でお話ししたイラン人少女のケースも、後から分析すると、少女に生じた分離不安自体も、ひいおばあさんの霊の訴えがひ孫の心身を通して現象化されたものと考えられます。それをきっかけとして、おばあさんがひとりでその不安を抱えたまま亡くなったことに、家族・子孫が共感的に意識を向け受容したことで、おばあさんの魂が慰められ、安らぎを取り戻されたのでしょう。こうして「魂のトラウマの癒し」という目的が達成されたことで、少女に起こっていた分離不安という症状が非現象化されたと考えられます。

同じように、魂の療法のセッションでも、ご本人とは思えない過去を癒すケースがあります。このようなセラピーの多くは、実際に受けていらっしゃるご本人への恩恵もありつつ、ご先祖または過去生の人物（霊）を慰めるために想起されたと考えられます。そして結果的に、家系的なエネルギーの浄化と、家族全体の心の成長とウェルビーイングにつながるのです。

　たとえば、親の介護問題で相談された50代女性・A子さんは、第二次世界大戦の東京大空襲で、小さな息子を連れて逃げる途中、息子と離れ離れになってしまい、捜しているうちに近くに爆弾が落ちて死んでしまった母親としての前世を思い出しました。彼女は息子の手を放してしまったことを悔やみ、悲嘆と自責の念で、炎のなかにいました。A子さんが、その気持ちに寄り添い、一緒に涙を流すと、母親の気持ちがやわらぎましたが、それでも、「息子を見つけ出さねば、終われない」という思いが強くて、その場から離れようとしません。セラピストも手伝いながら、A子さんが深い理解と共感を示し、「ずっと苦しかったんですね」「息子さんのことが心配で、申し訳なかったんですね」「本当に大変な時代を、生きられたのですね」とねぎらいました。そして、「もう大丈夫。その時代は、終わりましたから」と伝えると、母親の霊はやっと安堵し、昇り始めました。

　そして、雲の上に行くと、そこには、離れ離れになった息子さんが待っていました。そのとき、A子さんが「あっ！」と驚

いたことに、その息子さんは、自分の父親の幼少期だったのです。そして、その母親は、自分の祖母だったのだと理解しました。つまり、Ａ子さんは、自分の前世を見ていたつもりでしたが、それは、東京大空襲で亡くなった父方のお祖母さんの前世で、そのトラウマと悔いを癒すためだったのです。その後Ａ子さんが、今は80代で介護中の父親にそのことを伝えると、号泣されたそうです。人の助けを借りることが苦手だった父親が、素直に感謝してくれるようになったそうです。そして、孫たちでお墓参りをして、「あのとき、逆に、おばあちゃんが手を放していなかったら、お父さんも助からなかったかもしれないし、わたしたちも生まれていなかったかもね」と、祖母に感謝したそうです。

このようなケースが、実は、たくさん存在します。とくに、毎年夏が近づいてくると、戦争ものの回想が増える傾向があるのも事実です。特攻隊員や海軍兵などは、出撃前夜の、最初で最後の晩酌シーンから訴えてくるものが多々ありました。もちろん、セラピーを受けるご本人自身の前世であることが通常ですが、Ａ子さんの例のように親戚とわかるケースもある一方で、何らかのご縁があるのか、波長が一致して入ってきた、見知らぬ霊の成仏を助けたこともありました。日本兵だけでなく、ドイツやイタリアなど外国の兵士が、セラピーを受けていらっしゃる方の口を借りてリアルに登場し、セラピストであるわたしに共感を求めてくるといったケースです。

このように、さまざまなケースを通して思ったのは、自分自身の過去であれ、他の誰かの過去であれ、そこにトラウマがあって癒しが必要であれば、できる限り、お手伝いさせていただくということです。いずれにしても、わたしたちは人類として記憶を共有しているので、どれも他人ごとではないのです。いつの時代にどのように生きた人であっても、今のわたしたちとまったく関係のない人生はないでしょう。みな、お互いに、何らかの影響を与え合っている、人類としての仲間であり、大きな意味での家族、兄弟姉妹なのですから。また、逆に言えば、わたしたちひとりひとりが自分自身の「癒し」に取り組むことは、決して自分のためだけに留まらず、家族や友、社会、そして民族や人類のためにもプラスになり、種族全体のウェルビーイングと、よりよい未来に貢献しているのです。

あなたが自分の風に乗って、魂の喜びを生きるとき

今日のように社会全体が大きな変化を迫られている時代には、個人の人生にも、社会においても、変化を促す触媒となる、さまざまな出来事が起こるでしょう。

わたしたちの魂は、今の自分として生まれてくる前に、人生の計画を立ててくるのですが、実際の歩みが、当初の計画からかなり遅れてしまっていたり、物質的な生活に興じて、甘い汁

を吸い続けたりしていると、簡単に言えば、「時間ですよ！」と、背中を押されるのです。

　そうでもしないと、大事なことに向き合わずにスルーしてしまうので、本来すべきことに着手または集中できるように、ハッと目覚めるようなきっかけを与えられるのですね。

　今年、能登半島地震から始まった2024年の元旦に、わたしが受け取ったインスピレーションは「破壊と再生」でした。自然災害や戦争などによる破壊だけでなく、内側からのサビや腐敗、機能不全と混乱と同時に、緑の草が生え、たくさんの小さな花が咲き、色とりどりの蝶が飛び立つという、生き生きとした、『もののけ姫』の映画の最後のシーンのようなイメージがありました。そんなビジョンを見て、これからは本当に、破壊のような激しい変化を伴いつつ、新しい時代の基礎を造る、個人も社会もパラダイムがシフトするような、重要なときになるのだと感じました。だからこそ、Sayaさんと共鳴し、この本の執筆に至ったのです。

　実際にはいろいろと、ミクロもマクロも大変な試練があるかもしれません。繊細な人ほど、周囲のエネルギーに影響され、具合が悪くなるかもしれませんし、いつも強靱な人が急に不具合を起こすかもしれません。また、あなたは大丈夫でも、家族の誰かが倒れたり、組織が崩壊するかもしれません。ですが、そんなときこそ、ひとつひとつの出来ごとを与えられたチャンスととらえましょう。ひとりだけの問題としてではなく、家族

や組織、もっと全体の背景のなかでの課題という視点をもちましょう。自分に何ができるか、何を学べるか、どう進化できるかを探求すれば、目に見えない、隠れた意図や恩恵に気づくことができるでしょう。

　そして、あなたの魂が喜びを感じることをしてください。その喜びで、あなたのハートをいっぱいに満たしてください。深刻になりすぎて、肩に力が入ってしまったら、ゆったりと呼吸をして、また力を抜けばいいのです。そして再び、感謝や喜びにフォーカスし、エネルギーを再生し、波動を上げてください。そして、ふわっと風に乗ってみてください。小さな風から、何度でも練習し、短い距離を飛んでみて、楽しんで、だんだんとコツをつかんでください。

　人生は、あなたが信頼しようとしまいと、必要なときに、必要な方向へ、ちょうどいい風を吹かせてくれるのです。怖がり、抵抗すれば、ハードなものになってしまうかもしれませんが、普段から自分自身と対話し、信頼関係を築き、自己調整できるようになっていれば、しかるべきときに吹いてきた風に、ふわっと乗ることができるでしょう。そしてぜひ、新しい景色を楽しみ、魂がワクワクする好循環を生み出していってくださいね。

第 *4* 章

星と
潜在意識を
めぐる対話

Day 1

セラピューティックな アストロロジーを追求して

Saya：今日はありがとうございます。

麻衣子：こちらこそ相模大野までありがとうございます。

Saya：こちら、わたしが扱っている蘭のフラワーエッセンスのうち、「Soul's Grief release（ソウルズグリーフリリース）」をおもちしました。家族や親しい方が亡くなって、喪失感や悲しみの渦中においでになる方に差し上げているんですが、麻衣子さんのお母さまが最近亡くなられた小澤征爾さんとご友人で、とても悲しんでいるとお聞きしたので。

麻衣子：うわあ、嬉しいです。ありがとうございます。

Saya：これはマザーティンクチャー（母液）と言って、薄めていない分、波動が強いので、2回も使えば十分だとも言われています。お年を召した方の場合は、お水などに薄めてもいいかもしれません。

麻衣子：お水で薄めて、試させていただきますね。母も癒されそうです。

Saya：それから、こちら。「Spectro lite（スペクトロライト）」は、ラブラドライトのパワーストーンを使っているのですが、

言葉が出やすくなるような感覚をもたらすエッセンスです。わたしは原稿を書くときや取材のときなどに使っています。

麻衣子：まあ。使ってみていいんですか。

Saya：はい。「Memory Enhancer（メモリーエンハンサー）」や「Knowing（ノウイング）」も、もってきました。記憶や学習に働きかけるというものです。

麻衣子：今日の対談にぴったりですね。

Saya：麻衣子先生と知り合ったのは、わたしが『エル・オンライン（現在の『エル・デジタル』）』（ハースト婦人画報社）でスピリチュアルなブログを連載していた頃なので、2009年か2010年ですよね。当時のスタッフの方が取材をしてほしいとコンタクトしてくださって。わたしも、『フラウ』（講談社）などで麻衣子先生の前世療法を存じ上げていたので、「ぜひ」とお邪魔したのが始まりでした。

麻衣子：そうでした。うちのスクールの卒業生で、今はシータヒーリングで活躍されているAyacoさんですね！

Saya：そうです。初回は、インナーチャイルドをやっていただいたとは思うんですけど、あまり覚えていなくて。2回目からが前世療法でした。『星の道を歩き、白魔女になるまで〜「私」の物語を見つけると人は癒される』（説話社）に詳しく書いたんですが、まずはアルジェリアあたりの領主の娘という過去生を見ました。

麻衣子：そうでしたね、懐かしいです。

Saya：この間、ヒプノセラピーを「催眠術にかけられるんでしょう」と言っている方がいて、そんなふうに思われているんだとびっくりしたんですけど、もっと自然な感じと言うか、ゆっくりと瞑想のように、変性意識に落ちるイメージですよね。

麻衣子：そのとおりです！　催眠術は、「催眠ってすごいぞ」と見せるための、エンターテイメント的ショーですが、心理療法としてのヒプノセラピーは、第3章でもお話したように催眠状態を利用して、心を癒すためのものなので、まったく違います。

　そもそも催眠というのは、リラックスして、一点に意識をフォーカスした状態。カメラのズームを一点に合わせていくと、どんどん対象がくっきりと見えてきて、ほかがぼやけますよね。その仕組みと同じなんです。

Saya：なるほど！　カメラの望遠レンズということですね。

麻衣子：はい。催眠は、瞑想状態とほぼ同じなので、自分でもできるし、セラピーとしての目的があって行うときは専門家の介助や導きがあってこそ、安全にできるということです。

　また、従来の定義では催眠状態になると、「被暗示性が増す」とされています。つまり、暗示にかかりやすくなるんですね。ですが、最近の研究では催眠状態になると、「認知的柔軟性」が増すということが重視され始めているんです。スタンフォード大学医学部教授で副学長の、デビッド・スピーゲル博士という精神科医が、これを提唱されていますが、まさにそのとおりなんです！　この『認知的柔軟性』というのは、「一方的に

ジャッジしたり、固定観念にとらわれたりしない、普段より寛容で、柔軟な心の状態」を指します。だから、催眠状態になると、新たな視点を得やすいんですね。わたしも、催眠状態はコヒーレンスやハートフルネスな意識状態とほぼ同じだと認識していたので、この定義で確信が持てました。だから、普段からセルフケアで瞑想を実践していると、クリニカルケアも、さらにうまくいくんですよ。

Saya：ああ、わかります。わたしのホロスコープリーディングのセッションもとくに宣伝せず、星占いの読者さんが探して来てくださるようにしているんですけど、読者さんは長年読んでくださっているので、星の意識に合いやすかったり、わたしへの信頼も深かったりする。初回だけでも、対話の深度が増して、深いところまで行けることが多いんです。

麻衣子：そう！　Sayaさんとラポール（相互の信頼関係）が取れているということですよね。

　Sayaさんは、当時も星占いの原稿、スピリチュアルな取材、占星術のセッションなどされていましたが、現在は、さらに幅が広がって、蘭のフラワーエッセンス、セラピューティックエナジーキネシオロジーなどをホロスコープリーディングに取り入れていらっしゃいますよね。

Saya：はい。なんとなく、セラピューティックなアストロロジーになってしまったと言うか、必要に応じて、取り入れてきたところがありますね。初めは、自分のために使って、それがみ

んなにも役立つとわかるとセッションにも使うという流れです。

　ホロスコープには魂の計画は表れているのですが、ある命が地球上に生じたときの星の配置に、それまでとそれからの物語が暗示されているもので、3次元の言葉ではないのです。そのため、「こうだろうな」という推量になってしまう部分がどうしてもあります。

　それがセラピューティックエナジーキネシオロジーという筋反射の施術をすると、足を使うのですが、その人の魂が今、どんな状況にあるのかを筋肉が教えてくれるのです。それで、「ホロスコープがレントゲンなら、セラピューティックエナジーキネシオロジーはCTスキャンのようだ」という言い方をしています。情報の確度が高まるんですね。

　このセラピューティックエナジーキネシオロジーは、蘭のフラワーエッセンスを監修しているドクターであり、ホメオパスが編み出した体系なのですが、筋肉の反射ということは……。

麻衣子：潜在意識ですね！

Saya：そうなんです。セラピューティックエナジーキネシオロジーで、筋肉の反射を見る。ダウンしたところには蘭のフラワーエッセンスを使い、全身のエネルギーを整えます。施術をしているプラクティショナーにとっても、受けているクライエントにとっても、さまざまな情報が身体には詰まっていることが実感できるんです。

麻衣子：なるほど！　ホロスコープは、魂の計画を教えてもら

えるところがすばらしいですよね。

Saya：そうですね。ただ、それをどう伝えたら、受け取って
もらえるのかは難しいところですね。

　ひとつには、ホロスコープのもち主が魂の計画どおりに生き
ているとは限らないんですね。土星的に「ねばならない」で生
きている人だと、土星のトランジット（出生のホロスコープの
惑星の位置を現在の惑星が通過すること）はすごく当たるので、
土星への感受性はあるのだとわかるけれど、その他の惑星への
感受性はあまり働いていないということもあります。そのた
め、星が示しているビジョンについて、「そうだったらいいな」
くらいの憧れはもっていても、実現していないことも多い。魂
の計画の実現度には個人差があるんです。

　次に、ホロスコープを見てもらいに来る人のすべてが魂のと
おりに生きたいと思っているわけでもないので、魂と生き方に
乖離があって苦しいんだなとこちらが思っても、「魂のとおり
に生きていない」とダイレクトに伝えるのはためらわれます。
あなたの人生はダメですよ」というように受け取られ兼ねない。
それでは傷つけるだけになってしまいますよね。

　3つめのポイントとして、ホロスコープは3次元の言葉では
書かれていないんですよね。リーディング中、ホロスコープを
通して、相手の潜在意識にアクセスしているような感覚はあり
ますし、インスピレーションやイメージが浮かぶことはありま
す。でも、サイキックのように透視したり、メッセージを受け

取ったりしているわけではない。惑星はアーキタイプとして働くので、解釈の幅も広い。占星術を使ったセッションは、「黙って座れば、何でも教えてもらえる」とはならないんですね。

　ですから、わたしは、ホロスコープを読むときには先入観をもつことなく、その人のありのままの状態に合わせて読んでいくことが大切だと思っています。わたしの読み方を押し付けるわけにもいかないですし、「あなたはこうなる」「こうした職業に適性がある」といった絶対的な言い方はしません。その方の現在の状況に合わせて、その方が今、どの程度、ホロスコープを生きているのかを確かめながら、お話ししていきます。

　たとえば、おとめ座に主要な惑星があったとして、「ホリスティックな健康や植物、ものづくりなどに興味があるだろう」と言うように、魂が目指しているものはわかりますが、「あなたはホリスティックなドクターになるだろう」とは言えない。「ホリスティックな医療に興味があるだろう」とは言えますが。ですので、「ホリスティックな癒しなど、お好きではありませんか」とか、「細やかなことに気づく方ですよね」という感じです。

　つまり、クライエントが自分の惑星を人生に活かしていない場合、魂の不全感を抱えていることはよくあるのですが、対話しながら、ていねいに掘り下げていって、本人に気づいてもらうようにしています。クライエントがこちらに防衛意識をもってしまうと、心のなかに入っていけないですから、その方を否

定しないということだけは気をつけていますね。

　始めた頃は失敗もあって、「やりたいことは何ですか」と聞いただけで、泣き出してしまった方もいました。お母さんに自分の気持ちを聞かれたことがなくて、抑圧された感じをもっていらしたみたいで。

　ただ、セラピューティックエナジーキネシオロジーのセッションをすると、筋肉の反射ではっきりとわかるので、伝えやすくなるのがいいですね。コロナ渦の前年に資格を取ったのですが、パンデミックが落ち着いた昨年、京都アトリエも作ったので、「セラピューティックエナジーキネシオロジーやエッセンスを取り入れれば、ホロスコープリーディングではできないケアができるのではないか」と直観で思っていたことがだんだんできるようになってきました。何年も続けてきた方は、結果も出てきていて、やりたいことが見えたり、新しい道を選ばれたりしていますね。

麻衣子：すごく自然な流れで、進んで来られたんですね！　いかに潜在意識のメッセージを受け入れてもらえるか、そのためにいろいろな手法を取り入れて。

　ホロスコープには魂の計画が現れていますよね。

Saya：もちろん、ホロスコープを見れば、こういう人物だろうなあというのは浮かんでくるのですが、「魂の計画」がこちらに初めからわかるわけではないので、対話しながら、一緒に探り、掘り下げていくというのがイメージに近いです。

占星術で詳細にわかるのはその人のサイクルなので、たとえば、「2002年が30年に一度の転機みたいなんですけど、その前後に何かありましたか」とお尋ねすると、大抵は大きなことがある。それで、その方の人生を一緒に俯瞰していくうちにテーマが見えてくるので、お伝えすると、その方も、「あ、そうだな」と気づいていかれる。それもよくあるパターンですね。

麻衣子：背景を聞くんですね。ただ単にホロスコープのリーディングをして、星の配置を教えるんじゃないということですよね。単純なホロスコープのセッションだったら、それで伝わるのでしょうが、Sayaさんの場合は、その人の状況を深くお聞きしていく。

Saya：はい。それはなぜなら、その人がホロスコープを見てほしいとやってきたとしても、別の悩みがあったりするんですね。最初から自分の悩みをポンと言える人もいますけど、わたしのパートでお話しした不登校の方のケースにしても、まずは、ファミリーコンサルテーションでおいでになる。家族全員のホロスコープの情報を知りたいというわけです。

　息子さんのホロスコープを見ていったら、おねえちゃんに比べて手をかけてあげたほうがいい印象があって、「ていねいにアドバイスしてあげないと彼はダメかもしれない」と話したら、お母さんの反応に抵抗が生まれるんです。

　わたしがホロスコープから読みとったのは、地元にはない情報や環境に触れさせてあげたほうがいいということなのです

が、そのとき、その方の住んでいる県の知事さんがコロナワクチン接種を強硬に勧めていた当時の映像がわたしの脳裏に浮かんできたんですね。ゼロコロナを目指すような、非常に保守的な土地柄だと感じていたので、地元にはない最先端の情報を与えてあげないと彼の魂には物足りないだろうと伝えました。でも、お母さんの心理的な抵抗によって、ちょっとお母さんとの間で押し問答のようになって。「連れていこうとしても、息子は行かないんじゃないか」とか。そこで、ようやく「不登校なんです」「家から出ないんです」と。

　ただ「自分のホロスコープを見てください」という純粋な興味の方も、「こういうことに悩んでいます」という方もいますが、こんなふうに話しながら、ボンと別のことが出てくることもあるんですね。そのため、その人がなぜいらしたのかという動機の部分を満たしていかないと、「何のためにここに来たんだろう」ってことになると思います。

　もちろん、ホロスコープだけでも、ちょっと悩んだら、「Sayaさんに聞こう」と言うのではなしに、自分でちゃんと考えてもらえるよう、きちんとした情報を渡しているつもりです。でも、ある程度の料金をいただくなら、その人が本当に望んでいることじゃないといけない。

　それを掘っていくと、さっきの方はわたしと初対面だったので、わたしの様子を見て、聞こうと思っていた可能性もありますけど、聞くつもりがなかった、潜在意識の悩みが出てくると

きもある。そこまで明け渡すつもりじゃなかったけど、オープンになってしまうということがあるんですね。そうなると、ホロスコープだけでは対応できないとは以前から思っていて。

　それで、わたしの言ったことがそのときだけじゃなくて、その方が帰ってからも思い出してもらえるような記憶媒体がないかなと思っていて。それには蘭のフラワーエッセンスがちょうどよかったんです。さらに、セラピューティックエナジーキネシオロジーに取り組むことで、蘭のフラワーエッセンスへの理解、魂への理解も深まる作りになっていたのもよかったですね。

麻衣子：対話をしていくと、ふっと潜在意識にあるいろんなことがポロポロ出てくるんですよね。Sayaさんのエネルギーに触れて、「安心できる人だなあ、信頼できる人だなあ」とか、「話しちゃってもいいかな」とか。内面的なことや普通の占いでは言わないような相談内容が出てくるということですね。

Saya：はい、そうだと思います。十数年前にホロスコープリーディングを始めた頃は、何回かやってから初めて、潜在意識の深いところに届くという感じだったんですね。だから、そこまで行かないで、一回いらして、表面的な情報だけ受け取って帰るという方ももちろん、いました。それでも、その人の魂がいいならいいわけですし、結構な情報量はあります。

　でも、最近ではそういうホロスコープリーディングは、巷にいっぱいあるからかもしれませんが、より深いものを抱えている人もたくさん来るようになりました。

そうすると、本人も思いがあふれそうになっているので、バンと向こうから、子どもの頃のトラウマが掘り出さないでも出てきたり。クラシカルホメオパシーもここ数年、自分のために学んでいるのですが、ホメオパシーのセッションって、その人の根っこにあり、問題を作り出しているエネルギーを探していくものなんですけど、割とそういうことをホロスコープのセッションを通じて、昔から勝手にやっていたんじゃないかと。それはホメオパシーの先生にも言われましたね。

その根っこの、中心部分にたどり着くと、「この人はこの出来ごとが問題で、動けないでいるんだ」って、芋掘りみたいな感じで、手応えがあるんですよ。蘭のエッセンスやセラピューティックエナジーキネシオロジーの資格を取ってすぐセッションができるようになったのは、ホロスコープを読みながら、勝手にやっていたからだと思います。

麻衣子：もともと、カウンセリング的にされていたんですね。

Saya：そうかもしれません。大学や院などで心理学のトレーニングを積んだわけではないので、クリニカルケアが必要なレベルの方はお断りしていますし、一般の方も、わたしの手に負えないと思えば、スピリチュアルケアのプロの方におつなぎすることも多いのですが、未病の方は行き先がないので、わたしのところに来るんだと思います。来られる方に対応しているうち、自然とそうなってしまいました。

占星術と言っても、普通の、ただ「あなたの未来はこうなり

ます」ではなくて、その人が今、「どういう解決策を見つけたら、その人にとってベストなんだろうか」ということ。それから、その人の、「もともとのエネルギーにアクセスする」ということをやっていたんだなあと。

麻衣子：すごく、そう思いますね。さらにキネシオロジーがあると、顕在意識のレベルではわからないことが反射的な反応で出てくるので、受ける方にも「あ、そうなんだ」という説得力がありますよね。

Saya：そうなんですよね、セラピューティックエナジーキネシオロジーについては、本人が自分でわかるのが強みだと思います。筋肉の反射には足を使うと先ほどもお話ししましたが、パンと足で「大丈夫」と出るときと、「ダメ」ってダウンするときのギャップが自分でわかるので、本人が気づけるんです。そのうえで、蘭のフラワーエッセンスを垂らすとダウンしているところがパンと直ったりするので、とっても不思議ですね。

麻衣子：Ｏリングだけじゃなくて、足を使うんですね。

Saya：そうなんです。Ｏリングも筋反射の一種ですけど、指を使う、簡易的なものですよね。わたしは普段の生活でも、Ｏリングを使うようになりましたが、これは自分の意図が入らないとは言い切れない。当たるときと当たらないときがあると思います。でも、キネシオロジーで足を使うと、確度が高まる。経絡のポイントで見ていったりするので、とってもおもしろいんです。

麻衣子：わたしのカウンセリングやヒプノセラピーにしても、相談にいらした方が、その人が気づいている、いないに関わらず、本当に何のために来られたか、そのニーズが満たされることが大事ですね。

　自己認識や自己理解が進んでいる人は、「ここがつらい」「ここをなんとかしたい」「きっとこれが原因だろう」って自覚して来られるけれども、まだそこまで至っていない場合もあります。潜在意識が不調や出来ごとを通じて、訴えてきているんですが、ご本人は、なぜ調子が悪いのか、何が起こっているのか、よくわからなくて困っているんですね。カウンセリングをしていくと、何を必要としているのか、課題が明確になります。

Saya：そうですね、何が起こっているかわからないでいらっしゃるパターンは多いですね。この間も、「しんどいけれども、何がしんどいかわからない」という方とお話ししました。そのしんどさは、お話を聞きながら見つけていく一方、星まわりで説明できることも多くて、「昨日、冥王星がぴったりとアセンダントに来ていましたよ」とか、「土星がリターンしていますよ」とか。

麻衣子：「だから、こんなに混乱したのね」とご本人が納得されるんですね。

Saya：混乱したマインドの整理には占星術は本当にいいと思いますし、今の潜在意識の訴えというお話ですけど、この人の

守護霊さんがわたしのところに連れてきているんだろうなあと思っていました。

麻衣子：本当、本当。

Saya：つまり、潜在意識ですね。

　麻衣子先生のセラピーでは前世だけでなく、未来を見ることもあるんですよね。今の選択のタイムラインではこうなるという未来が変性意識のなかで見えるということですか。

麻衣子：そうです。飛行機の操縦にたとえると、ハートフルネス瞑想などのセルフケアは、高度を維持したり、ゆるやかに上昇していくものなんですけど、ときどきセラピーを受けると、必要な軌道修正が起こって、ぐんと高度を上げることができるし、燃料補給をしたり、人生に変化が訪れたりするんですよね。その人の魂が望んでいる行き先に向かうようになる感じです。

　コヒーレンス呼吸法やハートフルネス瞑想などセルフケアを続けていると、セラピー後、高度をまたちょっと落とすことがあっても、自分の力で上げていけるんです。

Saya：ああ、わかります。占星術でも、未来は決まっているという考えの方もいると思うんですが、わたしは決まっている部分もあるけれども、変えられるところもあると思っています。たとえば、移動の制限があり、親同士が結婚相手を決めてしまうような時代なら、選択の余地って少ないと思うんです。でも、個人の自由度が増している現代ではホロスコープに暗示されているものはアーキタイプとして働くんだけれども、選択

の余地もあって、可能性が広がった時代をわたしたちは生きているんだと思います。

麻衣子：昔よりも選択肢が与えられて、多様性が認められているのだから、さまざまな経験をして成長できる、魂にとっては生きがいのある時代ですよね。やれるだけやってみる。それができる時代なんですから。

Saya：本当にそう思います。ただ本質を生きていると、自分の軌道に乗ることになり、結局は、ホロスコープのとおりになる面もありますけど。

麻衣子：今は女性にとっても男性にとっても、型にはまらずに選択できる自由があるのですから、前世療法などの魂の癒しを通して、古い縛りから自分を解き放つチャンスなのではと思います。

　前世療法をすると、過去生を生きた自分が出てくるんですけど、その人たちが口を揃えて「自由な時代に生きているんだから、もっと好きなことをして、楽しめばいいじゃない」などと言うんですよ。

Saya：おもしろい。

麻衣子：かつては、たとえば、公家や武家の娘なら、結婚しない場合は尼さんや修道女になるしか、つまり、出家するしか道がなかった時代も長かったのですから。前世療法を終えた人たちは、「あの時代に比べたら、わたしたちは恵まれた時代に生きているんですね」「わたしは何を怖がっていたんだろう」と、

笑顔で帰っていかれるんです。

Saya：なるほどねえ。「家」を出ないと、勝手はできなかったですからね。

麻衣子：ただ選択肢が増えたので、ネットの情報も含め、情報過多という問題が起こって、選ぶのが大変になっているんですよね。

Saya：それは大きいですね。

麻衣子：「何をしたらいいかわからない」って前世の人に問いかけると、「あなたのハートに聞きなさい」って言われるとか。

Saya：「ホロスコープに向いているものが書いていないかな」とおいでになる方もいるんですけど、ホロスコープは種であって、マニュアルではないので、自分が育ててなければ、何もビジョンは見えないんですよね。だから、わたしもいつも、「自分のハートが少しでも震えること、感動すること、好きなことに向かうのがいいですよ」って言っています。

麻衣子：それを自分で育てて、芽を出していくことが大切ですよね。野球が好きと言っても、練習してなかったら、どうにもならないですもの。

Saya：ああ。何か書きたいと言って、何も書いていない方とかいますからね。作家になりたいと言ってセッションにいらしても、実は1行も書いていないとか。

麻衣子：ハートの内側にある光の種を育て、潜在能力を開発していくことなんですよね。

Saya：わたしが星の種と言っているものですね。「星を育てましょう」と話しています。

麻衣子：星の種は、魂のギフトですね。

Saya：はい！

それぞれの街、それぞれの土地に エネルギーの場がある

Saya：潜在意識がその方をなぜかわたしのところに来させるというケースは本当に多くて、『エル・デジタル』を長く読んでくださっているという方も多いですけど、「申し込みの前日にたまたま見つけて、行ってみたいと思ったんです」という方が昨年末は、何人か続いて。

同じ県から数時間違いというほぼ同じタイミングで、おふたりからお申し込みが続けざまにあるなんてこともありまして、そのときはその土地の集合的なものとして、変化しなければいけないというときにまとめて来るんだと思いますね。

たとえば、沖縄時代、セッションにわざわざ沖縄までおいでになる方が結構いました。その人が帰ったら、その日にその土地で事件が起きて、ニュースになることもよくあったんです。それで、事件が起きるときって、街のエネルギーと言うか、波動がどこかおかしくなっていることもあるんだろうなって。その県で、その街で、何かが起きているか、起ころうとしている。

つまり、すごく悩んでいる方というのは、知らないうちに、その土地の想念という波動に影響されているのかもしれないと思うようになりました。開発が進んで、エネルギーが荒れている土地、保守的な土地に新しい人たちが多く入ってきたときなど、集合意識的な変化が起こっているときなど、セッションにおいでになる方が多いんです。

麻衣子：エネルギーの場があるんですよね。大きな事件や出来事があって、それに対して、一度にたくさんの人が悲しんだり怖がったりすると、意識の場が変わる。それを計測するという研究があるんです。

Saya：へええ。

麻衣子：ロリン・マックレイティ博士という、『サイエンス・オフ・ザ・ハート』（邦訳タイトルは、『心臓の科学』）という本を書かれた、ハートマス研究所の科学者がいらして、場の意識を測る装置を用いた「グローバルコンシャスネスプロジェクトGCP2.0」というリサーチをされています。

Saya：エネルギーの高い人がどんどんやってくることで、場が安定してくることもあると思うんですよね。街の「エネルギーキーパー」みたいな人が何人かいて、そういう人がいなくちゃいけないんじゃないかと。

麻衣子：それはわかります。今、その言葉、素敵だなと思いました。エネルギーキーパー。

Saya：2023年ですけど、わたしが京都にアトリエを借りるこ

とになったのも、単なる偶然ではないと言いますか、導きを感じるところでもあるんです。鞍馬山に行く入り口なので、そこに蘭のフラワーエッセンスのエネルギーがあるのが大事なのかなあって。

麻衣子：そう思います。それこそハートマス研究所では、人間ひとりひとりの心拍変動HRVを測ると同時に、人が発している磁場、ヒューマンエネルギーフィールドを計測しています。さらに、地球上の約7か所に大きな装置を設置して、地球の磁場、ジオマグネティックフィールドをも計測しているんです。そして、わたしたちひとりひとりが、どんな気持ちを抱いて、どんな心拍リズムをしているかで、どんなエネルギー場を出して、いかにまわりの人と影響し合っているか、さらには、地域や地球のエネルギーフィールドに、どんな影響を与えているかを、科学的に研究しているんです。

　ひとりひとりの心拍変動HRVは、スマートフォンにインストールして、いつでもどこでも使える「インナーバランス」というバイオフィードバック機器で計測可能です。耳たぶにセンサーを装着して、この本でも紹介した呼吸法をすることで、HRVとコヒーレンスの値を自分で測れます。また、ハートマスでは「グローバルコヒーレンスプロジェクト」という取り組みで、世界中の実践者が同時にコヒーレンスになることで、地球の磁場に好影響を与えようという研究も行っています。

　すごいなと思うのは、たとえば、富士山の観測所で地震活動

をモニターしているように、ハートマス研究所では地球の磁場の推移を計測しているんですが、そのデータ分析によると、大きな自然災害があったときだけでなく、戦争や暴動といった、人間が起こす大きな出来ごとが、地球の磁場の変動に影響を与えていることがわかってきているんです。一度にたくさんの人がショックを受けたり、悲しんだりするような出来ごとです。

　NYの9.11同時多発テロが起きたときの計測結果を見ると、ジェット機がビルに激突した午前9時以降、それまで安定していたジオマグネティックフィールドの値が急上昇し、大きく乱れているのがわかります。突然の恐ろしい出来ごとでの、人々のネガティブな感情と心拍の乱れが、地球の磁場にも影響を与えることが、顕著に見て取れて、言葉を失うほどです。

Saya：感覚としてすごくわかります。ひとりひとりの意識にかかっているというのは、何かをするとかじゃなくて、安定して、そこに存在するかどうかなんだなと思うようになりました。災害もそうかもしれないし、事件なんかもよける効果があるんじゃないかと。

麻衣子：そのとおりです！　アメリカのある地域で大勢の人がコヒーレンス瞑想を実施した日の犯罪発生件数が下がったという報告もあります。コヒーレントな意識が場の波動を上げて、クッションのように災いを緩和するのかもしれません。

Saya：意識が安定して高ければ、イコール波動が高いということですよね。そうなるために、先ほどの「エネルギーキー

パー」が何人かいるのだと思います。百匹目の猿じゃないけれど、最初に気づいて、癒したりする人がいると、その街は安定したり栄えたりしていくんじゃないかなと。おこがましいですが、そのために動かされている感じがあると言うか。

麻衣子：そうですね。安定した高い波動を維持できる、エネルギーキーパーさんが各地に必要なのでしょう。うちの夫の文彦なども、土地のエネルギーの守り手タイプでしょうかね（笑）。Sayaさんは、沖縄に住んだと思うと次は京都という感じで、派遣されているようですね。

Saya：確かに、そんなふうに感じることはありますね。でも、わたしは、たいして能力があるとかじゃなくて、きっと先に気づいたり見つけたりする役まわりなんです。蘭のフラワーエッセンスやちょっと気づいた誰かの存在が手伝って、光の意識のネットワークができていくような感じがあるんですよね。

麻衣子：まさに、そうだと思います。今は、科学が進んできて、心や精神や気などの、目に見えない領域を、数値化したり、可視化できるようになってきています。さまざまなバイオフィードバックシステムが開発されて、心と身体はつながっていて、さらにはまわりの人や環境とも影響し合っていることが明らかになりつつありますね。「瞑想なんて、やっても意味ないでしょ」と思っていた人でも、科学的に計測された生体反応を目の当たりにすれば、もはや「信じる信じない」の問題ではなく、物理的な実利がある、科学的しくみなのだとわかるわけ

です。

Saya：地球から見ると、惑星と惑星がサークルになって動いて、場が作られて配置されたところにエネルギーが発生している。場があると、そこにはエネルギーが生じるものなんだと思うんですよね。

　だから、占星術もたぶん、より科学が発達していけば、証明されていく話なんだと思うんですけど、今は違うので、科学の発達や証明を待って、それまでは使わないというのもなんだかおかしい。法的に、また良識的に問題のない範囲なら、ひとりひとりが生活のなかで使っていけばいいだろうと思うんですよね。たとえば、占星術を使ったセラピーを医療と言ったら、今の段階ではNGですけど、自分のために使う分には何の問題もないですよね。

麻衣子：そもそも、新月や満月などの影響は、個人の感覚でも、科学的にも明白ですよね。

Saya：太陽がのぼっているときは起きて、沈めば寝ている。影響は絶対あるのですが、「影響があるのは太陽や月のような見える天体だけだ」というのも物質的価値観ですよね。見えない惑星も影響をもたらしているんですよ。

麻衣子：宇宙の端で手をたたいても、何万光年先まで響くと言われていますもんね。

Saya：アンデルセンの童話の『エンドウ豆の上に寝たお姫さま』をいつも思い出すんですが、エンドウ豆の上に20枚、お

ふとんを重ねても、本当のお姫さまは気づくというお話。気づくお姫さまは気づく。わたしと麻衣子さんは気づくお姫さまなんですよね。別に特別なことではなくて、百匹目の猿みたいに、気づく人が多くなっていけば、みんなにとって当たり前になっていく。その直前まで来ているのかなって思いますよね。

麻衣子：より微細な変化に感覚や意識を向けていく。もともと平安時代も、日本人ってめちゃくちゃ敏感ですよね。四季だって24とか。

Saya：二十四節気とか七十二候とか。

麻衣子：今は気候変動で、本来の四季が狂ってきてしまっていますけど、お庭を眺めて、鳥や虫の鳴き声も変わってきたなあとか、そういう季節の微妙な移ろいのなかで、自分の身体や心の変化も感じとって。

Saya：京都のような守られた場に住んでいると、桓武天皇が作った、優れた風水の都市のなかで、お祭りがあって。特別な意識があるのを感じますよね。それによって、もしかして災害がないとか、そういうところもあるのかなあと。今は京都を目指して、たくさんのツーリストやわたしのような移住者が来るので、崩れやすくなっているかもしれないけれど、季節のめぐりに合わせて、お祭りをやって、お茶をやって、お菓子をいただいてという暮らし方は、波動を安定させるための、いい方法なんだろうなあって思います。

麻衣子：京都はまた、特別な場所なのでしょうね。やっぱり場

というものはすごく大事で、わたしたち家族もあまり混雑したところは苦手なので、適度なゆとり感のある、自分が居心地よいと感じる地域に住んでいます。でも、どんな場所にいても、心のあり方で変わってきますから、自分自身がパワースポットみたいになって、居心地よい場を作っていけたらよいですね。

Saya：麻衣子さんのご実家のある神奈川の鶴巻温泉や今、住んでいらっしゃるエリアも、すごくいいですよね。伊勢原の大山祇神社とか大好きでした。

　四季とお祭りのある生活って、日本人の暮らしのベースにはあると思うので、当たり前のことだったと思うんですよね。それをだんだん忘れてきてしまっているのですが、昔のことがすべて悪いわけではない。いいことは思い出したほうがいいと思うんです。科学が進んでいない部分、知恵や身体性の部分では優れた人たちもたくさんいたはずで、便利になればなるほど、忘れてしまったところも多いと思うので。

　自分の家を居心地のよいパワースポット＝イヤシロチにしよう、という提案をされている方もいますよね。わたしがずっと生活やインテリア分野のエディターをやっていたのも、自分に合わない環境の街に住んでいても、イヤシロチを作る提案をしたかったからだと思います。

「自分にできる最高のことは何か」を求めて

麻衣子： 今のお話でも、Sayaさんのセッションの仕方とか、何が大事かで考えていくと、何のためにセッションを受けに来られたのか、クライエントには「隠された目的」がありますよね。潜在意識から通じている守護霊さんとかガイドとか何でもいいんですが、自分の意識のなかの一番かしこい部分が導いてくれているようなことだと思うんですよね。

それをセラピストがなるべく感じ取って、ご本人が気づいていなかったとしても、だんだんそこに近づけるようにサポートしていく感じ。そういうことをお互いメソッドは違いますけど、やっていることは同じだと思うので。

Saya： そう言っていただけて、とても光栄ですが、わたしはでも、麻衣子先生みたいに、初めから、「やりたい」と思ったわけでは全然なかったので、「なぜかなっちゃった」パターンなんですよね。それこそ潜在意識に導かれて。麻衣子先生はお若いうちから、わかっていらしたのがすごいですよね。何千人もの魂を見守ってきている。まわりの大人たちを見るにつけ、心の世界が大切だと思うようになったということですか。

麻衣子： いや、わたしの場合も、初めから、たとえば、「野球をやりたい」とか明確に思っていたわけではなくて、小さい頃からただ漠然と、「地球を助けたい」と思っていたんです。人

というより、自然や動物を助けたいと願っていました。20代後半で、魂の喜びは、「人の心の成長を助ける」ことだと気づいたんです。そうすることで、地球の役に立つことがわたしのミッションなんだと、生まれる前の約束を思い出したんですね。

Saya：本当にナウシカみたい！

麻衣子：いえいえ、ナウシカにはとうてい及びませんが（笑）、確かに、生まれ育った環境的にも「自分はこのために生まれてきた」というわが道を突き進む系の大人が多かったのかなと思います。父も母も音楽家という珍しい職業でしたし、母は姉妹で旅館の女将もしていましたし、とくに母方は、個性的なモデルが豊富でしたね。

　小さい頃、親戚の集まりには、いつもたくさんのセル画を見せてくれる、分厚い眼鏡の"ハイジのおじさん"がいて。それが宮崎駿監督でした。他にも、ジブリのキャラクターのようなおもしろい人がたくさんいました。

Saya：麻衣子先生のお母さまが『千と千尋の神隠し』の湯婆婆のモデルなのでしたっけ。銭婆でしたか。

麻衣子：本当のところは明かされていませんが（笑）、母の姉が勇ましい人なので、湯婆婆で、母は奥で勘定をしたり、洋菓子や洋裁も得意だったので、銭婆のモデルかもとまわりからは言われます。昔は、隠居した祖母が奥の洋館に住んでいて、いろいろな客人をプライベートで迎えて話を聞いていたので、それが銭婆の元祖かなと思われますが。

Saya：映画監督にとっては、とくにモデルというつもりはなくて、ただまわりにいるおもしろい人たちが自然と物語を作り出すと言うか、モチーフになってしまうものなんでしょうね。

麻衣子：そうだと思います。それから、母の幼なじみで、母が声楽家の道に進むきっかけとなったのが指揮者の小澤征爾さんでした。小澤さんと同じ音大に進んだことで、母は父とめぐり逢い、ドイツに渡って、わたしが生まれたんです。小澤さんは、わたしたち家族にとって、スピリットガイドのような存在でした。

　今思えば、一般的な職業の枠から外れた、クリエーターや表現者の集まりというか。ピアニストだった父も、個性の塊のような人でした。「僕たちにはこれしかできないからね」って笑ってましたけど、「人を幸せな気持ちにするっていうのが音楽家とセラピストの共通点」と言ってくれたとき、なるほどと思いましたね。

Saya：すばらしい環境ですね！　お父さまの「人を幸せにするっていうのが音楽家とセラピストの共通点」という言葉がとっても素敵です。

　わたしは、少女時代、「自分にできる最高のことは何だろう」と問うたことはなかったですねえ。

麻衣子：そう問う以前に、得意がはっきりしていたからじゃないかしら。音楽家の場合も、他に得意がなかったからという、消去方式もあるあるです。芸術家にも、他のことも器用にでき

る多才な人もいれば、芸術以外はからっきしダメなタイプもたくさんいらっしゃいますし。

Saya：わたしのパートでもお話ししていますが、運動神経もないし、歌も下手だし、不器用だし、生きていくのに必死だったんです。本を読むとか書くとかしかできることがないというのは、早いうちにわかっていました。小学生高学年くらいですけど、覚えているのは、「お金持ちだったらなあ」「運動神経がよかったらなあ」「美人だったらなあ」と思ったところで、「もしお金持ちで、美人で、運動神経がよかったら、もうわたしじゃなくて別の人だわ」と。

麻衣子：そこで気づけるところが、あっぱれです！

Saya：「わたしはわたしだし、わたしはわたしでいたいから、もうしょうがないな」と思って、「もしこうだったら」はやめたんです。たぶん10歳くらいです。

麻衣子：お見事！「10歳にして、我を知る」なんて！　わたしが10歳のとき、そんなに悟れていませんでしたよ。

Saya：紫式部が現代に生まれた、みたいな状態で、生活技術というものがまるで身につかないタイプだったので、もう仕方なかったんです。小学校で児童文学、中学校で雑誌が好きになって、だから雑誌の編集者になりました。

麻衣子：Sayaさんは、本当に、素敵な"紫式部性"をおもちです！　「自分にできる、得意なことは何か」をとらえていたんだと思います。

Saya：でも、「自分にできる最高のもの」とは1回も考えたことがなかった。当時は、「できることは何か」を考えていましたね。読解力がすごくあったので、国文科に行けばよかったんですけど、英語科に行って落ちこぼれちゃったんです。大学がつまらなくて、それまでは就職と言えば、大企業に行くものと思い込んでいましたが、王道の生き方は合わないのかもしれないと気付かされました。結果的に、好きなことを仕事にしようと十数人しかいない編集部に入る決意ができたという流れなので、無駄はないんですけど。

麻衣子：「得意なこと」をやりつつ、それが段々と、「自分にできる最高や、最良のもの」に発展していく、そう育てていく、というのが自然だと思いますよ。

Saya：わたしの世代にはあるあるですが、偏差値で大学を選んだところがあったんですよね。得意なだけではダメで、「好き」でないと身が入らないし、続かないんだな、ということを大学で学んだのかもしれません。

　でも、「好き」だけでも難しい。今は生業にしている文章にしても、それなりに「得意」で、センスもあったはずなんですけど、大学時代から出版を目指していた人よりはスタートが遅かったので、最初からうまくは書けませんでした。いろんな編集者、編集長に直していただいて、商業誌的なものは何でも書けるようになっていきましたけど、ずっと苦手意識がありました。わたしにとってのふたご座土星マター（土星のある星座は、

理想が高くなるゆえに苦手意識を感じ、努力を重ね、人生後年、ものにしていけるとされている）ですね。

　また占星術のセッションを重ねたこと、星占いを書き続けたことでも、なかなか言葉にできなかった思いの部分を最近はちょっと書けるようになりましたかね。自分の言いたいことを言葉にできるように、三十年くらいかけてようやくなってきた感じです。そんなふうに勝手にトレーニングを続けてきましたけど、本当は、「誰か教えて」というのはありますよね。「あなたは本来、才能のある家系だから、やればできるわよ」とか言ってもらえたら、「最高のものを」と考えられたかも。

　麻衣子先生は、周囲に素敵な大人がたくさんいたことで、こういう才能があるかもしれないと、道を信じて進める強さは、アドバンテージとしてあったかもしれませんね。

麻衣子：確かに。「自分の道を突き進む」モデルを見ていますからね。しかも、よい部分だけじゃない、マイナスな面も見ていますから。クリエイターや表現者、新しいことをする人たちは、こだわりや信念が強いですから、うちの父などもわがままで面倒な部分が多々ありましたよ。また、心理系の専門家はいなかったので、未知の世界でした。「開拓者魂」は引きついでいますけど。

Saya：小澤征爾さんと宮崎駿さんが近くにいるって、わたしには想像できない環境ですが、芸術系は前の世代がやっておられるので、心理系を選ばれたんでしょうね。パイオニアである

ことは一緒。

麻衣子：いえいえ、実際にはそんなに近くではなく、わたしは母を通しての間接的な立場ですから。おふたりとも、ほんのときどき、お会いできればラッキーという程度です。でも、おっしゃるように、芸術系を親世代がやるのを見ていたので、自分は別の分野を開拓したいなと感じたのは確かです。また今風に言えば、「クセ強」的な個性と多様性があったので、人のタイプや心理に興味をもったというのもありました。

　基本的に、封建主義じゃなくて、民主主義の家系だったので、自由が尊重されていましたが、「自由には、責任が伴う」とも教えられていました。ただ自分本位ではなく、人間性や社会性も大事で、「自分のためイコール人のため」になることが、本物だよと教わったんだと思います。つまりは、「自己実現を目指せ」ということですね。実業家や専門家もたくさんいましたし。出る釘は打たれても、へこたれずに突き抜けていく。信念と忍耐と、勇気と行動力で。そんなレジリエンスを身につけられたことには感謝しています。

　なかでも小澤征爾氏と宮崎駿氏は、「ただ者ではないマスター」だと感じていました。「大天使」みたいなイメージです。ときどき、大きな翼をバサッとして現れてくださるような。あるとき、彼らの音楽や映画を鑑賞した人たちの様子がビジョンで見えてきたんです。やさしい気持ちになって、ハートがひらかれて、大人も童心に返って、感動して、涙して……。人の

ハートにコミュニケートして、大切なものを分かち合う。本質的に大事なことに、気づかせてくれる。みんな、まるでセラピーを受けたかのように……そうだ、わたしは芸術家ではないけれど、ゴールは同じなんだなって。

Saya：大天使ミカエルみたいなイメージが浮かんできました！　麻衣子先生のセッションも芸術的ですよ。初めて、取材でセッションを受けたとき、まるでナウシカに誘導されているみたいで、とても感動したんです。ヒプノセラピーは、セラピストによって、アートのようにもなるし、ただの機械的な説明にもなり得ますよね。

　ジブリの映画って、『千と千尋の神隠し』や『風立ちぬ』など、日本の潜在意識を扱っていると言いますか。とくに、『風立ちぬ』ではそう感じました。わたしの母方の祖父母は東京の人間ですが、祖父は結核で死んでいますし、祖母の兄弟姉妹も結核で亡くなった者がたくさんいるそうで。どちらも、もともと徳川譜代で、祖父のほうは豊臣家とも縁が深いという武家ですから、先祖たちは明治維新や関東大震災、結核の流行、太平洋戦争などで、これでもかと言うほど、打ちのめされているわけです。ホメオパシーで言うと、痛みのレメディであるアルニカ的だと思うんですけど、そのために、今に至るまで、癒されていない部分もあるんですね。

　でも、映画を観たとき、自分の細胞のなかの祖父母の部分が共感して、感情が揺さぶられるような、ふしぎな感覚がありま

した。一緒に見た友人は九州出身だったので、わたしとは違う部分に感動していたようでしたが、あれは、東京の映画だなあと思いましたね。欧米に憧れて、無理やりに国をひらいて、追いかけて。夢を見てきた東京そのもの。それを難しくなく見せてくださるところが本当にすごいなあと思いますし、麻衣子先生とも共通する、宮崎家の能力なんでしょうね。深海にダイブする感じ。

麻衣子：「深海にダイブする」って、さすがSayaさん。ナイスな表現ですね！

　確かに、『風立ちぬ』や『君たちは、どう生きるのか』は、映画を観ること自体が、日本人のアンセストラル・ヒーリング、つまりご先祖の癒しのようなものに、自然となっているのではないかしら。そんな深い、セラピューティックな作品を生み出せるなんて、本当にすごい、神業だと思います。

　ところで、いい面ばかりお話ししていますが、すべてに陰と陽があるので、敢えて陰の面にも意識を向ければ、うちの家系には熱いバトルや、生活習慣やストレス性の病気など苦しい面もありましたよ。父方の先祖は、桓武天皇まで家系図を遡る、東北の城主でもあった家系なんですが、こちらもまた個性が濃くて、能天気で波乱万丈というドラマがありました。

Saya：もちろん、そうですよね。ホロスコープリーディングのセッションをしていると、外からは、どんなに恵まれているように見える方にも悩みがあることがわかるので、比較には意

味がないことが腑に落ちます。

　ただ、今の人生がつらいときにそう思えない人がいるのもまたわかる。どんなに憧れても、手に入らないものをまざまざと見せられたら、つらくなっても当然ですよね。だから、「魂が自分で選んだのだから」と言って、終わりにしたくもないのですが、魂の視点に立つと、やはり、自分でこの家系を選んで生まれてくるとか、そこで何か学ばなくてはいけないことがあるんですよね。

　わたしの場合は、戦争や結核で父親を亡くしている両親の魂と縁があり、80代の今でも、インナーチャイルドが苦しんでいる彼らを助けたかったのかもしれないと思うことがありますね。もっとも、うちの父は、理不尽なことが多い人生のなかでも、好きな仕事をやってこられた幸運な魂だなあと思う面もあるのですが。

麻衣子：みな、魂の人生の目的に応じて、自分に適した環境を選んで生まれてくる。魂の次元には、地上的な「損得」の感情はないので、純粋に、次に自分が何を学びたいのか、どんな経験をしたいのか、誰を、何を助けたいのか、その目的意識や満たしたいニーズに応じて、環境を選んでくる。なかには、その家系に続いている「負の連鎖」を止めることをミッションに掲げて、敢えて、大変な両親のもとに生まれる場合もあるでしょう。

Saya：勇気のある魂ですよね。麻衣子先生とご縁だなと思うのは、『風立ちぬ』は飛行機の話でもありますよね。宮崎家は

中島飛行機に縁があるとうかがっていますが、うちの父は現役時代、富士重工（現在の株式会社SUBARU、前身は中島飛行機）の今はない特殊車両部というところにいて、鉄道車両はもちろん、郵政省の郵便物を自動で振り分ける車の開発とか那覇空港の燃料輸送車の導入とかをまとめてきたんですよね。たとえば、沖縄ではそれまで、ボロボロの米軍の払い下げ機を使っていたそうで。復帰から10年も経たない頃で、「雪を見たことがない」という社長を日光の温泉まで連れていったそうなんですけど。

　麻衣子先生と「大事にしているもの」が似ている、「みんなのため」と考えるのが同じなのは、中島飛行機のマインドかなと思ったりもします。富士重工も戦後、飛行機を作れなくなったなかで、平和のための車を作っていたと思いますし。

　父方も、祖父は衛生兵（看護兵）に取られたまま中国で病死していまして、祖母は長く生きたものの、戦後まもなく大きな地震に見舞われたりもして、本当に大変だったと思うのですが、それでも、父は、「人のために生きてきたつもりだけどなあ、できたかなあ」みたいなことを自然に言うんですよね。

　祖母も苦労のしっぱなしで、夫に先立たれながら、自分につらく当たった親族が寝たきりになっても、最後まで面倒を見ていたそうなんです。自分のことだけではない。昔の日本人というのは、「仕事は世のため、人のため」という愛がたくさんあったなあと感じます。この祖母は結婚前、奥日光の南間ホテルで

働いていて、避暑に来た皇族のお世話をしていたそうなんですよね。その後、東京までお嫁に行ったりして、当時としてはやりたいことをやる元気な人だったんでしょうね。

　父も、車検を自分でしてしまうほど、車も運転も好きでした。また、みんなのために動くことも苦にならない人だから、「手づくりの車を世の中のために作る」と自分の仕事を説明していましたが、父こそ、「好き」と「得意」が一緒になった仕事をしていたんだと思います。世の中との関わり方という意味では、わたしは意外と父方の血が濃いかもしれません。

麻衣子：はい。母方の祖父は確かに中島飛行機の下請で、部品を作る会社を経営していました。Sayaさんのお父さまも、「得意」を活かしつつ、人のためを思って生きられた。戦後の日本をよくするために貢献されたんですね。そういう「愛ある働き」のおかげで、今の社会があるんだと思います。

Saya：本当にそうですね。わたしが三姉妹の長女で、家族に女性ばかりなせいか、家族にはわがままな父ですが、仕事については尊敬しています。

　書くとか星が好きだとか、ふわふわしたところは完全に母方だと思いますけど。母のルーツは武家で、土岐源氏。明智、豊臣、織田、本多と、それこそ「クセ強」な戦国武将がたくさん入っているんですけど、母は、大名家か公家のお姫さまみたいな気質の人。ずっと短歌をやっていて、朝日歌壇などにも掲載されていました。最近も、母の歌が朝日新聞の「天声人語」に

取り上げられていて驚いたんですけど。

　実際、白樺派の木下利玄とか縁続きになるみたいなんですよね。古いところだと、やはり歌人の木下長嘯子とか。こちらのほうは本姓豊臣で、麻衣子先生と同じ桓武平氏ですね。また直木賞の直木三十五とかもこちらは土岐源氏ですが、同じ一族になるみたいですね。母方のご由緒を見ると、書きものをする人や学者、僧侶などが多いんです。

　父方と母方ではかなりカルチャーが違うので、わたしは統合が難しかったのですけど、わたしの実はもっている反骨精神みたいなものは、父にも母にも共通しているかもしれません。彼らは、人生の早い時期に理不尽なことが多かった戦中生まれなので。とくに、母はか弱いようでいて強くて、男尊女卑の父に対しても負けないので、そういうところは、母譲りだなと思いますし。夢見る力の強さとか、どんなときも希望を捨てない感じとかが似ています。

　両親や先祖の生き方によって、わたしたちのマインドも培われているものですが、そのなかで自分が活かしたい部分を受け継ぎ、そうでない部分は癒していくという姿勢が大切ですよね。見えていない部分も潜在意識にはあって、今の自分に影響を与えているので、そこにも光を当てていくというような。

「好奇心、ワクワク、楽しい、好き」から始める大切さ

Saya：いろんなことをやっていても、そこに一本の筋があればいいと思うんですね。

麻衣子：いろんなことをやりながら、無意識にも何かを訓練したり、学習したり、積み上げてきたことがあるはずです。そのなかで、何が一番喜びや生きがいになっていたかに気づけるといいですね。

Saya：「心が動くものを選んだほうがいいよ」というのは、いつもお話ししますね。何でも自分で確認したい魂もいるだろうけど、確認しただけで終わるんだったら、全部試すんじゃなくて、選んだほうがいいような気もします。

麻衣子：いろいろなことを試してうまくいかないとしても、その経験から何か気づけたり、学べたりすれば意味がありますが、大事なのは「意図」なんです。「自分には何もないから、付加価値をつけなきゃ」みたいな義務感で、「何かしないと」という気持ちで続けていると、エネルギーも消耗してしまいますね。

Saya：自己証明をしたい方、付加価値をつけるためにやりたいという方は、確かにいらっしゃいますね。

麻衣子：何でもやってみるタイプの人は、何かひとつの専門というよりは、総合力を活かした仕事に就くといいかもしれませ

んね。誰しも「好き」と「得意」がマッチするところがあるはずです。

　自分にないものをもっている人を羨んで、別の人になろうとすると苦しくなるので、自分がすでにもっているものを伸ばすほうがおすすめですね。

　たとえば、小さいさやちゃんが別のタイプの女の子になろうとしたら、大変な思いをしないといけないじゃないですか。

Saya：「なりたい自分になるのは違うと思う」というのをいつもお話ししていて。雑誌とかインスタとか見て、「こういう人になりたい」と思うのは自由だけれど、憧れを通り越してしまうと、「それはあなたじゃないかもしれないですよ」と。2008年から始まり、この本が出版される2024年の秋に終わるやぎ座冥王星時代は、みんなそういう達成、自己証明をやろうとしていました。女の子たちも無理なことをがんばっていた時代だったんですけど、これからのみずがめ座冥王星時代は、もっと自分らしくなることのほうが大事になっていきそうです。ベクトルが反対。

麻衣子：何かを足そうとするよりも、自分の内側にもっているもの。土を肥やして、自分の花の種に栄養を与えて、それを育てて、自分の花をきちんと咲かせるほうが大事ですよね。

Saya：本当にそうだと思います。「このままではダメだ」って自分を否定してがんばろうとするよりは、ある程度、自分を肯定してからじゃないと力も出ないし、「もう燃え尽きている人

がまた燃え尽きるまでがんばっても意味がないですよ」ってよくお話ししています。

　今の起業ブームとかリタイア後の仕事とかも、好奇心でどんどん動いていける方ならいいんですよね。とくにその分野の勉強をしていなくても、別の学びをされているから。でも、「こうしなければならない、ねばならぬ」で始めてもうまくいかないんです。初めから、大きく考えるより、会社にいたままでもできることから始められたらいいと思います。

麻衣子：究極は、「自分のあり方」ですから。

Saya：「会社を辞める、独立することにこだわったら、誰もが会社員になるのと同じ」と思うんですね。会社に献身して生きていらした方の場合、退職が迫ってくると、自分のアイデンティティが崩壊するように感じてしまうというのはあると思うのですが、会社に定年までお勤めできるのも、ひとつの才能です。上司に言われたミッションをこなせる能力があるということですし、協調性もある。規則正しい生活を送ることもできる。才能はたくさんあるし、これから自分を活かす道もきっと見つかるから、自信をもってほしいです。

　また人生の楽しみ上手になることも大切です。人生が与えてくれるものの豊かさに目を向けてほしい。仕事についても、企業戦士として働くのは体力的な限界が来るものですけど、楽しみながら働くことはできるかもしれない。仕事と休み、遊びの区別なく、まるごとを楽しんでしまう感じ。そんなふうに、発

想を転換していけるといいのかなと思いますね。

　うちの夫は太陽、金星がしし座なんですけど、「サバイブア
ンドエンジョイ」がこれからは大切だと言ってました。困難が
あっても諦めず、乗り越えて生きていくようなレジリエンスの
マインドが必要な時代だけれども、楽しむことも忘れたくな
い。ぴったりのキャッチコピーですよね。

Day 2

所有物を喪失しそうなときのジェラシー、欠如しているものを羨むエンヴィ

Saya：今日もよろしくお願いします。

　最近、読んだ本で、山本圭さんという方の、『嫉妬論　民主社会に渦巻く情念を解剖する』（光文社新書）がとてもおもしろかったんですけど、立命館大学の法学部の先生なんですが、まさにそういうお話でした。京都の大垣書店でトークもあったので、聞きに行ったんですね。

> 　ジェラシーが「喪失」にかかわるのに対し、嫉妬はおもに「欠如」にかかわっているということだ（Protasi, The Philosophy of Envy, p.12）。つまり、ジェラシーを感じる人は、ライバルが自分のものを奪おうとしていると考えるのに対し、嫉妬者の場合、自分が欲しているものをライバルが持っていると考えるわけだ。
> 　たとえば、自分の恋人が異性と仲良くしているのを見てジェラシーを感じるのは、自分のパートナーを「喪失」しかねない事態に直面しているからである。他方で、同僚の高い評価に対する嫉妬は、自分には「欠如」しているもの（ここ

では肯定的な評判）を相手が手にしたことから生じる、といった具合である。別の言い方をすれば、ジェラシーが防御的であるとすれば、嫉妬はむしろ攻撃的なのである。

この部分で、なるほどなあと思いました。確かに、英語を学ぶときにはenvyは羨望で、jealousyとは違うと習うものですが、その差をとらえられていなかったかもしれないと。

冥王星は、さそり座の守護星で、相手と一体になりつつ、支配していくところがあるんですが、冥王星がやぎ座に入った2008年から2024年というのは、「嫉妬の時代」でもあったのかもしれません。なぜなら、やぎ座は、土のエレメントの最後の星座で、「所有」という性質をもつからです。「相手と同じものをもちたい」という冥王星の欲望が出てくるなかで、もしそれが自分にないものだったら、エンヴィの嫉妬。山本圭さんの言う攻撃性があるので、人間関係を壊してしまうんですよね。また、「もっているものを失う」ジェラシーの嫉妬として出ると、自分より若く才能のある人へのハラスメントとして出ていました。

次の冥王星のみずがめ座入りによって、「平等」への欲望が生まれているのもあるかもしれません。その人のまわりに同じような＝平等な人ばかりがいると、違う人＝自分と平等でない人と認識して、攻撃するように見えます。

エンヴィにしろ、ジェラシーにしろ、嫉妬してしまうときって、自分の世界や視野が狭くなっているのかなと振り返ってみ

るといいのかもしれません。会社の同期とか大学の同級生とか似たような人が集まる横並びのなかで比較ばかりしていると、小さな凸凹が気になるのも当たり前ですよね。でも、外に出てみれば、型にはまらない生き方をしている人もたくさんいるし、価値観もさまざまですから。

　後半、この『嫉妬論　民主社会に渦巻く情念を解剖する』でも、そういった話になっていきますが、みずがめ座に冥王星が入り切ると、個性や特別さを認めない時代になっていく可能性もあると思いますね。すべてのことが均質化してしまい、創作されるものも平凡になっていくかもしれません。

麻衣子：その人がもっている素敵な何かを、自分はもっていないと思ったとしても、もしかしたら、自分にはないと決めつけているだけで、本当は、自分のなかにもあるのかもしれません。最初は、エンヴィの嫉妬として感じたとしても、「あの人が素敵なのは、その何かを育てた結果なのだから、わたしも自分のなかにある種を育てよう」という前向きなきっかけになればいいと思います。

　妬みとか羨望とかを受けたとしても、人がそうなりたいと思うことを自分がしているなら、「何かヒントとして、役立てているのかな」とポジティブにとらえれば、喜べるかも!?

Saya：前向きですね。

麻衣子：みんながなりたいモデルを先駆けてやっているってことなのかなと。最初は妬んでいるかもしれないけど、その人た

ちも続いて、やる人が増えていくから、ある程度、嫉妬が生じてもしょうがないかなととらえるといいかもしれません。

進化するときって、今までなかった色を出すとか、突出するじゃないですか。だから目立ってしまって、出る釘は打たれたりするかもしれないけれど、道を開拓するには、誰かがファーストペンギンみたいにならないとね。あとに続く人たちのためにも。スキーでも、誰かが新雪を滑ってくれたら、あとから来る人が、滑りやすくなるじゃないですか。

でも、わたしもかつては、「あまり目立ってしまって、妬まれたら怖いな」って思っていましたよ。

Saya：わたしもそうでした。今は年齢を重ねたせいか、何を言われても好きなことをしたいというほうが勝つようになりました。

「足りないものを欲しがる」ことの何が問題かと言うと、自分には合っていないもの、本当には欲しくないものを欲しがってしまうことがあるんですよね。手にしたところで、「ちっとも欲しくなかった」ということになってしまうんです。好奇心も憧れもあるだろうし、「こういうものがあったら、もっと幸せになれるんじゃないか」という欲だから、自分の本質とは関係なくなってしまうんです。憧れてももがいても手に入らないのは切ないものですが、解消するには今の人生を愛して、エネルギーを注ぐことしかないですよね。「なりたい自分になる」というようにメディアが煽るのが問題ではないかとも思うのです

が、「わたしになる」ことのほうが大事だと思います。

　マーケティングは、そうした欲を探し出して、消費させようと提供しますよね。その消費の循環にハマっていると、いつまで経っても、幸福感は得られないことになります。

ヒプノセラピーは、"心の手術"的な意識の大変革

Saya：わたしのセッションも、普通のホロスコープリーディングとはどうも違うことをしていたので、ずっと、「わたしは何をやっているのかな」と思っていましたし、体系化しづらいなかで、でも、「目の前にいる方に必要だな」と思うことをやってきました。

　まだ勉強中ですし、あくまでも自分のためなのですが、クラシカルホメオパシーは、その人の問題の根っこに働きかけるんですね。パソコンのソフトの入れ替えやアップデートになるのがホメオパシー。写真などデータの掃除にはヒプノセラピーを何回かしたほうがいいと言ったらいいのでしょうか。ヒプノセラピーをやると、トラウマになっている記憶が消えたりして、効果がある気がします。

麻衣子：メンタル的な思い込みでプログラムしている、ネガティブビリーフが強い場合、感情と思考をいっぺんに扱う、ヒプノセラピーのようなものをしたほうが早いんですよね。

Saya：たとえば、ホメオパシーのレメディで、アルニカという高山植物があるのですが、さまざまな種類の痛みに使われます。高山で吹きさらしになっていたら、風が痛いくらいですよね。アルニカのエネルギーを入れると、そういう痛い思いをしている人は癒されるのです。

　大本のエネルギーが癒やされた結果、身体の痛みを感じなくなったり、心のほうでも打ちひしがれたような気分がなくなったりするのですが、それでも癒やされないような記憶の部分にはヒプノセラピーを受けると、気にならなくなったりしますよね。

麻衣子：ホメオパシーが環境、感覚的なものだとしたら、ヒプノセラピーは思考的なもの、感情的なものに効くのかもしれません。

Saya：そうかもしれないですね！

　心が家だとしたら、地下室にはホメオパシーのエネルギーが届く感じなんですよね。水道管とか電気工事の配線とか、仕組みや土台にいいような感じ。蘭のフラワーエッセンスは、家のなかの家具の引き出しの一段一段に光を入れるような感じでしょうか。

　ヒプノセラピーは、家のなかに飾ってある家族写真のフレームがあるとして、みんな暗い顔をしていたのがセラピー後、笑顔になるような感じですよね。過去の記憶に対するとらえ方、フォーカシングに作用する。

麻衣子：そう。壁にかかっている、暗かった絵が、明るくなる

ような。同じ人やシーンでも、見え方が変わるんですよね。

Saya：20年前のクリスマスの写真を見て、どう思うか。

麻衣子：寂しい写真だと思っていたのが幸せな写真だと思えるようになるとか。

　リフレーミングと言って、新たな視点を与える。同じ経験や事柄でも、とらえ方を、より健全な見方に変えるのがヒプノセラピーなので、どこからやるかですよね。どのメソッドからやるかによって、どれか必要なくなるかもしれないけれど。

Saya：影響し合い、うまく働くかどうか。

麻衣子：自己肯定感が低いとか、罪悪感とか。何でも悪いほうに考えてしまう思考パターンが強い人は、レメディも摂りながらやったらいいかもしれないですね。

Saya：蘭のフラワーエッセンスやセラピューティックエナジーキネシオロジー、ホロスコープリーディングなど受けてくださっているわたしのサロンの方たちには、クラシカルホメオパシーのホメオパスも、麻衣子先生のヒプノセラピーも紹介して、受けてもらっていたんですね。

　ただ、よくも悪くもヒプノセラピーっておもしろいじゃないですか。自分の脳内に過去生が思い浮かぶので、その映像にとらわれてしまうところがあります。わたしも、ヒプノセラピーに関しては取材で受けていたこともあり、長い間、その域を出なかったんですよね。

　でも、ホメオパシーはとりあえず、エネルギーが上がる。そ

れは蘭のフラワーエッセンスもなんですが、当座の心身の困り
ごとが落ち着く感じは、波動療法のほうがわかりやすいので、
継続して受ける、セルフケアに使うとなると、ホメオパシーや
フラワーエッセンス派が多いんです。

　でも、どんどん癒していって、波動療法ででも取り切れない
ものがあることに気づくと、もう一度、ヒプノセラピーが必要
になったりするんです。麻衣子先生はクリニカルケアを盛んに
されていますが、ヒプノセラピーは、心の病気になりつつある
方のほうが効果を感じられるのかもしれないと思いました。

麻衣子：どんなセラピーもそうだとは思いますが、弱っている
人のほうが効果を感じやすいですね。最初にそういう問題や不
調など、困りごとがあるほうが当初のAという生きにくい状況
が、改善・解消できて、Bという新たな生きやすい状態に、明
らかに変化するので。

　実は、"心の手術"的な感じの意識の大変革にもなります。
その割に、簡単に開業されることもあるのが事実です。ヒプノ
セラピーは、他の手法に比べて、トラウマをすぐに扱いすぎる
傾向があると思われてしまうところがアメリカでもあります。

Saya：わたしも3年前まで、ヒプノセラピーに"心の手術的"
な側面があるとわかっていなかったですね。

　ある方に、「ヒプノセラピーを学んだので、モニターとして
受けてほしい」と頼まれたのですが、セッション後、死にそう
に気持ち悪くなってしまって。半月くらい、体調不良が治らな

かったので、麻衣子先生に助けを求めました。

麻衣子：そうでしたね。

Saya：麻衣子先生にフォローセッションをしてもらったんですが、学び立ての方はクリニカルケアをしているという自覚やフォローするという発想がないものなのかもしれませんね。

麻衣子：ヒプノセラピーは、本来は、医師が施すレベルのものですが、保険も効きませんし、お医者さま自身が病院で催眠療法を提供する時間や余裕はほとんどないのが実情です。ヒプノセラピーを自由診療で提供される医師の数も増えつつありますが、多くは民間のセラピストたちが担っているのが現状です。民間資格は基準が一致していないので、セラピストとしての学び、訓練、知識、心得などにバラつきが生じてしまうのも当然です。

　しかも、ヒプノセラピーは潜在意識に直接働きかけるという意味で、実は、高度な技術とメタな認識を要するものです。クライエントの準備も整わないうちに、心の蓋を開けてしまうことのないように、セラピストはクライエントがそのときどきでプロセスできる、癒しや成長の歩幅やスピードをに寄り添う必要があります。

　でも、傾聴を中心としたカウンセリングの基本を身に着けずに、ヒプノセラピーの即効性やドラマチックさを追求してしまうと、せっかく自ら発芽しようとしている芽を引っこ抜いてしまうような、余計な介入やリードをしてしまうかもしれませ

ん。ここは、ヒプノセラピストがとくに気を付けねばならない
ところで、わたしも常に学び続けているんです。

Saya：すばらしいですね。

麻衣子：また、日本では、「前世療法」という訳語のイメージ
で知られた部分が大きかったので、受ける側は、「前世が見え
るなら、ちょっとやってみたい」と軽い気持ちで申し込むかも
しれません。でも、実際は、扱うのは前世だけではなく、基本
的には心理療法としての催眠療法なので、セラピストはプロ意
識をもって、クライエントの潜在意識のなかに、トラウマ的な
ものが溜まっている可能性があることを十分に配慮して、段階
を踏みながら、急がずに対応しなければならないのです。です
が、心的外傷やトラウマに対して、安全かつ適切に対応する、
クリニカルケアを提供できるヒプノセラピストは、欧米に比べ
て、日本ではまだ層が薄いと思われます。

Saya：急に、パンドラの箱がひらいてしまうと大変ですよね。

麻衣子：そう。もしも急にパンドラの箱を開けてしまったよう
な状況になったときにも、緊急事態に対処できるように、セラ
ピストが準備できていればいいんですが。中途半端な応急処置
で終わらせてしまった場合に、違和感が残ってしまうかもしれ
ません。

Saya：わたしは、麻衣子先生を知っていたから、「こんなこと
があったので、助けてください」とお願いできましたけど、そ
うじゃないと、どうしていいかわからないですよね。

麻衣子：クライエントさんは困って、霊能者のところに除霊に行くとか、病院に行くかもしれないですね。そんなときに、より経験値のあるセラピストや医師に、適切に紹介できることが大事ですね。わたしは、信頼できる精神科の先生などと連携させていただいていますが、セラピストの研究会や学会などに所属することも大切ですね。

　アメリカでは、ヒプノセラピーやメンタルヘルス、ホリスティック医療の分野が日本より10〜20年進んでいると言われていて、ヒプノセラピストの多くはハートマスなどのセルフケアメソッドを取り入れたり、学会なども盛んで、よく勉強している援助者がたくさんいます。わたしのようにハートマス研究所の呼吸法などを準備段階で用いたり、なんらかのボディワークや、ホメオパシーとか、いろいろな手法も用いたりして、「身体的なほうから入って、準備が整ったところでヒプノセラピーを受ける」といいとも言われています。うちの文彦のヒーリングを先に受けていただいて、それからわたしのヒプノセラピーを受けていただくという時代もありました。

Saya：それもわかりますね。あれはきつかった。

　今のお話からすると、わたしが読者さんたちに、ホメオパス（ホメオパシーの専門家）や麻衣子先生を紹介するときも、ホメオパシーのセッションを受けてから、ヒプノセラピーを受けるように導いていたのは専門家の眼から見ても正しかったわけですね！

クリニカルなヒプノセラピーの一面をちゃんと理解すると、過去生だけではなくて、現世のトラウマにもいいなと感じますよね。

麻衣子：中心はね、本来、現世のトラウマの癒しが大事なんです。傷ついたインナーチャイルドが癒えて、安心感や自己肯定感が回復すれば、大方のストレスは解消して、ずいぶんラクになりますから。

Saya：わかりやすい実用性があるから、麻衣子先生のところに医療関係者が多く来られるんでしょうね。

麻衣子：実用性は大事ですね。

　わたしの手法である「心の庭療法（ハートマス・メソッドを合わせた臨床ヒプノセラピー）」と「ハートフルネス・カウンセリング」は、限られた時間（30〜60分）のなかでも実施できるので、精神科や心療内科の外来や心理相談やスクールカウンセリングでも用いていただくことができます。臨床のさまざまなシチュエーションに柔軟に対応できて、とくにお子さんや若者、シニアの方にもとても役立ちます。

Saya：「こっちを癒したら、こっちもだんだん変わっていくよね」ではなく、イメージの部分にダイレクトに効くのがおもしろいですよね。

麻衣子：はい。受けたその日から、見える世界が変わるというふうにもなるし、とても大きな変化を促すものですね。世界を見る眼鏡が変わるみたいな。

Saya：ホメオパシーのほうはパソコン本体を整える感じ。プログラムを入れ替えるのがヒプノでしょうか。

麻衣子：そうですね。もちろん、セラピストが勝手にプログラムを入れ替えるのでは決してなくて、ご本人の健全な、本来のプログラムに戻すと言いますか、復活させて、バージョンアップするという感じです。とても大事な作業なので、十分な知識と正しい配慮、倫理観をもって、セラピストは伴奏者や助産師のように、寄り添わせていただく必要があるんです。

Saya：ご本人の本来のプログラムに戻すという点がホメオパシーやわたしのホロスコープセッションとも同じなので、相性がいいのかもしれませんね。わたしがクライエントの人生を生きてあげるわけにもいかないし、うまくいくやり方を教えてあげられるわけでもないので、それはいつも気をつけています。

　ああ、ただ、わたしがそうやって、あまり介入しないように気をつけているので、もっといろいろやってほしくて、駄々をこねるみたいな人も出てくるものなのかも……。

自分を癒してから、他者を癒すというステップ

麻衣子：どんな手法でも、まずは自分自身に役立ててから、他者のために役立てられるようになるべきで、ヒプノセラピーを学びたい人も、まずは自分を癒すことから始めて、それから、

他者の癒しのお手伝いができるように、学んでいくのが自然ですね。Sayaさんもわたしも、インナーガイダンスに従って、自然の導きで……。

Saya：わたしは麻衣子先生にはとても及ばないのですが、この手のことをやりたい方で本業があるなら、ちょっとずつ力をつけていくのが一番いいですよね。わたしも2008年からセッションをやっていますけど、その時点で占星術の勉強を始めて、たった十年くらいだったので、自分としては早すぎるという気持ちがありました。それでも問い合わせはあるので、ホームページは作ったけれども、星占いが好きな読者さんのためのサービスという位置づけ。とくに宣伝もしないし、サロンとしての雑誌取材もお断りしてきました。

　無理はしないで、自分にできることだけを提供していく。細々と続けていくなかで見えてくるものがありました。力がない最初のうちは、セラピーみたいにはできないし、したくないし。読者さんとの交流という位置づけで、少しずつやってきたことで、力が自然とついてきたのがよかったなと思います。だから、そんなに大急ぎでやらないでもいいと思うんですよね。

麻衣子：わたしたちがさせていただいているのも、導きとプロセスがある。「やってみなさい」というガイダンスがあるときは、なぜかやらざるを得なくなる状況になったりして。「あ〜、これは、チャレンジしてみなさい」と後押しされたのかな、と感じることもありますね。

Saya：そうなんです。上のほうにやらされているのかもしれないけれど、同時に、しつこくテストされている気もします。もしお金儲けに走ったら、すぐ病気になったりしそうです。

　わたしは星を知っていたので、冥王星のやぎ座の影響で、こんなにみんなが自己証明に走っているんだなということがわかっていました。でも、「冥王星がやぎ座から去ったら、それも終わるわけだから、行きすぎないようにしよう」「客観的に、ニュートラルさを保つようにしよう」「冥王星のやぎ座時代が終わったときに後悔しないように、良心に恥じない程度には節度をもとう」と思っていました。

麻衣子：わたしのカウンセリングでも、「自分のことを認めて欲しい」と期待して来られる場合、もちろんカウンセラーが共感的理解を示しますが、一番大事なのは、自己受容です。今まで生きてきた自分を肯定する。自分で自分を認めて、愛してあげることですね。それをしない限り、他人に、「わたしを見て、大事にして」と求め続けて、でも、自分の心には穴が開いたままで、いつまで経っても満たされずに疲れ果ててしまう。

Saya：本当に、自分を肯定するのって大事！　でも、承認欲求に加えて、スピリチュアルなエゴがある方も結構いて。「自分は、すごい人たちについて学んできて、特別だから」ということを言う方が結構いるのですが、「自分はスピリチュアル的に優れた存在で、他の人より自分は特別なんだ」というのはスピリチュアルではないんじゃないかな、と思いますよね。

麻衣子：そうなんですよね。スピリチュアルエゴの特徴は、「自分はとてもスピリチュアルであって、特別な存在だ。みんなより次元が高い」と判断しているゆがんだ優越感があって、その奥には劣等感やコンプレックスが潜在していると思います。

Saya：普通の人は、「今からスピリチュアルなことをしても、間に合わない」と言っていたヒーラーさんもいて。スピリチュアルなエゴに思えてしまって。

麻衣子：「スピリチュアルなこと」をどう認識されているのか、「間に合わない」とは何に間に合わないのか、どういう意味でおっしゃったのか、確認しないと何とも言えませんが……。

　わたしに言えるとしたら、本当に高次元の意識は、「分離」も「特別感」もないんです。次元が高まるほどに、「個」でありながらも全体の一部という「ワンネス」になって、めちゃくちゃ「非個人的＝impersonal」になる。「わたしが、わたしが」の世界じゃなくなるんです。神さまの「えこひいき」とかないですから。

「間違いは、誰にでもあり得るから気をつけようね」っていう謙虚さが大事。優れている人ほど、自分を疑ってみることも大切。謙虚でありながら、勇気があること。アヴィラの聖テレサは、わたしが尊敬している聖人のひとりなんですけど、彼女がいつも教えてくれていることです。

Saya：勇気で思い出したんですけど、2024年のお正月の能登の地震をきっかけに、麻衣子先生とこの本の話になりましたよ

ね。「はじめに」でもお話ししましたが、「これから、もっと大変な人が増えるかもしれない」と思ったとき、「わかる人にだけ届けばいい」というこれまでの考え方を変えて、一般の方にももっと学びやすい値段で届けないといけないと思ったんです。それには書籍がぴったりですよね。

さっきも話していた、ひとりひとりの意識のエネルギーが災害や事件とも関連するのかもしれない。あとまわしにされてきた、弱っている土地が被災しやすいのかもしれない。そんな、なんとなくの勘とリンクして、「それぞれのトラウマが浮かび上がってくるから、癒さないといけない」という感覚が湧いてきたんです。今までなら、「物質的な価値観の人にどう思われるか怖いから、やらなくてもいい」と思っていたようなことも、何か勇気が出てきて、麻衣子先生と話していたのがあのときの感じなんですね。それで、この本でも、「ナウシカのように、勇気をもって進もう、メーヴェで飛ぼう」ということになりました。

そうしたら、新しい蘭のフラワーエッセンスが元旦にできたらしいんです。それが「ラディアントカレッジ（輝く勇気）」っていう名前なんですよ。ナウシカのエネルギーの話をしたら、神戸の輸入元の寺山順子さんが「ラディアントカレッジのエネルギーは、ナウシカに似ているかもしれません」とおっしゃって！　ナウシカと言うだけで、わたしたちの心にあるアーキタイプが浮かぶのもすごいですけども。

蘭のフラワーエッセンスは、蘭が咲いたときに作られるので、星まわりともすごくシンクロしているのですが、宇宙に応援されている気持ちになりました。

マズローの5段階の欲求に当てはめて考える

麻衣子：先ほどの自己実現の話ですけど、マズローの欲求5段階説はご存じですよね。

5段階目の「自己実現の欲求」の前に「承認欲求」の段階があって、4段階目なんですけど、自己実現まで行かずに、そこで止まってしまうことが多いんです。先ほど出た「スピリチュアルエゴ」も、この段階にとどまっている一例です。自分は山のてっぺんにいると思っているけれど、実はまだ見えていない、さらに高い山がある。

下から行くと「生存欲求」「安全の欲求」「所属と愛の欲求」「承認欲求」「自己実現欲求」。一応、基本は5段階で、「自己実現の欲求」が達成されると、その先には「自己超越欲求」があるんです。

ある意味、わたしとSayaさんもそうですが、人の心の援助や教育をする人は、大方の欲求を満たしておきたいですね。自分が満たされていないと、人を助けることで、自分の欲求を満たしてしまうので。少なくとも、自覚があればいいのですが。

Saya：人を助けることで、エゴを満たそう、居場所を作ろうという方は心理やスピリチュアルの世界には残念ながら、多いですよね。わたしは、それはなくて、むしろセラピストなどの責任の重さを感じて、逃げまわっていました。ただ、20代、30代を振り返ると、たぶん、「自己実現の欲求」や「超越欲求」を先にやっちゃって、「所属と愛の欲求」を満たすのがあとからだったので、大変だったんでしょうね。

麻衣子：なるほど。そうかもしれないですね。全部、順番どおりにいくとは限りませんから。

Saya：3段階目の「所属と愛の欲求」が満たされていないのに、「自己実現の欲求」で動いていたから、東京時代は、グラグラしていたんだなって思います。「所属と愛の欲求」を満たすようになったのは、沖縄でパートナーに出会ってからのこと。京都に拠点を移してからは、コミュニティに参加するということを少しずつやってきました。チャクラで言うと下がガタガタ。自分を植物にたとえると、ルーツと離れたところに落ちて、アウェイで育った種だったのもあるんだなと最近は思いますね。霊的なバックグラウンドがないと言うか、つながるべきクラウドにつながっていなかったから、孤独だったんだと思います。

　わたしのサロンでもときどき、パートナー的な存在を投影して、親密な関わりを求めてくる方もいました。この人たちの「隠された目的」は「愛と所属の欲求」なのかもしれないと途中で気づきました。

麻衣子：そうかもしれませんね。

Saya：「承認欲求の段階」の方もよく見かけるので、そこで止まっている方が圧倒的に多いと聞くと納得するものがあります。「愛と所属の欲求」と組み合わさると、その場に所属するだけでなく、そのなかで特別な存在になろうとがんばったりする。学校時代に、先生のお気に入りになろうとするようにね。わたしから見たら、メンバーの誰もが平等で、誰かが特別ということがないように気を配っているのに、相手は特別になりたいから、齟齬が生まれるんだなとのちのち気づきました。

　わたしはあまり承認欲求がないので、気づけなかったかも。

麻衣子：「他者承認」と「自己承認」があるから。Sayaさん、「自己承認」はできていて、もがいてないですよね。

Saya：達観していました。国語以外できないと諦めるしかないんですよね。運動なんて、テニスラケットにボールが当たらないから諦めるしかない。

麻衣子：わたしの師のひとり、世界屈指のメディカル・インテュイティヴ（直観医療）のキャロライン・メイスさんも、「歌は下手だから、絶対、歌手にはなれないの。そういう作りになっていないから」って笑っておられましたよ。自分の魂の約束は、ティーチャーやライターになることで、歌手になることじゃなかったからって。Sayaさんの場合も、テニスプレイヤーになる約束じゃなかったから。

「なかなか認めてもらえない」気持ちで、まわりの人が風に

乗っていくのを見て、「自分だけ置いていかれそうで」焦ったり、不安になったりしている場合は、心の庭にアクセスして、「安心、安全」をまず満たして、自分の内側に「居場所」を見つけてから、インナーチャイルドを癒していけるといいですね。

　どんな年齢になっても、気づいたときにやり直しは可能なので、過去を嫌ったり、恨んだりするんじゃなくて、「気づいてよかったね」って前向きに取り組んでいくことが大事です。ただ嘆くんじゃなく、恩恵に光を当てていく。「自分にはハンディがいっぱいある。みんなと同じスタートラインに立てなかった」という場合も、本当は、それすらもギフトで、魂が計画してきたことだから。

Saya：癒されていないことも、癒されたときにギフトになるんですよね。ただ、「置いていかれたくない」みたいな方は、最近、本当にたくさんおいでになる。

「Sayaさんに追いつけない、かなわない」って言われたこともあるのですが、「やっていることが違うのだから、追いつくこともかなうこともない話でしょう」と思うのですが、この方は、「自分には何もない」という思いでいっぱいになってしまって、何を言っても届かないようでした。今のわたしには救えないなら、自分で自分を救ってくれるものを見つけてもらうしかないので、手を離すしかなかったのですが、どうしたらよかったのかなあと心に残っていますね。

　わたしと接点があると、自分にはないものをわたしがもって

いるように思い、羨望を抱いて苦しくなるなら、わたしとは離れて、「自分で自分を癒す」って決意するほうがその方のためになるはずなので。ずっとひとつの会社でお勤めしていて、わたしより、よほど能力のある方だったので、なぜわたしに対して、複雑な感情を抱かれるのかは疑問なんですけど。

　おうし座に天王星が入る直前の、2017年頃も混乱していた方が多かったんですけど、惑星がポンと星座を上がるときって、こういうことがありますね。これまでつながっていた先と周波数が合わなくなるので、自分の軸がブレブレになるように見えます。2023年と2024年は、冥王星がやぎ座とみずがめ座を行ったり来たりしていますから、どこに合わせていいかわからなくて、ものすごく慌てている方がまた増えている気がします。

麻衣子： 呼吸法をお教えしても、続けられない方もいらっしゃいます。とくに依存傾向の強い方や、寂しがりやさんは、なかなかひとりでは続けにくい。だから、コーチみたいな誰かがついて、チェックしたり、励ましたり褒めたりしてもらいながら、楽しく取り組めるとよいかもしれませんね。

Saya： なるほど！
「Sayaさんとつながって、自己実現したい」みたいな方もたくさんいますね。

麻衣子： パートナーシップをSayaさんに投影していらっしゃるのかな。

Saya： どんなに素敵な方でも、インナーチャイルドが暴れて

しまうことがあるんですよね。なかには、恋愛や結婚の相手に求めるような理想や依存心をこちらに向けてくる方もいらっしゃいますね。シングルの方に限らないのですが、深く人と関わることをしてきていないのかもしれません。たとえば、若い頃に結婚して、すぐに父と母になって、役割を果たしていればよかったという方は、実は、誰にも本当の自分を見せたことがないのかなということもあります。それで、セッションを通じてではあっても、何でも話せるわたしを親友のように勘違いしてしまわれるのかも。

パートナーシップも一度やったら、もう必要ないとなるかもしれないんですけど、パートナーシップを経験していないと、取り組み方を学べていないこともありますから。また自分に不足しているものに羨望を抱くという先ほどの話だと、自分にパートナーシップがないと思うと欲しくなるという面もあるのかもしれません。

麻衣子：本来、パートナーシップを求める場所ではないのに、それが出てきてしまうのは、潜在的にハングリーな部分だということでしょうか。シングルの方なら、パートナーシップが欲しいのだと気づけるといいですね。つまり、その人のインナーチャイルドが求めているのかもしれません。

Saya：ああ、そうですね。本人が気づいてくれるといいですね。結婚している方なら、役割分担になってしまったパートナーとの間で、もっと深い理解が欲しいとか。

　それから、最近は、起業したいとか何かやりたいという会社員の方も多いですね。

麻衣子：本当に生きがいを感じられて、また、それをしなければ、人生を後悔すると思うほどのことなら、チャレンジすればよいと思いますけど、そこまで覚悟がなかったら、生活がなり立つことを優先したほうがよいかなと。

Saya：これからの時代は、大きく変えるより、「ちょっと」思いついたことを、「ちょっと」やってみるのがいいと思いますね。上場企業に勤めているときにやっていたような、大がかりなビジネスを計画するのは未経験の個人では難しいし、たとえ法人格を得て融資が受けられても、資金がもたないことも多いですよね。そういうことは、大きな船でやることだし、頭ですべて考えようとしても、そんな絵に描いた餅のようには現実は行くわけがないです。

　もちろん、経営やビジネスがしたくて、MBAも取って、資金調達もして、起業するとかだったら、また違う話ですけれど。リタイアしても会社にいるのと同じことができるとは思わないほうがいいかなと。

　また勤めていたら、何もしなくても仕事が降ってきますが、個人でも法人でも、自分でやったら、仕事を取ってこないといけない。そうした当たり前のことがピンと来ないまま、メディアの影響で、「何かやらなくちゃ」って焦っていたりされると、「危険だな」と思います。でも、わたしたちくらいの世代だと

女の子が仕事をする教育がされていないので、「小さいことからやったほうがいい」という意味がなかなか通じないですね。

麻衣子：「いきなりプロ野球選手にはなれませんよね」って、わたしもよくお話ししています。セラピストもトレーニングを重ねていくという意味で、アスリートや職人のような世界に近いんですよね。

Saya：占星術や星占いだとそこを勘違いして、甘く見てしまうのかもしれません。資格が要らないから、できるんじゃないかって。でも、民間資格しかない領域のものほど、実は、仕事として成り立たせるのは難しいですよね。ライセンスのない仕事と言いますか、国家試験に受かれば、ある程度仕事になるというものではないから。

麻衣子：ほぼ同じ状況ですけど、たとえ今まで別の仕事をしていたとしても、倫理観があって誠実で、コミュニケーション能力があって、人から信頼される人は、セラピストの道にも入りやすい。どんな職業でもそうですが、やはり大事なのは「人間力」になりますね。

Saya：何の仕事でも業界でも、「自己実現欲求」の第5段階くらいまで行っていれば違うんですよ。

麻衣子：そうなんですよ。「セラピストになることで、認められたい！」という、「自分の承認欲求を満たすために、人を癒したい」というのは危険ですね。「人のため」といいながら、実は自分の欲のために人を利用することになってしまう！

本来、「癒し」はその人自身の治癒力が発揮されて起こるものなので、「人を癒す」というのは少し傲慢な表現になってしまいます。正しくは、「人は癒える」なんです。セラピストやヒーラーは、それを「促す」役なんです。

Saya：ホメオパシーやフラワーエッセンスの考え方も同じですね。本人に気づいてもらうことで、癒しのプロセスをスタートさせる感じです。

自分にできること、これからできることを問い続ける

Saya：「みんなが不安を感じているから、起業したほうがいい」って言ったほうが反響もあるとなると、そればかりメディアはやるから、うのみにしないでほしいです。「人生100年時代」心配するより、今健康であるために、きちんと睡眠時間をとるほうが大事だと思いますし、「百年あると思わないほうがいいですよ」と言いたいです、むしろ。

麻衣子：戦後の大変な荒波を生きてきた世代と違いますよね。

Saya：そうですよね。それだけ才覚や体力がある人たちが生き延びているだけ。戦後のほほんと生きてきたわたしたち全員がそうなれるわけではない。メディアの言うことより、今目の前にある、自分の感性でいいと思ったことをちょっとやってみる。普通の人はショートスリーパーじゃ無理だし、「できない

ことはできないでいい」って毎度言っているんですけどね。

麻衣子：「できない」ことにも意味があるし、問題視する必要もないですよね。いつもハートフルネス瞑想でやっていますけど、自分にできること、これからできることを問い続ける。小さい近未来、今これから。今を軸にして、できることをしていくことで、人生のいい道が作られていくから。さらに、もっといいことができていく。

Saya：雑草がいっぱい生えていても、雑草を取ったら、いい花壇になるかもしれないな、くらいから始めたらいいのかなと思います。雑草を取って、球根を植えて、かわいい花が咲くようになったら、ミツバチや鳥が来るようになるかもしれません。

　お金をかけて、大きな橋を渡そうというようなことばかり考えていると、「お金がないからできない」になってしまう。そんなだいそれたことじゃなくていいから始めてみて、ってずっと言っているんです。

　わたしは、ライフスタイル分野の雑誌の編集もしていたので、うまくいっている方の取材もたくさんしてきたのですが、これまでにない自分の価値を創造してきた人は、みんな小さなことから始めているんですよね。世界的なブランドだって、ひとつの靴やおもちゃから始まったかもしれない。今の上場企業のように、リサーチャーが草刈りして、「こういうことがうまくいっているらしい」「流行っているから、やろう」というのは人的、お金のリソースがある会社がやること。自分と関係な

いことを今やっているから喜びがないのだから、せっかくひとりでやるなら、小さくても喜びのあることをやったほうがいいでしょう、といつも言うのですが。

麻衣子：うまくいくところの結果だけが見えてきているから、「早くああいうところに行きたい」ってなってしまうのかな。結果を出すことにばかりこだわってしまって、一番大事なプロセスがおろそかになってしまうのかも。

　でも、成功する人は、「失敗したら、どうしよう」とか、先のことを恐れていないですよね。できるかできないかを心配するより、「やるかやらないか」ですよね。もしもできなかったら、そこでまた考えて、何か学べば、また何か見えてくるだろうし。人生に保証はないですから。

Saya：ぼんやりしたビジョンは必要ですけどね。

麻衣子：そうですね。「自分にできることはこれかな？」と思ったら、何かボランティアをしてみるような感覚で、行動に移してみればいいと思います。本当はやりたくないのに、義務感などでやらねばと思っているときは、なかなか行動に移しにくいし、やってみてもつまらないかもしれません。でもやってみて、「楽しい！」と感じられたらいいですね。

Saya：そうですね。定年後、何かやらなくちゃいけないと思いつつ、準備が進まない方は、本当は、やりたくないのかもしれません。「月にたとえ売り上げが5万でも10万でも、できることを探したらいいんじゃない」って言うんですけど、「きらき

らした、特別な存在になりたい」みたいな思いが先に来ることもありますよね。メディアが煽るのがやっぱりよくないのかな。

憧れとコンプレックスの裏に隠れているもの

麻衣子：メディアや社会から、わたしたちは情報や価値観を刷り込まれているので、"脱催眠" が大事だと思います。日本にいると、アメリカ寄りの情報や視点が当たり前だけれど、オセアニアに行くとイギリス系だなと思うし、また国によって、入ってくる情報が全然違う。だから、いろんな環境に行ってみるのは大事ですよね。

Saya：そうですね。わたしも、もともと海外の児童文学で育ったので、日本的価値観ではないものが根底にあったと言いますか、男尊女卑が残る時代に仕事をしてきたはずなのに、生活雑誌の業界って、女性の先輩も多くて、そこまでは感じないで過ごしてきたかもしれないなと思います。また、フリーランスになった30代はヨーロッパにたびたび行って、友達の家に置いてもらったりもしていたので、余計に気づかないところもあったかもしれません。沖縄や京都に移住して、地方の方のセッションを重ねて、「こんなに我慢している人が多いのか」とびっくりしたんですよね。「日本社会の "無理ゲー" にこんなに合わせているなんて、みんないい子すぎる！」と。

古い価値観が残る社会でも、そこだけしか知らないなら、そんなものと思えるけれど、外から情報が入るようになるときは、実は、一番苦しい。だから、苦しんでいる女性たちがたくさんいましたね。俯瞰して、メタ認知ができるようになればいいんですけど。

麻衣子：日本は言葉の壁があるから、まだ鎖国状態と言うか。AI翻訳などでだいぶ変わってきましたが。

Saya：沖縄なんかでは見る目をもてば、違うんですけども。地政学的には中国もアメリカも日本も、メタで見ることができるので。

麻衣子：メタ認知がめちゃくちゃ大事。

Saya：ホロスコープでは10ハウスがメタ的なハウスなのですが、わたしは出生チャートでは10ハウスに星が多いために、メタ視点でモノを見るくせがあったのかもしれません。

　自分に自信がない、自己否定があると、軸がないから、きらきらしたものに惹かれて、ぐらぐらするのかな。

麻衣子：自分自身の本質を内側から輝かせるしかないですよね。

Saya：ぐらぐらしたとき、力がつく前にインスタで発信しようとかなっちゃうと危ないですよね。自分の生活をきらきらした人に引っ張られないくらい充実させていかないと。

　きらきらした人にひっぱられてしまうと、生活のなかでその人に会う時間だけがすばらしくなってしまって、依存してしまう。そうなったときは、その人に会うよりも楽しく、充実感を

得られる時間を生活のなかで増やしていくことですよね。

　つまり、依存が行きすぎてしまう人は、自分の生活がつまらないんだと思うんですよね。

麻衣子：みんな、「こういうふうになりたい」という人を見つけるのは大事なことなんだけど、そこにちゃんと純粋な尊敬があって、尊敬する部分は自分のなかにも種があって、似たような素質をもっているから、その部分を自分のなかにも育てていく。それができれば、とてもすこやかですよね。

Saya：ちょうど年末にそんな記事を書いたんです。尊敬がないと、欲しいものをもっている相手から奪うことになっちゃうんですよね。尊敬のあるなしで、奪うのか、豊かにするのかが決まると思います。

麻衣子：その人がきっかけで、自分が成長できたって結果になれば。

Saya：感謝できればいいんですよね。

　どうしても、光が濃いところでは闇も濃くなって、光と闇のコントラスト、ギャップが生まれる。シャドウが忍び込んでしまいますよね。

麻衣子：誰でもコンプレックスはありますが、それを認識できていないと、その奥には不満や怒り、劣等感が隠れているので、憧れている人に対し、こんなふうになりたいと思ったときにも、そういうネガティブな感情が出てきてしまう。それで、素直に尊敬できなくなってしまうんですね。

Saya：なるほど！

麻衣子：だから、素直な気持ちも、憧れている人にはなかなか言えなかったりするんですよね。好きだけど、腹立たしいみたいな感じ、複雑な気持ちなんですよ。だから、自分のなかのコンプレックスやシャドウの部分をわかって、共感していくことが大切です。たいがいインナーチャイルドなんですよね。傷ついたインナーチャイルドがいるんです。

Saya：ウーンデッドっておっしゃっていた。

麻衣子：おそらく読者さんの多くは、社会人としてある程度、役割を果たされて、承認されてきた方ではないかなと思います。でもどこか、このままでいいのかな、もっと生きがいを感じられることがしたいなって思っていらっしゃるんじゃないかしら。

Saya：そうかもしれないですね。昔、セッションの事前ヒアリングで、人生の満足度を聞いていたことがあります。70パーセントくらいの方が多かったですね。

麻衣子：満足度70パーセントというのは、高いほうだと思いますが、一見、自己実現しているようで、内面的には今ひとつ満たされていなかったり。

Saya：わたしも星占いを書き始めたあたりはそうだったかもしれません。フリをしていたつもりはないんですけど、自分のビジョンとしては、もっとゆっくりやるつもりだった占星術の仕事がダーッと押し寄せてきてしまって、来るものに対応して

いくことで精一杯でした。本当の自分を隠しているつもりはないけど、自分のなかに癒されていないものもいっぱいあるとわかっているのに、現実がどんどん華やかになってしまい、きらきらしているけれど、なんだかイミテーションに思えて。

　その当時は、だから、自分のことも癒せていないわたしがセラピストだなんてとんでもないと思っていましたけれど、そのうち、自分を癒さないと何も進まないなあとなってきて。必要に迫られて、自分を癒してきたかもしれません。すると、他者の癒しのお手伝いも、少しずつできるようになってきました。

　ただ麻衣子さんのような寄り添うカウンセリングではなくて、問題解決のコンサルテーションというタイプですけれど。

麻衣子：わたしもそうで、思っていたより、急な展開になっていった。もっと時間をかけて、大学院に行ってから臨床心理士になろうと思っていたのに、前世療法に出合ってしまって、思わぬ展開になって。「ともかく現場で学びなさい」とまかされた感じでした。医療従事者でヒーラーである夫が二人三脚でやってくれたことに加え、夫の家族は医師が多く、応援してくださったことが、心強い支えだったと思います。

　Sayaさんは、新種のミューテーションみたいなところがありますよね。

Saya：新種！　そうなんです。わたしは、パンデミックで世の中に広まる十年以上前から、リモートワークやワーケーションなどをやっていたので、最初はみんな、意味がわからないん

です。でも、あとから時代がついてきて、わたしのような人も増えていくので、理解されるようになるというのがいつものパターンです。最近は、だいぶ生きやすくなりました。

麻衣子：ちょっとしてから時代がそういうふうになっていく。最初の頃はめちゃくちゃ珍しい、希少な動物みたいなんですよね。

Saya：そういうお役目をやらされるんですよね。

麻衣子：そういう人たちは人数がそんなにたくさんいるはずないから、しょうがない。

Saya：はい。

麻衣子：個人主義と特別意識を次の次元に昇華させたいですよね。ひとりではやっていけない。他人をリスペクトしたり、依存じゃない協力のバランスを取りたいですね。

Saya：結局ある程度、力がついてこないとそういう段階に行けないんですよね。自分のほうに力が足りないと認めるのはなかなか難しい。力が足りないとわかっていても、エゴが邪魔をする。それがコンプレックスだと思うので。

　わたしは社会的には何者でもないのですが、22歳くらいから、好きなことで生きていくことを考えていて、32歳で会社を辞めている。現在、52歳、本が出る時点では53歳なので、ずっと会社員の人よりは、「好きなことをフリーでやって、お金も稼ぐ」という意味ではわかっていることも多くなる。そこで、経済的な自立をするために、会社勤めを続けるという道を選んだ方との間には大きな隔たり、川があるんです。どっちが

上でも下でもない、違うんですよね。でも、コンプレックスをもたれることもあります。

麻衣子：無理にこうならなきゃって思う必要はないんですよね。今からできることをすればいい。

　ナウシカだって、風に乗れるようになるまでには練習したはずです。最初から乗れたわけではないですよね。何度も落ちたりコケたりしたはずだし、筋トレもしたはずだし、風を読む研究もしたはず。やったことがないなら初心者ということを認めて、初歩から取り組めばいいんです。この年になって恥ずかしいとか思う必要はない。

Saya：やったことがない方は、その人がその段階になるまでにどのくらいやっているかもわからないから。素敵なあの人じゃなくて、ひとりひとりになればいいって言っているんですけど。

麻衣子：『ピーターパン』に出てくるティンカーベルを題材にしたディズニー映画があるのですが、1作目がすごくよくて。ティンクは、ものづくりの妖精だったんです。でも、ものづくりって、ちょっと地味だから、もっと光の妖精とか、お花の妖精とか、お水の妖精とか、素敵な子たちがいっぱいいて、ティンクにはきらきらして見えていたんですよ。「自分は何の道具をもって生まれているんだろう」というなかで、自分のギフトみたいなものを確認する儀式があって。水の妖精なら水滴が現れたり、お花の妖精ならお花が現れたりするんだけど、彼女は

金槌みたいな道具が現れて。可愛くないって、がっかりするんです。

　それが受け入れられなくて、お友達のお仕事を手伝いに行ったりするんだけど、ことごとくうまくいかなくて。それで、ものを作ったら、すごくうまくいくんだけど、なかなかそれを認めるには時間がかかったという映画なんですよ。とても可愛く表現されていて。ラストは、ものづくりの彼女の才能がみんなを救う。みんなで力を合わせて、春をもたらすことになるんですよね。大人にも見てほしい、素敵な映画ですけど、やっぱり、目に見えないツールを全員がもっているはずなんですよね。Sayaさんみたいに書ける人なら、羽根のペンみたいなね。

Saya：「本当に、ペンより重いものをもったことがなくて」って言うと、嫌みに聞こえるんですけど。

麻衣子：才能ある職人型の人だとわかりやすいんだけど、お世話する妖精とか、映画では動物のお世話をするっていう奉仕の魂が表現されているんですけど、人間だったら介護士さんとか保育士さんとか。誰かをサポートしたりヘルプしたり、毛布与えてあげて、何かを食べさせてあげてが得意な人。

Saya：ね、みんな才能をもっているはずなんですよ。

麻衣子：プライドが邪魔しちゃうのかな。プライドで、自分の挑戦とか成長とかの機会を削いじゃうのはもったいないですね。プライドなんか忘れて、童心に戻ってやってみよう、と純粋に思えるといいですね。

準備ができると、天はふさわしい役をまかせてくれる

Saya：いよいよ3日目になりました。

麻衣子：今日もよろしくお願いします。スピリチュアルな上からのガイダンスってあるじゃないですか。

Saya：はい。

麻衣子：高次元の視点から人間界を眺めてみると、人類全体にこういうふうに成長してほしいというのがあって。それをリードしてくれたりする人たちを上からチェックしているんですよね。こういう役割をしてくれる人がいないかなあといつも探していて、この人には準備ができたなあと思ったら、リクルートして、任務を与える。そういうイメージなんですよね。

　その任務が降りてきたときに、素直に、「はい、やります」と純粋に、まっすぐに取り組める。謙虚さと勇気、行動力をもっている人は、天から押されるわけなんですよ。応援されるんですね。

　なぜなら、それは自分のためだけにやっていることじゃなくて、結果的にみんなのためになって、変化を引っ張っていける人だから。そういう人は、常に上から見守らていて、「あなた

お願いね」「きみ、よろしく」ってプロデュースされているんです。なので、プロダクションに所属している俳優さんみたいな感じで、「今度、こういう映画の役があるんだけど、あなたやってみてくれない？」みたいな。

Saya：わかりますね〜。

麻衣子：たとえば、ある俳優志望の人がいたとします。すごく茶道が好きで、身だしなみ、身のこなし、姿勢、所作などをたまたま訓練していたら、茶道の必要な役を引き寄せられる。あるいは、バレエやダンスを好きでやっていて、すごく上達したら、ダンサー役に抜擢されるとか。自然な向上心でもって、好きを追求しているだけで、それが次の仕事につながっていったりするわけじゃないですか。それとまったく同じで、わたしたち、どこにも登録されていないですけど、宇宙の人材バンクには登録されているんですよ。

Saya：はい。わかります。運営から推される感じですね。そういうことが年々増えていますね。今何でこれをやっているかわからないけれど、夢中でやっていることの理由は、あとからわかるんだろうなって思っています。

麻衣子：Sayaさんも「あなた、書いてみる？」みたいな感じで、自然と導かれてきましたよね。

Saya：イメージとしては、ものすごく好きでやっていると、「神さまに見つけられる」みたいな感じなんですね。

麻衣子：そのとおり！　まさにそれ。

Saya：星を書き始めたときとか、たぶんそれで。知識量とかじゃなくて、星への情熱や取り組み方がすごかったんですよ。それがあると、道はひらかれていくものなんですよね。

　最近、「神さまに見つけられたんだな」と思うのは、下半身麻痺と戦うYouTuber、りおなちゃん。言語能力が高くて、しかも明るくてかわいくて、けなげ。「人にお世話になってばかりだから、ボランティアをしたかった」「落ち込んでいる人も楽しませてあげたい」「生まれてきてラッキー」「人生は恩返しのパーティ」なんて言葉が小学校1年生で出てくるなんて。今はもう2年生なのかな。

　ただ自分のこれまでを考えると、スタートは最高だったとしても、人生のなかで「もっと学びなさい」と言われているように感じることも起こるものだという気がします。あまりうまくいかなくなったときにも地道に続けられるか、お金儲けに走ったりしないかも見られていると言うか、"お試し"がやってくる気がするんですよね。

麻衣子：あります。進級試験みたいに、試されることが。進級試験みたいな。

Saya：華やかに、スピーディに推されたいとみんな思うみたいですけど、よいように天から推されるということは、きっとゆっくりなんです。

麻衣子：そうそう、もっと本質的な、純粋性が必要だと思うんですよね。それは、上からは一目瞭然でわかっちゃうから。曇

りがあれば、試練を与えられたりして。

Saya：自分でやってみないとわからないこともありますしね。間違ったほうに乗っていたら、大きく転んでいたなと自分も思うことがあります。

麻衣子：天のほうは親心で見ていてくれるから。間違ったことがあっても、「それで学んで、また成長したね」と見てくれるものですよ。決して、見捨てるものでもないし、すでにどんなに失敗しても、見守ってくれているんです。「あなたクビです」みたいに終わるプロダクションではないので。成長のために必要な体験が与えられて、「全部ありがとう」ってなっていくんですよね。

だから、「運勢がよくなりたい」とか「人生において成功したい、好転させたい」とか思っている方にお話しするんですが。ともかく天は、準備ができた人に最適な役割を与えてくれるから、自分を磨いておいたり、これは好きでできますよというものをもっていたりすると、無駄にはならないですよね。「こんなことしていても何もならない」とか思わないで、すぐさま仕事にするとかじゃなくて。好きなことはやっておいたほうがいい。お天道様は見ていますから。

Saya：今さまよっている人は、それをやらせてもらっているのも、もう恵まれていると思ったほうがいいかもしれないですよね。自分探しができるのって、結構贅沢なことかもしれないですよね。

麻衣子：自分探しをするどころじゃない場合もありますね。強化トレーニングみたいな試練の期間中とか。

Saya：はい、ヤングケアラーのような方もいるし、災害に遭っている方もいる。そんななかで、自分のことを考えていられるのはすごく恵まれていることです。それに、初めはさまよっていても、戦士がだんだんツールを手に入れていくみたいになる人もいるから、何ごとも無駄はないんですよね。厳しい環境のなかで、生産性をもって動くことを学んでいるという意味では、会社勤めが無駄になることは絶対ないと思います。能力が高い人が本当に多いです。

　天が与えてくれるものも、たとえば、セッションなどもつらいときもありましたが、それでも来てくださる方がいるからやっていると、もう十数年やっていることなので、「素敵な時間が過ごせたな」と思うことが以前より増えてきて。自分では苦手意識があることが能力ということもあるし、あまり簡単に答えを出さないほうがいいと思いますよね。

麻衣子：ティンカーベルの映画みたいですよね。

Saya：本当にそう！

「ハートフルネス瞑想」を始めた理由

Saya：麻衣子先生の「心の庭療法」と「ハートフルネス瞑想」

などいくつかのメソッドがあります。改めて、違いをうかがってもいいでしょうか。

麻衣子：呼び名がいろいろあって恐縮ですが、第3章でご紹介したように、「ハートフルネス瞑想」は、「ハートフルネス」という心の状態になって、ハートの声に耳を傾けるための短い瞑想法です。ハートマス研究所の自己調整メソッドに基づいているので、5分程度で心身を調和させ、自律神経を整えつつ、潜在意識にアクセスする訓練になります。

Saya：レジリエンスを高められるんですよね。ハートマス研究所のメソッドに興味をもったきっかけは何だったんですか。

麻衣子：ヒプノセラピーのセッションではよくなっても、家庭や学校、職場などの環境で、元に戻ってしまうこともあって。3歩進んで2歩下がるような。とくに発達障害や適応障害、パニック障害などで、心の体質や傾向を改善したい人たちが、ご自分で日頃からできる簡単なメソッドが欲しかったんです。

　おうちでプラクティスしていただくことで、ストレスホルモンの分泌を減らし、セッションにお越しいただいたときに、デバイスで測って瞑想の効果を可視化できると「本当にできているんだ！」と、みなさん自信がもてるんです。

Saya：ああ。わたしがホロスコープリーディングをしたときに、その人のおかしなエネルギーのゆがみの根っこを見つけて、お話をする。そのときは晴れやかに帰っても、しばらくすると忘れちゃうんだろうなあと思って。もって帰って記憶でき

るといいなあと蘭のフラワーエッセンスを取り入れ始めたのに似ているかもしれません。

　星まわりがあるので、ある時期、同じようなことがどこでも起こってくる。援助者的な場所って、社会のゆがみがやってくるので、余計に似てくると言いますか。

麻衣子：呼吸法に、ヒプノセラピーの要素を少し加えた瞑想法なので、それを実践することで、ヒプノセラピーにもスムーズに入れるようになるんです。

Saya：それ以前は、素直じゃない人は抵抗があって入りづらいとかがあったのですか。わたしのセッションにおいでになる方も、ずっと星占いを読んでくれているので、すでに心が耕されていて入りやすいとかはあるんですけど。

麻衣子：それもあったかと思います。呼吸を整えていると、頭で考えないで、素直に感じることができるようになるので。

　またハートマスのメソッドを取り入れたのは、クリニカルなケースが増えたからだと思います。わたしは医師ではないので、病気を直接、治療することはできませんが、原因となっているトラウマを癒し、心のもち方やとらえ方など、メンタルを改善することで、結果的に、さまざまな症状や問題傾向が、緩和、改善、または解消されます。うつ、パニック、対人恐怖や依存傾向、コミュニケーション障害、苦手意識や、心の困った傾向や不調など、相談内容はさまざまです。

　二十年前は、まだまだ催眠療法なんてうさんくさいと思われ

ていましたが、だいぶ状況も変わってきて、わたしのスクール
に医療関係者も多く参加されるようになり、信頼し合える精神
科医、小児科や心療内科、産業医などの先生方と連携できるよ
うになりました。「日本医療催眠学会」という、医療関係者が
中心となった研究会の副理事長という重役を、わたしのよう
な、医師ではない女性が拝命したのも、時代の変化かもしれま
せん。催眠ができる医師や医療関係者と、民間のヒプノセラピ
ストとがよりよく連携できるように、微力ながら活動をしてい
ます。

　ハートマスのメソッドは、アメリカ赤十字でも活用されてい
ますし、多くのヒプノセラピストが取り入れて、安全で着実な
トラウマ・リカバリーに役立てています。なので、わたしが
ハートマス認定トレーナーになって、日本でも紹介したとこ
ろ、医療関係者の方々が興味をもたれたんですね。今後もっと
日本で広く実用されてほしいです。

Saya：なるほど。ありがとうございます。

特別でなければ生きられない世界を抜け出し、自分を生きる人生へ

麻衣子：ただ寂しがりやの人は、ひとりでする瞑想などをなか
なか続けられない傾向があるようです。

Saya：そういうことなのか。わたしは、ずっと孤独に書いて

いるので、ひとりでやるのがそこまでつらいというのがないから、わからないのかもしれない。

麻衣子：Sayaさんのような内向型のタイプは、もともとひとりでマイペースにやるのが得意なんですが、外向型のタイプの人は、ひとりでやってもつまらなくなってしまいがち。誰かがいて褒めてもらったり、インターアクションが欲しいんです。だから、一緒に続けられる仲間やコーチなどがいるといいですね。

　とくに寂しがりやさんは、ヒプノセラピーで、心のなかで寂しがっているインナーチャイルドを癒せるといいかもしれません。また、傷ついたインナーチャイルドの要求が非常に強い場合、なかなかセッションが思うように進まないこともあります。「生きづらさを解消したい。トラウマを癒して、もっと前向きになりたい」などの主訴でセラピーに臨まれるのですが、実のところはそれよりも、「自分の正しさや価値を認めてほしい、かわいそうな自分の味方になってほしい、自分は特別に扱ってもらうに値する」といった要求が強く内在していることがあります。

　講座の場合もそうですが、純粋に学ぶ目的よりも、認められたくて参加したとしたら、学ぶことに集中し切れずに、十分な理解に到達できなくて、中途半端になってしまいますよね。

Saya：確かに、わたしに「愛と所属」の欲求を向けてくる方たちもそうでしたね。

麻衣子：コミュニティのような、ほっとできる居場所が見つか

ればいいのかも。

Saya：みんなと同じつながりだと満たされなくて、もっと特別なつながり、親密なつながりが欲しい方もいるのかもしれませんね。人生に一緒に取り組み、相談するパートナーや家族くらいの立ち位置。あるいは、親が子どもに注目するくらいの愛情。映画の「Barbie」ってご覧になりましたか。

麻衣子：この間、娘のNetflixで観ましたよ。あの映画は、「自分とは何か」というアイデンティティをテーマにしていて、またブレインウォッシュ、いかに社会から洗脳されているか、ということを、バービーランドに住むバービー人形たちをモデルに、実写版で描いているところがかわいくておもしろかったですね。

Saya：映画のなかで、バービーが中心の「バービーランド」なるものがあるんですけど、バービーのボーイフレンドのケンが「バービーランド」を乗っ取って、「ケンランド」にしようとする。バービーの特別になりたいけれど、なれないから、暴走し始めるんですよね。

麻衣子：バービーのようになりたかったら、別の場所に、「自分ランド」を作ればいいのに。でも、映画ではケンがバービーになり代わろうとしていましたね。

Saya：他者のプラットホームを借りてやりたがる人はいますね。ひとりでは自信がもてないのかも。

麻衣子：「みんなから注目を受けたい」とか「自分が一番の特

別な存在になりたい」とか、「権力を握りたい」とかの願望がケンくんのなかに本当はあって。それを抑圧して、いい人を演じていたけど、むき出しになった、みたいな。ある意味、自分の気持ちに正直に、今まで抑えていたアクションを起こすというのは、思春期的な成長の試みでもあると思います。

Saya：ただ思春期にそうした試みをしないで、現実の人間社会では、大人になってから、やっていらっしゃる方もいますよね……。

麻衣子：そうですね。それは「ミッドライフ・クライシス（中年の危機）」と見ることもできて、つまり満たされなかった部分を統合しようとする試みなんです。若いときにやり残したことを満たそうとする、抑えがたい欲求なのかもしれません。ケンくんの場合は人形だから、当てはまるかわかりませんが。

Saya：わたしが「太陽のやり残し」と呼んでいる状態ですね。

麻衣子：バービーは、「誰よりも美しくて、かしこくて、スタイルがよくて、おしゃれで。何でもできて、誰からも好かれる。パーフェクトな女の子であるべき。そうでなければ、自分に価値がない」と思い込んでいる。ケンも、毛皮のコートや自分の家、車やビーチなどの所有物が自分のアイデンティティだと思い込んでいたけれど、「Ken is Me」。ただ、「自分であればいい」と気づくんですよね。そして、プログラムされた範囲で操り人形のように、誰かの期待に応えようと生きるのでなく、本当の自分を主体的に生きるモードへと切り替え、バービーは

バービーランドを卒業していく……。

　バービーも、「わたしの風」に乗って、歩み出したのかな、なんて思いました。

Saya：セッションにおいでになる方やまわりの方なんですけど、生まれ育った家庭環境や卒業した大学、結婚相手、子どもの数などがまったく同じで、同じような人生を生きている方たちに会うことがあるんですね。以前は、「どうしてだろう」と不思議に思っていたのですが、つまり、自分というものがないまま、外側のプログラムに依存して生きているということですよね。親や社会の言うことを聞いていることもあるし、一見、とてもおしゃれで、自分があるようなのに、トレンドに合わせて、バービーみたいに利那的に生きていたら、同じようなバービードールが量産されてしまう。そこには、"わたし"がいないから、"わたしの風"にも乗れない。

麻衣子：そうなんです！　ユングの言うところの、"個性化"と"魂の喪失"の対比ですよね。

Saya：そう、そう。沖縄で言うところの、"マブイを落とした状態"ですね。

麻衣子：まさに！　ユングの言う"魂を失った状態"というのが今、Sayaさんがおっしゃった「わたしがいない生き方」なんだと思います。

Saya：わたしがいないとつらくなる。文字どおり、生きづらく、苦しくなるんです。

麻衣子：羅針盤を失う感じ！

Saya：だから、そういう方たちが羅針盤やわたしを求めて、ホロスコープのセッションにいらっしゃるのかもしれない。

麻衣子：バービーランドって、物質社会の象徴ですよね。目に見える物質世界ばかり追い求めるのではなくて、自分の心の内側に、一番大事な宝があること、そこに本当のわたしがいることに気づいてほしいですね。

Saya：本当に！　"個性"って特別になったり、物質的におしゃれになったりすることじゃないんですよね。みんなひとりひとり、個性的な星の種をもっているのだから、自分になればいいだけなんです。

麻衣子：そう、100パーセント自分になることをすればいい。それは、"個"であると同時に、"全体"である、内側から輝く「わたし」なのだから。

Saya：はい！

「心の庭」を中心に、すべてが展開されている

Saya：心の庭療法については、いかがですか。

麻衣子：わたしはブライアン・L・ワイス博士に前世療法を、リンダ・ローズ博士や、シェリー・ストックウェル博士などにインナーチャイルド療法など他の手法を学びましたが、ワイズ

博士の著書を読んでセッションに来られる方は、前世を見たいというご希望が中心だったんです。

でも、実際のセッションでは、前世を見る前に、インナーチャイルドを癒す必要がある方も多かった。インナーチャイルドが癒されるだけでも十分価値がありますし、また、インナーチャイルドを癒すことで、次の段階で前世も見やすくなって、生まれてきた意味がわかるような、深い魂の気づきを得られるんです。ですので、セラピーは数回のコースで受けていただくことをお勧めしています。

本来、現世の癒しも、前世の癒しも、車の両輪のように、どちらも大事で必要なんです。両方ともひっくるめて、総合的に扱っていくのが「心の庭療法」なんです。安全な心の庭を中心に、すべてが展開されていきます。

Saya：総合して、心の庭療法なんですね。

麻衣子：そうです。心と魂の心理療法という感じです。

なぜ「心の庭」療法かと言うと、誰の心のなかにも「安心・安全な、『わたしの庭』のような特別な領域」があると確信してから、それを「心の庭」と呼ぶようになったんです。その庭に入るだけで癒される。そこでは、休息やエネルギーチャージができて、潜在意識と対話ができて、スピリットガイドやご先祖様の導きが得られて、高次元の自分につながることができる。自分自身を寛容な心で見つめ直すこともでき、いろいろな自分の側面に出会うことができる。その庭がゲートやポータル

のようでもあって、いろいろな時空や次元にアクセスできるんです。

　また、この「心の庭」を使うようになってから、「退行催眠療法」という呼び方がしっくりこなくなってしまったんです。「退行」というのは年齢をさかのぼることを言いますが、「時をさかのぼる」という概念が本当に合っているのかわからなくなって。心と魂の世界に触れれば触れるほど、実際の世界は「一本の時間軸」上にあるのではなく、もっとホログラフィックで空間的な成り立ちで、過去も未来もすぐそこにある感じなんです。そもそも、わたしたちが三次元的な世界観で認識している「時間」という概念そのものが、思考的で……。

Saya：顕在意識。

麻衣子：そうそう、そうでないと、マインドが理解できないだけで、実際のところは、過去も未来も同時に起こっているのが本当だとわかってきて。結局のところは、「今、この瞬間しかない」「すべては今にある」と、とらえるようになったんです。「心の庭」における歩みは、一直線や平面ではなく、ホログラフィックで、円や螺旋状であったりします。内的な感性をひらいて踏み込んでいくと、三次元的な上下左右前後といった常識を超えた、多次元的な魂の領域が広がってくるんです。

Saya：なるほど。

　ギリシア語で、直線的な時間がクロノス。カイロスが主観的な時間なので、占星術ってカイロスの時間なんです。星が「逆

行」するときは、わたしたちの心のなかではのろのろとしているように感じるけれども、実際に「逆行」してはいない。それに星のめぐりも円環ですし、占星術家の松村潔先生なんかは時間も恒星によっていろいろだから、っておっしゃいますよね。

麻衣子：仏教的な世界観に近いかなと。宇宙も星の動きも。魂の成長も円を描きながらね。

Saya：星の螺旋って呼んでいるんですけど。

麻衣子：そのとおり。

Saya：占星術も四季図と言って、エネルギーを見るのですが、春分や秋分で本当にみんな調子を崩すのを、セラピューティックエナジーキネシオロジーをやって実感するようになって。去年と同じ自分ではいけないんですよね。トレンドに合わせるという意味じゃなくて、毎年のエネルギーに波動を合わせていかないといけない。螺旋状に成長していかないと、って思います。

麻衣子：本当にね。

ありのままに存在する女性性、働きかけていく男性性

Saya：ところで、わたしのなかでは女性性はありのままの存在で、男性性は働きかけていくイメージがあったんですけど、麻衣子先生はどうやってとらえていますか。

麻衣子：男性性のイメージは確かに、太陽のような強さや、実

働的な積極性かなと思います。

Saya：生産性を高める、実務的とか。3次元は、男性性が中心ですね。

麻衣子：女性性のほうがあり方、ビーイングが中心ですよね。思考的というよりは感受性や感性のところ。顕在意識は男性性だし、潜在意識のほうが女性性のエネルギーが大きいですね。

Saya：心理占星術なんかでは火の星座と風の星座が男性星座で、土の星座と水の星座が女性星座なんですよね。火＝直観、風＝思考、土＝感覚、水＝感情なんですけど、女性星座のほうが自分の感覚や感情優先なんですよね。風が思考的で、火はビジョナリータイプで、自分がやるべきだとなると進んでいく感じなんですよね。

麻衣子：なるほど。エレメントでわかるんですね。わたしは土と水の女性性も強いですが、実は、男性性も強くて、直観型なんです。

Saya：占星術で言うと、麻衣子先生のホロスコープって月がおひつじ座の男性星座で、おうし座の太陽の女性星座。お父さん似の月とお母さん似の太陽がありましたね。

麻衣子：役割的にはビジョナリーなんですよね。

Saya：それはきっと12ハウスのおひつじ座の月ですよね。精神世界とも関係する。

麻衣子：ある意味、男性性と女性性の両方を使っていると言うか。寄り添う母性はカウンセラー的に発揮して、道を示し、導

く男性性は教え手として発揮しているかもしれません。

Saya：そうですよね。麻衣子先生のホロスコープでは星が集まっているのが12ハウスと1ハウスなので、メインの要素ふたつが並び合っている感じですね。おひつじ座に月、おうし座にも太陽で、それぞれの近くに惑星がいっぱいあって、隣の部屋同士。1ハウスは女性的なんだけど、12ハウスは実はおもしろくて、明るくて。ネットなどでも楽しく発信している感じですよね。

わたしは男性星座の風の星座のグランドトラインという正三角形のアスペクトをもっているんですけど、思考タイプで、非常にバランスが取れているとされます。でも、考え続けないし、楽観的なんですね。問題点をスパッと見つけて、解決するというようなタイプなんです。

でも、そのなかにあるパーソナル天体が全部女性星座なんですよ。何でもパッとわかる大学の先生みたいな自分もいるけれど、パーソナルな自分はガーリー。好みはお人形遊びで、延々とひとりで遊んでいる、という感じですかね。でも、たまに顔を上げると、やっぱり生意気なことを言う、みたいな。

男性星座と女性星座の配分が同程度というのは、ふたりとも同じですけど、わたしのほうが女の子っぽさはありますかね。麻衣子先生はより明るくて、ビジョナリーで、リーダーシップを取る感じですね。

麻衣子：ぴったりで、おもしろい！

母や叔母が旅館の女将として女性性と男性性の両方を発揮するのを見ていたので、わたしも自分のなかのビジョナリーを自然に出せたのかもしれません。女性だから男性を差し置いてはいけないという制限がなかったと言うか。

Saya：ナウシカですからね。

麻衣子：そうですかねえ。男性性と女性性って、ホロスコープで見るとわかりやすいですね。

Saya：はい。わたしがよくファーストカウンセリング的なことでお伝えするのは、「キャリアウーマンでガチガチになっている人は男性性を生きているので、もっと休んで、自分には価値がある、卵子のような自分を思い出して」ということですね。逆に、「ひとりでは何にもできない、怖い」ってたたずんでいる女性的な人は、行動することを意識してみるといいですよね。友達としか旅行したことがないっていう人は、ひとり旅をしてもらうとか。用事のための旅じゃなくて、ひとりで楽しんでみる。ひとりで楽しめない人は、ひとり暮らしもできないし、ひとりで仕事もできないですから。

　麻衣子先生は、どういうふうに説明されますか。

麻衣子：誰のなかにも男性性と女性性の両方があって、どちらかを抑圧しているとうまくいかなくなるとお話しします。女性のなかの男性性も、男性のなかの女性性も、どちらも否定せず、祝福しましょうと。

　最終的には女性たちがより聖なる女性性、アセンションした

女性性を発現できるようになるのがすごく大事で。ゆがんだインナーチャイルドみたいな、傷ついた女性性が癒されて、輝いて、発揮されるようになることで、男性と対等なエネルギーになる。もちろん、男性の側も傷ついた男性性のエネルギーがあるので、それを癒してあげて、男性たちのなかから、聖なる男性性が発現していくのを助けていくのが目標なんです。

Saya：本当にそうですね。

麻衣子：まず、やるべきことは、傷ついた女性性を癒していくことですよね。そうすると、女神やマリアのような女性性が出てきます。それは、母なる地球のおおいなる母性につながるものです。

Saya：インナーチャイルドのあとに女性性を癒すということですね。わたしの過去生でも、インナーチャイルドはそうでもなく、女性性が傷ついていた感じでしたものね。

麻衣子：確かに。

Saya：わたしの赤ちゃんの頃の写真って、金太郎みたいで本当に可愛いんですよ！　でも、女性性のほうは癒しても、癒しても出てきて、なかなか大変ですね。麻衣子先生が女性性を癒すときは、おもにどんな方法になりますか。

麻衣子：女性が虐げられてきた歴史は長いですからね！　魂の記憶のなかで、女性であることで偏見を受けたトラウマ、「女に生まれなければよかった」などのように傷ついた後悔の念を、ていねいに癒していきます。また、セルフケアで瞑想を続ける

ことで、女性性も男性性もジャッジしない平らな心を取り戻していく……。

Saya：ジャッジして、分析して、相手を思考のうえで攻撃するより、ゆるしたほうがラクだなあと、最近ようやく思ってきましたね。

麻衣子：ゆるしや共感、ありのままの受容とか……。個人的には歩みの途上でも、わたしたちの魂にはおおいなる母性がすでに内在しているので、そこにゆだねればいいんですよね。

Saya：昔は、ゆるすと自分が負けるような気がしていましたよね。わたしも、癒されていないインナーチャイルドの思いと言うか、競争していたのかもしれません。でも、ゆるさないというのも執着で、自分の思いを手放さないわけだから、「土の時代」的。ゆるすというのは、執着を断ち切る「風の時代」の生き方なのかもしれません。

麻衣子：ゆるすというのは、上から目線になってしまったり、難しく考えてしまいがちなので、ただあるがままに否定せずに受け入れる、と思ったらよいかも。植物とかの、ジャッジしない、素直な生命のあり方ですよね。

Saya：そうですね！　ジャッジする、つまり相手の言葉をアタマのなかでマルバツをつけながら聞くということを昔はしていた気もするんですよね。自分を癒すなかで、それがなくなって、ハートで受け止められるようになっていきました。

　最近、学んでいるあるワークで植物観察の課題が出たので、

スケッチをしていたんですけど、数週間、その様子をつぶさに見ていると、日食でお花が咲いたり、こっちが枯れても、あっちが咲いたり。まるで世代交代のようだし、家系や人類のようでもあって。生命のあり方そのままだなあと。

麻衣子：わあ、素敵！　人間が植物から学べること、たくさんありますよね。ガイアと言うか、母なる地球の本質が輝くように、女性性を癒していくことがこれからの時代、ますます必要になると思います。

Saya：ひとりひとりを癒すことで、全体が癒されていくんですよね。

麻衣子：ええ。男性ががんばるのをやめようとして、女性が古い男性性を求めてショックを受けることもありますけど、目先のことではなくて、優しいお母さんのような眼で、自分のことも他者のことも見られるといいですね。

Saya：はい！

　ここまで数日にわたって、いろいろお話しさせていただきました。

　最後に、2024年も半分以上、過ごしてみて、どんなふうにお感じになっていますか。

　わたしは、この本の執筆とも時期が重なるのですが、離れて住んでいる東京の父が認知症になるなど、家族のことでいろいろあったので、この本のテーマのレジリエンスを実践しているようでした。「土の時代」に形づくられた基盤が崩れて、次の

場所に飛び移るような感じと言いますか。足もとだけでなく、横からも、障害物が振り子のように何度も飛んでくるんですけど、それをベストタイミングで通り抜けていく。スーパーマリオになったみたいでした。

麻衣子：わたしの場合は、"人生は皿まわし"みたいな感じがしていました。ひとつが安定したと思ったら、もうひとつがガタガタッと崩れそうになって、なんとかまわしながら乗り切るような感じ。親の介護とか、身内や友人の病気とか。

　誰かが倒れて、また別の人が倒れて、「どうしたらいいんだろう」というときに、ともかく落ち着いて、「今、自分にできること」にフォーカスして動いていけば、絶妙なタイミングで着地できますよね。そういうときは、無意識にレジリエンスを働かせていると思うんです。

　大変なことが起こる時期は、重なったり連続したりすることが多いですよね。何が起こるかもわからない。どこがどう傾くか、悪化するかもわからないけれど、潜在意識との信頼関係と、レジリエンスが発動されれば、ベストなタイミングで天のはからいがあって、うまくいくようにしてくれていると信じられます。怖がって、ビクビクしてもしょうがないですから。ライフセーバー的な働きができればいいのかな。

Saya：同感です！　家族に対してなどとくに、ライフセーバーのような能力を発揮している気がします。もちろん、パートナーや妹たちには自分も助けてもらっていますし。介護につ

いても、みんなが「得意」と「好き」をもちよって、動いている感じです。ある意味、とてもみずがめ座的なつながりだなと感じます。職場ではないので強制することはないし、家族だからと役割を押し付けることもないので。

認知症の父の感情がたかぶったときには麻衣子先生のパートナーの文彦先生にも遠隔でヒーリングをお願いしたりして。ケアマネージャーさん初め、たくさんの人にお世話になって、感謝しかありません。こうして、ゆるくつながる感じ、普段は自立しているけれども、困ったときは助け合えるというのが本当にみずがめ座的です。

クレッグ（「大槻ホリスティック」でセミナーをされているセドナのヒーラー、クレッグ・ジュンジュラスのこと）のセミナーにも呼んでいだいたんですけど、この本の大詰めだったので、彼のヒーリングパワーにも助けられました。

麻衣子：お役に立てたなら、嬉しいです。こうして夫やクレッグなど、チームの仲間たちが、それぞれの能力を活かして貢献できることも、また喜びなので。

人生って、マリオゲーム的に取り組んでもいいかもしれないですね。ひとつひとつ目の前の課題に取り組みながら、魂の目的をしっかり果たしていけばいい。道は与えられていて、ゴールに向かって、実は突き進んでいるんですから。

ゲームにもステージがあって、ひとつのステージの課題が達成されると、新しい次のステージの景色が広がりますよね。そ

んなイメージです。

Saya：そうですね。まさに、2024年のやぎ座冥王星からみずがめ座冥王星へのシフトを経て、2025年の春から夏にかけての、ドラマティックと言えるほどの星まわりを迎える。そうした星まわりと一致しています。

わたしの場合は、ライフセーバー的な働き方をしながら、空を上っていくような感覚の一方で、背後にあるために見ていなかった井戸をのぞき込んだような感覚もありました。とくに、両親が年老いてきたことで、心境がすごく変わっています。両親の潜在意識の苦しみも見ることになってきて。

高齢化社会のなか、家族を亡くした方のお話も最近、よく聞きます。大切な人の喪失について、レジリエンスの能力を発揮することも必要かもしれないですけど、どう思われますか。

麻衣子：魂は死なないというとらえ方をしていると、「これで終わりではない、またどこかで会えるよね」と思えるのではないでしょうか。もちろん肉体としていなくなってしまうのは寂しいことですが、死ぬこと自体、悪いことではないので。怖がるのでなく、またできないことを嘆くでなく、できるだけ肯定的なエネルギーを保って、そのとき自分にできる最善を尽くす。もちろん、泣きたいときはちゃんと泣いて。自分も大事にしてあげないと、その人のことも大事にできないから。

Saya：「また会える」というとらえ方はいいですね。人が死ぬのは自然なことなんですよね。魂の存在も、わたしにはリアル

なのですが、わたしは両親の看取りがこれからなので、それを実際に経験したとき、自分がどう感じるのかなあとは思います。これまでたくさんのスピリチュアルな取材をしてきたけれども、わかっているようで、アタマで考えているのとは違うのだろうなあと。

麻衣子：実際に肉親やパートナーを失うことは、経験してみないとわからないかもしれませんね。でもやはり、亡くなっていく人も、見送る人も、どんな「死生観」を持っているかで、「死」との向き合い方がかなり変わってくるのは確かですね。たとえば魂の療法を受けて、前世で一度、自分の死を体験した人は、大切な人の死に寄り添うときに、心のもち方がだいぶ違ったとおっしゃいます。

　また、年を取るほどに「死ぬのが怖くなって、夜も眠れない」という悩みで相談に来られた80歳の男性は、魂の療法を受けて、自分が過去生で亡くなって、肉体を離れたあと、光に迎えられて、天の仲間たちに祝福されたことを再体験されたことで、「死」への恐怖が消え、「これで安心して、年を取れる」と笑顔で人生を楽しまれたということもありましたよ。

Saya：ああ、それはとっても大事なことだと思います。江戸時代まではお寺が役所のような働きをしていましたし、戦後もわたしの子ども時代、つまりバブル期の前くらいまでは、お寺による「安心して年を重ねられる、死ぬことができる」システムがまだ機能していた気がします。今は、宗教が機能していな

いので、死生観が曖昧で、「恐れ」につながっているんでしょうね。沖縄に5年住んでいたんですけど、沖縄では生と死がもっと近くて、自然なものだった気がして……。

ああ、京都のエネルギーが割と安定しているのも、お寺が多いからというのもあるのかも。と言うことはお坊さんも多いし、知り合うお年寄りも生き死にの肌感覚をもっていて、自然な感じ。

お歳を召した方向けの麻衣子先生のご著書もよさそうです！

麻衣子：うわ～、シニア世代の方々のために、お役に立てる本が書けたら嬉しいですね！　確かに、ニーズはあるのかもしれません。

大切な人を失ったあと、「もっとこうしてあげられたらよかったのに」と後悔が残って、自分を責めてしまう方も多くいらっしゃいますね。だから、なるべく、生きているうちに、したいことをして、伝えることを伝えたほうがいいのですが。でも、人の死ばかりは、その人の魂しかわからないタイミングがあるので、何が正解でも、ダメでもない。ただ、自分を責め続けることは、亡くなった人も望んでいないでしょうから、愛する人のためにも、残された人が幸せでいられたほうがいいですね。

そもそも後悔するというのは、「こうすべきだった」とアタマでジャッジして自分を責めているので、ぜひアタマを空っぽにして、完璧主義は手放して。ハートフルネスになってもらえたらと思います。愛する人に対しても、自分自身に対しても、

寛容になって。また、普段からハートに従っていけば、後悔は残りにくくなるでしょう。

Saya：わたし、普段はまったく後悔しないのですが……。親を亡くして立ち直れない人は周囲に結構いるので、本当につらいものなのだろうなあと。

わたし自身は、あのときの自分にはそれしかできなかった、とすぐ受け入れてしまうところがあって。自分に甘いと言うか、期待していないのかもしれませんね。「もっとできたはず」とあまり思わないんです。ただその分、目の前の機会というものは逃さないようにしています。「これは今しなくちゃいけない」と思ったときは必ず動きます。もちろん、それが周囲に伝わらないことはありますが。

麻衣子：決めつけなければ、後悔は生まれないんですよね。他の方法もあったかな。でも、あのときはこれが精いっぱいだったから、それでよかったんだと思えればいいんです。

人生は、全部自分の思うとおりにコントロールはできないので。一見、失敗に見えることでも、親にとっては亡くなるタイミングだったということもあるので。

Saya：本当にそうですね。長い時間、ありがとうございました。

麻衣子：こちらこそ、ありがとうございました。読者のみなさんにはいろいろ人生に起こっても、ハートに軸を置いて、ポジティブに乗り切っていただきたいですね。

Saya：はい。今までの価値観のままだと困難な時代に思えま

すが、違う目線から見ると、おもしろい時代なのかもしれません。それはどんなことにも言えると思います。「かわいそう」「大変そう」と人から思われるようなことでも楽しく取り組むとか、どんなことにも愛をもって生きていけたらなと思います。

第 5 章

わたしの風を読む
2025年からの
星ごよみ

わたしの初めての本は、『わたしという星になる 12星座のノート』というタイトルでした。「わたしという星になる」に込めた思いとは、「なりたい自分」を外側に置いて、違う誰かを目標にするのではなく、ハートのままに、自分の星を自分のなかに育て、活かしていこうというものでした。

　わたしたちが生まれたとき、宇宙からギフトとして受け取った惑星の配置があります。それは生涯、自分のなかにひとつの場として存在し続けます。大槻麻衣子さんの言うところの「心の庭」となり、惑星たちはそれぞれアンテナであり、それぞれの才能として働き続けます。そのアンテナという星を育み育てるなかで、宇宙のエネルギーとときに同調し、ときに反発しながら、わたしたちは生きているのです。

　そのときに自己否定をしていると、自分のなかに本来取り込めるはずのエネルギーが無駄に消耗されてしまい、やりたいことの実現ができづらくなるのも、セッションで何度も見てきました。なぜ自己否定をしているかと言うと、子ども時代の自分、占星術では多くの場合、月ですが、インナーチャイルドが傷ついてしまい、立ち止まってしまっているのですね。

　自分のなかにそういった重荷があると、天と同調しづらくなります。でも、占星術のもっとも基本にあるのは、天と地が同調しているという世界観です。恒星や小惑星まで使う方もいますが、地球も一員である太陽系の惑星の動き、太陽や月の動きが地上やわたしたちの心にどんな影響を与えているのか、見て

いくのが一般的です。

　12星座は、惑星の位置を知らせてくれる番地のようなもの。太陽が、月が、惑星たちがどの星座のどこにあるかを細かく見ていくのが占星術なのです。

　自分の生まれたときの惑星の配置図であるホロスコープを見てほしいという場合は、占星術家を尋ねるのがいいと思いますが、ここではすべての人に影響する、ざっくりとした星の動きを読んでいきたいと思います。

　日々の星の動き、新月、満月のサイクル、日食や月食。そういった天文現象と自分の心模様が一致しているという実感を得ると、自分の心を見つめるのが易しくなります。せわしなく過ごすなかで置いてけぼりにしてきた自分の心が星の動きによって、アップダウンを繰り返したり、怒ったり、楽しくなったりしている。それがわかるようになってくると、まず楽しいですし、星の影響とニュートラルな自分を区別できるようになると、自分を見失うこともなくなります。ちょっと瞑想効果もあるのです。

　星の動きを見つめることは、ナウシカがメーヴェに乗るとき、風を読むようでもありますよね。水星が「逆行」しているから、コミュニケーションが混乱しているんだ。月がかに座にあるから、不安感が増しているのかもしれない。そんなふうに、環境に圧倒されずに、自分が飛ぶタイミングを見極められるようになるのです。

また、嫉妬心や独占欲が高まる配置だと思えば、そんな自分を律することにもつながります。

　もちろん、ホロスコープと言って、自分が生まれたときの星の配置図も読めるようになると、星よみはさらに楽しく、深いものになりますが、まずは、日々の星ごよみを意識することから始めてみましょう。

　この本では冥王星がみずがめ座に入り切る2024年の12月から、2029年まで、5年分の星ごよみを記しました。変化がより激しくなる2025年から、毎日を過ごすなかで、役立てていただけたら幸いです。

冥王星がみずがめ座に入り切る。
時代は新しい価値観へ

　2024年11月20日に変容の星・冥王星がみずがめ座に入り切りました。

　冥王星は、2008年以来、やぎ座にありましたが、2023年の3月24日にみずがめ座に入り、6月11日まで滞在しました。これがみずがめ座へのファーストステップでした。

　いったん、やぎ座に戻ったあと、もう一度、冥王星がみずがめ座に入ったのが2024年の1月21日でした。これがセカンドステップで、9月2日まで滞在しました。

2023年と2024年は、冥王星がやぎ座とみずがめ座を行き来しながら、みずがめ座に移行しようとする期間だったのです。

　わたしのパートでお話ししたように、冥王星は、潜在意識に働きかける天体ですから、わたしたちの心も深いところで、やぎ座からみずがめ座への書き換えが起こっています。

　わたしから見ると、この世に生きているすべての人の潜在意識が影響を受けると思えるのですが、生まれた世代、誕生日、また現在の状況などによって、スムーズに流れに乗れる人とそうでない人が出てくるのは仕方がない面もあります。

　とは言え、宇宙は、全員で、"みずがめ座冥王星時代"に移行するように働きかけているはずです。

　その冥王星が完全にみずがめ座に入り切るのが2024年の11月20日です。これがサードステップで、もうやぎ座に戻ることはありません。

　2024年の秋は、やぎ座冥王星時代の最終章に当たるため、さまざまな思惑が錯綜し、古い価値観の浄化もさらに進んでいるはずです。やぎ座に冥王星が滞在した16年間に活躍した人、権威だった人も、その座を追われるかもしれません。時代が変わることを誰もが納得するはずです。

　それでは2024年12月から、どんな星まわりなのかをお話ししてみましょう。

火星の「逆行」により、自己中心性、身びいきな傾向も

　2024年の12月は、わかりやすく1日のいて座の新月で始まりました。思考や伝達の星・水星がいて座にあり、11月26日から「逆行」を始めているので、いて座の象徴する「アカデミックな世界」や「海外」「旅行」などのジャンルで、混乱が起こりやすい月です。

　またわたしのパートでお話ししたように、パーソナルな天体である愛と美の星・金星、行動や戦いの星・火星の「逆行」はある年とない年があります。2024年は年末まで、金星、火星の「逆行」がありませんでしたが、12月7日に火星がしし座で「逆行」を始めます。

　そのため、いて座だけでなく、しし座が象徴する世界でも大混乱が予想されます。

　太陽が守護するしし座は、「生命の喜び」「個人の輝き」を象徴し、いて座と同じ火のエレメントの星座でもあり、勢いがあり、とても直観的です。

　11月20日にみずがめ座に変容の星・冥王星が入り、個人の自由や権利を求める気持ちが強まるなかで、「自分らしく輝きたい」「ここではないどこかへ飛び立ちたい」という心の働きが強くなるのが12月。でも、水星、火星が「逆行」することから、それらが空まわりしてしまうこともあるでしょう。

ただ12月8日にはうお座の終わりのほうで、境界の星・海王星が「順行」。13日には木星と冥王星が135度という角度を取ります。不安感を抱いていた人も、この頃から次第に落ち着いてきたはずです。これまでうまくいっていたものが暗礁に乗り上げることも。

　そんななかで、拡大と保護の星・木星が入っているふたご座では15日に満月が起こりました。ふたご座には「情報、コミュニケーション、学び」という性質があるので、この頃には何らかの真実が明らかになっていることもありそうです。「知らなかったことを知る」ことも。翌日からは水星も「順行」するので、待っていたメッセージが入ることもあるでしょう。

　退屈さ、変わらない日常を嫌い、新しいものを強烈に求める。本当のことを知りたいと願う、一種のお祭り騒ぎのようなムードも感じられるとき。何らかの炎上騒ぎも起こりそう。

　個人の心のなかでは、ちょっと無理をしてでも、新しいことを学びたい、知りたいという心理も働くでしょう。

　それらの言葉の行きすぎがある程度、落ち着いてくるのは、21日に太陽がやぎ座に入ってから。ただ木星と、うお座の現実化とルールの星・土星は、クリスマスの25日に葛藤の配置に。言いたいことがあっても、相手の気持ちを考えると言えないということが起こるかもしれません。

　31日にはやぎ座で新月も起こります。冥王星がやぎ座を去ったなかで、"もっともっと"という数を欲しがるところは

落ち着き、やぎ座本来のまじめさ、落ち着きといったものが現れてくるのではないかと思います。

 ## 2025 年の全体の流れ

　2025年3月に境界を溶かす星・海王星、5月に現実化とルールの星・土星がうお座を去り、おひつじ座に入ります。胸のつかえが取れるような、モヤモヤの晴れる感覚がある人も多いでしょう。おひつじ座の象徴する「自分らしい、新しい陸地へ向かう冒険」に多くの人が心躍らせるとき。ただ、土星も入るので、夢を見るのと同時に現実を見るような、諦めの気持ちも漂うかもしれません。さらに、6月に拡大と保護の星・木星がかに座に。7月に自立や変革の星・天王星がふたご座に。木星が星座を動くのは毎年のことですが、天王星は約7年、ひとつの星座に滞在しますから、これも、とても大きな星のイベントです。2024年11月の変容の星・冥王星のみずがめ座入りから始まった流れにより、扉が次々にひらいていき、2025年の終わりには今とはまったく違う場所に運ばれているという人も多いかもしれません。

2025年 1月

みずがめ座的価値観が高まるなかで、身内を守る意識も

　変容の星・冥王星がみずがめ座に入り切ったことで、新年も、「自由・平等・博愛」を求める気持ちは、とても強く働いていきます。

　行動や戦いの星・火星は「逆行」したまま、1月6日にかに座に戻ります。みずがめ座の「自由・平等・博愛」と違い、かに座は、「身内を守る」意識が強い星座です。変化の激しい外的な世界に対し、自分自身とコミュニティを守ろうとする人が増えていきます。その心の働きは、14日のかに座の満月で最大になるでしょう。

　一方、3日には愛と美の星・金星がうお座に、8日には思考や伝達の星・水星がやぎ座に入ります。2024年の大晦日から始まっているやぎ座的な流れに呼応していく人も、一時的に増えるでしょう。みずがめ座の冥王星がもち込んだ新しい価値観に対し、「いやいや、我々は古い考え方、古いやり方でいくんだ」とがんばる人たちがいるというイメージです。ただ、それはあまり大きな動きにはならないでしょう。

　うお座には現実化とルールの星・土星、境界を溶かす星・海王星も滞在しているので、うお座には金星、土星、海王星が集まることとなり、12日にはドラゴンヘッドもうお座に入りますし、一種のノスタルジーを感じさせます。古いままの場所に

魅力を感じるけれども、そうはいかないことも、全員が知っているように思えます。

20日には太陽が、28日には水星がみずがめ座に。

月末には、みずがめ座には太陽、水星、冥王星が揃うこととなり、そのうえで、29日にみずがめ座で新月があります。31日にはみずがめ座の守護星の自立や変革の星・天王星も「順行」します。この頃になると、みずがめ座の冥王星という新しい価値観に反発する動きも少なくなっていくでしょう。

ただ、その直前、27日には土星と冥王星が45度という配置に。この頃は、古い価値観へのノスタルジーが盛り上がるかもしれません。でも、28日に水星がやぎ座を去ると、やぎ座には天体がいなくなります。「がんばろう、上を目指そう」という心の働きが消え去るとともに、やぎ座の冥王星時代の名残も薄まっていくでしょう。長年の疲れが出て、燃え尽きてしまう人も多くなる頃だと思います。体調ダウンには気をつけて。

2025年 2月　溶け合いたいと思いつつ、制限も。下旬まで火星は「逆行」

月の初め、太陽、思考や伝達の星・水星、変容の星・冥王星はみずがめ座にあるので、2024年の秋以降の変化が現実のものとして、地上に浸透してくるような感じはあるでしょう。ただ、2025年は1年を通じ、とても変化の激しい年なのですが、

2月は、2025年のなかでは目立った星の動き自体は少ないところがあります。

　そんななかで注目したいのは火星です。2024年11月4日にしし座に入り、12月7日にしし座で「逆行」を始めた行動や戦いの星・火星は、2025年1月6日にかに座に戻っていますが、2月もまだ「逆行」しているので、身内を守る、安全のための戦いは続いていきそうです。

　2月4日には拡大と保護の星・木星がふたご座で「順行」し、愛と美の星・金星がおひつじ座に。情報が錯綜していたのが落ち着き、自分らしくありたい気持ちが高まるなか、12日にはしし座で満月が。生きている喜びを感じたいという高揚感があるでしょう。

　ただ14日には水星が、18日には太陽がうお座へ。相手と溶け合い、共感したいという気持ちも高まりますが、うお座には現実化とルールの星・土星、境界を溶かす星・海王星もまだあるので、溶け合いたいと思う一方で、壁を感じることもあるかもしれません。

　24日に火星が「順行」し、28日にはうお座で新月が。混沌とした状態がリセットされてくるでしょう。

金星が「逆行」。月末に海王星が
おひつじ座へ。おひつじ座では日食も

　3月は、境界を溶かす星・海王星が星座を移動するという、とても大きな星のイベントがあります。でも、それは月末のこと。3月頭に気になるのは愛と美の星・金星の動きです。

　せっかく2月24日に行動や戦いの星・火星が「順行」したのに、3月2日には金星がおひつじ座で「逆行」することになります。防衛意識が働き、慎重になったり、トゲトゲしたりしたのが落ち着くものの、今度は、勝ち気さが逆方向に働きやすくなるでしょう。オリジナルでありたいと願いつつ、自分らしさを発揮できない状況にあると、嫉妬心も生まれてしまうかもしれません。

　3日には思考や伝達の星・水星もおひつじ座に入ります。金星も「逆行」したタイミングなので、率直になりすぎると反発が起こりそう。さらに15日には水星まで「逆行」するので、ディスコミュニケーションは表面化していきます。前日にはおとめ座で満月＆月食もあるので、おとめ座が象徴する "秩序" が崩れることがこれ以降、あるかもしれません。

　27日には金星が、30日には水星がうお座へ戻ります。このときには現実化とルールの星・土星と海王星がうお座にありますが、30日の夜には海王星がうお座を去り、おひつじ座に入ることになります。

海王星が動くのは2012年以来のこと。ずっとずっと愛していたものへのノスタルジーがありつつも、ワクワクと新しい対象へと気持ちが切り替わるのがこのタイミングです。前日の29日にはおひつじ座で新月＆日食があり、パイオニアとして、新しいことにトライしようとする人がたくさん出てくることでしょう。

　おひつじ座の日食のエネルギーが海王星のおひつじ座入りを祝福するような、時代の転換点となるタイミングです。

2025年 4月　ノスタルジーが強くなる。徐々に前向きに、独立心も

　3月末におひつじ座で日食が起こり、境界を溶かす星・海王星もおひつじ座へ入ったなかで迎える4月。大きなものに頼らず、個人で生きる人、アイデンティティがはっきりしている存在への憧れが強まるときです。

　とは言え、思考や伝達の星・水星も、愛と美の星・金星も、4月の初めは、うお座で「逆行」しているので、海王星が去ってしまったことへのノスタルジーも強いでしょう。過ぎ去った日々を懐かしむ気持ちが多くの人の心に湧いてくるでしょう。

　4月5日には現実化とルールの星・土星と自立や変革の星・天王星も調和します。経済的自立をしたい人も増えそうです。

　気持ちが前向きになり始めるのは7日に水星が、13日に金星

が「順行」してからのこと。13日はてんびん座の満月でもあり、励ましてくれる人たちの存在に力づけられるとき。生き生きとしたコミュニティに参加しているかどうかで、心境はだいぶ変わってくるでしょう。

そのうえで、16日には水星がおひつじ座へ。18日には行動や戦いの星・火星がしし座へ入ります。感情を表す水のエレメントのうお座に対し、おひつじ座もしし座も火のエレメントの星座なので、自分の感情に没入していた人も気持ちが切り替わりそう。水星は海王星とコンジャンクション（同じ位置）、火星はトライン（120度）になるので、海王星の夢見るパワーも同時に強まってくるでしょう。この間、17日には拡大と保護の星・木星と変容の星・冥王星が135度に。莫大なパワーがぶつかり合うようなイメージも。

20日には太陽がおうし座へ。活気づいたものを落ち着かせるような、そんな安定のパワーが出てきます。28日にはおうし座で新月が。2018年以来の天王星のおうし座滞在も残りわずか。天王星がもたらしている、経済的自立への憧れも強くなるとき。

2025年 5月 海王星に続き、土星もおひつじ座に。冒険に乗り出したくなる

5月1日に愛と美の星・金星がおひつじ座へ。3月末におひつ

じ座に入った境界を溶かす星・海王星とあいまって、リセット願望、新しい自分になりたいという憧れがとても強く働きそう。

ただ5日には変容の星・冥王星がみずがめ座で「逆行」を始めるので、内向きになりすぎたり、コントロールを強めたりと冥王星のパワーがネガティブに働くことも。

10日には思考や伝達の星・水星がおうし座へ。自立や変革の星・天王星もまだおうし座に滞在しているので、経済的自立への願望は、ますます強くなりそうです。

13日にはさそり座で満月が。ミラクルな変身願望も出てくるとき。自然の摂理に従うと、動きはスローなものですが、そういった地道な積み重ねより、一気に変わりたいという気持ちが加速していきそうです。

21日には太陽が、26日には水星がふたご座へ。まだ拡大と保護の星・木星がふたご座にあるうえ、水星はふたご座の守護星なので、多くの人のメンタルのエネルギーが強まるとき。頭の回転が速くなったように感じる人もいそうです。そのうえで、27日にはふたご座で新月があります。「伝える、教える」ということがテーマになっていきます。

この間、25日には現実化とルールの星・土星がうお座を去り、おひつじ座に入ります。3月末の海王星に続き、土星もおひつじ座に入るというのはとても大きなこと。時代の節目であり、多くの人が"自分らしさ"へのこだわりを強めるでしょう。

海王星のうお座滞在は、2011年から始まりましたが、土星

がうお座にやってきたのは2023年。そのため、夢見る気持ちのあとで、それをどう実現化するかというように働いていました。なかには依存にいたっていたものを諦める、やめるということもあったでしょう。

でも、海王星のおひつじ座滞在は、海王星が入って、たったの2ヶ月弱で土星がやってくるという星まわり。それも、直観的でスピーディなおひつじ座らしいのですが、アイデアを思いついたら、すぐに現実化するといった、即断即決が求められそうです。始めてすぐに現実の壁にぶつかるということもあるでしょう。

2025年 6月 木星がかに座入り。安全や住まいへの関心が集まる

3月に境界を溶かす星・海王星が、5月に現実化とルールの星・土星がおひつじ座入りして迎える6月。みずがめ座の初期度数にある変容の星・冥王星とおひつじ座の星たちがぶつからない配置なので、個人ではもちろん、適度な距離でもって仲間とつながり、生き生きと動く人が羨望の対象になるかもしれません。いつも一緒にいる必要はないけれど、ときに応じて、協同して働く。そんなワーキングスタイル&ライフスタイルが影響力をもっていきます。

まずは、6月2日にふたご座の拡大と保護の星・木星とおう

し座の自立や変革の星・天王星が30度に。隣り合ったふたつの星座の間で、普段は結びつかないものが結びつくとき。6日には愛と美の星・金星がおうし座へ。天王星のおうし座滞在も終盤に入り、独立しつつも豊かな暮らしを楽しみたい、という心理が強くなりそうです。

9日には思考や伝達の星・水星が、10日には拡大と保護の星・木星がかに座入り。水星は速いサイクルで星座を動いていきますが、木星は、約1年間、ひとつの星座に滞在し、トレンドを作り出していきます。かに座が表すのはホーム。住まいの安全への関心が高まるとともに、インテリアやキッチン用品などに関心が集まるときです。

11日にはいて座で満月があり、ラグジュアリーな空間への憧れも強まりそうです。

ただ、15日にはかに座の木星とおひつじ座の土星がスクエアというハードな角度に。たとえば、インテリアを整えたいと思っても、家族それぞれの主張があって片付かないなんてこともありそうですね。

その後、17日には行動や戦いの星・火星がおとめ座へ入ります。おとめ座は整理整頓、収納、掃除など、オーガナイズすることに適性が。そのため、断捨離やシンプルライフもこの頃は三たび、流行りそうです。物を処分して片付けたくなるし、21日には太陽もかに座に入るので、すっきりと心地よく住まいたくなるのです。25日にはかに座で新月が。家具を新調するな

ど、具体的なアクションを取る人も多そうですね。

　この間、19日にはかに座の木星とおひつじ座の海王星のスクエアもあります。いくら片付けても、パートナーがカオスにしてくるなんてこともありそう。24日にはかに座の木星とみずがめ座の冥王星が角度を取り、27日には水星がしし座に入ります。物ごとの明るい面を見て、過ごしたくなるでしょう。

● 2025年7月 天王星がふたご座入り。真実の情報を求める人が増える

　3月の境界を溶かす星・海王星、5月の現実化とルールの星・土星。ふたつの惑星がおひつじ座に入り、“自分らしさ”が絶対的なルールとなるなかで、7月には自立や変革の星・天王星のふたご座入りが待っています。

　3月まで海王星が、5月まで土星が滞在していたうお座も、7月まで天王星が滞在していたおうし座も女性星座。一方、海王星、土星が入ったおひつじ座も、天王星が入るふたご座も男性星座。2024年の11月に変容の星・冥王星もやぎ座という女性星座から、みずがめ座という男性星座に移動しています。時代は男性性に偏ることになります。「くよくよ悩んでいるよりは、ともかく始めてみよう」という明るさが出てくるでしょう。

　細かく見ていくと、7月5日に愛と美の星・金星が、7日に天王星がふたご座入り。天王星のふたご座入りに金星が花を添え

ているイメージです。好奇心が強まり、多くの人が真実の情報に関心を寄せ始めます。

　22日には守護星の太陽がしし座へ、31日には金星がかに座へ入ります。かに座には6月から拡大と保護の星・木星が滞在しているので、片付けた部屋でゆとりを楽しみたくなるようなとき。

　一方で、5日には海王星が、13日には土星が「逆行」を始めます。これは毎年ある星の動きなのですが、どちらもおひつじ座でのことなので、新たなチャレンジにおける試練となりやすいでしょう。とくに土星は、おひつじ座とあまりそぐわない性質をもっています。11日にやぎ座の満月があるのですが、結果がはっきりと出やすいため、この春、無邪気にやりたいことを始めてみたものの、結果的に時間がかかるとわかってやめてしまう。そんな人も多くなるかもしれません。

　ただ、18日にはしし座で思考や伝達の星・水星が「逆行」を始めます。自分のせいでうまくいかないとは思いたくないために、誰かのせいにしたくなる人も多いかも。始めるのと続けるのは別物。25日のしし座の新月からは、すばやく始め、ゆっくり続ける。そんな姿勢を大切にしていって。

激動のあとで、穏やかさを求める人たちが増える

　3月に境界を溶かす星・海王星、5月に現実化とルールの星・土星がおひつじ座に。6月に拡大と保護の星・木星がかに座に。7月に自立や変革の星・天王星がふたご座に。これだけ外惑星が立て続けに動くのは、まさに時代の転換点と言えるでしょう。

　オーケストラにたとえるなら、2024年の11月に変容の星・冥王星がみずがめ座に入ったのはコントラバスのような、重低音で響く音が変わった感じ。2025年は、もう少し軽やかな楽器たちが奏でる音色が変わっていきます。さしずめ海王星がピアノ、土星がバイオリン、木星がフルート、天王星がトランペットといったところでしょうか。奏でられるメロディが変わり、ファンファーレが鳴り響くとともに、時代が求めるものも変わっていくでしょう。

　これはもう冥王星が初めにみずがめ座に入った2023年から始まっていることですが、権威的な存在は敬遠され、やぎ座冥王星時代に華々しく活躍した人は、テレビからも消えていくでしょう。

　8月は、激動のあとで、多くの人が穏やかさを求めるようになるでしょう。8月7日には行動や戦いの星・火星がてんびん座に入りますが、このてんびん座は「美や調和」を表しているからです。ただ、誰もがもってまわった言い方をするようにな

るなど、はっきり意見を言うことを嫌うような、てんびん座の性質も強くなるでしょう。

9日にはみずがめ座で満月が。冥王星もみずがめ座にあるなかで起こるので、冥王星がもたらした変容が自分にとって何なのか、あるいはどんな方向に行くのか、少しずつ見えてくるはずです。11日にはしし座で思考や伝達の星・水星が「順行」します。他責傾向は落ち着いてくるでしょう。

12日には土星と天王星が調和し、新しい時代のエネルギーにみながなじんできます。

23日には太陽がおとめ座に入り、同じ日におとめ座で新月もあります。日常へと気持ちが戻っていくなかで、26日には愛と美の星・金星がしし座へ。何か楽しいことをしたい、生きている実感を得たいという気持ちが大きくなっていくでしょう。ただし、24日頃は突発的な出来ごとも。

2025年 9月 土星がうお座に戻り、うお座で満月&月食が

「逆行」している現実化とルールの星・土星が9月1日にうお座に戻ります。土星がおひつじ座に入ってから、いったん新しいことを始めた人もあと戻りする感覚がありそう。「古い場所のほうが居心地がいいわ」という心境になることも。

ただ今月は、月食と日食があるので、一筋縄ではいかない印

象も。この月食と日食が続けて起こる時期というのは年2回あるのですが、エネルギーを揺さぶり、方向を一変させることもあります。

　2日には思考や伝達の星・水星がおとめ座へ。水星は、おとめ座の守護星でもあり、18日まで、高速で仕事をしていく印象です。この間、6日には自立や変革の星・天王星もふたご座で「逆行」するので、ふたご座の象徴する「情報」を得たり発信したりするために、チャレンジがあるかもしれません。

　8日にはうお座で満月＆月食があります。直観が優れるときなので、さまざまな情報が流れ込んでくるかもしれませんが、それは地上波や新聞、雑誌などマスメディアを通ったものではないかもしれません。ネットに関しても、感情的にならないリテラシーが求められるでしょう。

　そのうえで、19日には愛と美の星・金星がおとめ座へ。22日にはおとめ座で、新月＆日食があります。おとめ座は、仕事の星座。人によっては、とても大きなミッションを受け取ることもありそうです。この日はまた行動や戦いの星・火星がさそり座へ。一心不乱にやるべきことに取り組んでいく。献身していくことになるでしょう。

　とは言え、18日に水星が、23日の秋分に太陽がてんびん座に入るので、穏やかさを求め、決断を保留したい気持ちもあるでしょう。まだまだスパートをかけたくないと思いながらも、やるべきことを重ねていくときなのです。

2025年 10月 海王星がうお座に戻る。 古い夢、憧れ、不安が浮かび上がる

　10月7日がおひつじ座の満月ですが、この日にはまた思考や伝達の星・水星がさそり座へ。自分がどうしたいのかが見えてくるとともに、とても深いところまで洞察を働かせられるとき。疑り深いところも出てくるでしょう。

　14日には愛と美の星・金星がてんびん座へ。金星はてんびん座の守護星でもあり、「美と調和」のために人々が連帯して動いていくでしょう。平和への意識も高まるときです。また同じ日に変容の星・冥王星も、みずがめ座で「順行」します。人と人とのつながりが見直されていきます。21日のてんびん座の新月からは、先ほどの「美・調和・平和」へと意識が動いていきます。

　22日には境界を溶かす星・海王星もうお座に戻り、これで、うお座には土星と海王星が揃うことになります。そして、23日には太陽もさそり座へ。さそり座には行動や戦いの星・火星も入っています。うお座もさそり座も水のエレメントの星座なので、ロマンティックな気分、過去を懐かしむ気分が高まり、対象へと没入していくことになるでしょう。ストーキング的な事象も目立ちそうです。

　29日には水星がいて座へ。「ここではないどこか」へと考えをめぐらすことに。新天地を求める、未来の展望に思いを施せ

るところが出てきます。

うお座に戻った土星、海王星に続き、
天王星もおうし座に戻る

　9月に現実化とルールの星・土星が、10月に境界を溶かす星・海王星がおひつじ座からうお座に戻るなかで、11月を迎えます。おひつじ座の、明るい一方で、ときに荒々しいエネルギーが落ち着くことになり、過去を懐かしむ空気が強まります。

　ただ11月4日には行動や戦いの星・火星がいて座へ。こちらは火のエレメントのエネルギーなので、ノスタルジーを振り払い、成長しようとする意欲が高まります。

　5日におうし座で満月があり、8日には自立や変革の星・天王星がふたご座から、おうし座に戻ります。おうし座の象徴する豊かさについて、答えが出そう。

　一方、愛と美の星・金星は7日にさそり座へ。いて座の星たちは前へと向かわせるのですが、さそり座の星たちは過去を振り返らせます。10日にいて座で思考や伝達の星・水星が「逆行」するのも、この振り返り傾向を強めるでしょう。

　12日には拡大と保護の星・木星がかに座で「逆行」し、19日には水星もさそり座へ。20日にはさそり座で新月があります。この頃は、かに、さそり、うおという水のエレメントの星座に天体が多くなります。水＝感情を象徴するので、合理的な

やり方を求める風潮とはぶつかりやすいかも。ネガティブな感情が渦巻き、冷静な判断を下せないかもしれません。とくに、20日にはおうし座の天王星とうお座の海王星も調和するので、古いやり方、価値観に逆戻りすることも。

そんな後ろ向きな雰囲気は、22日に太陽がいて座に入り、28日に現実化とルールの星・土星がうお座で「順行」すると、徐々に落ち着いてきそうです。

全体に、前へ、前へと進み、痛みなどないように強気なところもある一方で、内面には深いエネルギーが渦巻き、落ち込みやすい傾向もあると思います。でも、30日に水星がさそり座で「順行」すると、落ち込みも底を打つことになるでしょう。

●2025年12月 後半は、パーソナルな天体がやぎ座に

12月1日に愛と美の星・金星が、12日に思考や伝達の星・水星がいて座に。成長への意欲がさらに高まるので、旅をしたくなる人も多いでしょう。勉強会やセミナーに出席したり、院に進学したり。そんな学びの意欲も高揚します。

その間、5日の満月はふたご座で起こります。自分がやりたい、進みたい方向に向かうためには何をすればいいのかが明確になりそうです。また、10日には境界を溶かす星・海王星がうお座で「順行」します。過去を振り返るところは落ち着くはず。

ステップアップのための悩みがまだ残っていたとしても、20日のいて座の新月でモヤモヤはリセットされ、方向性が見えてくるでしょう。

　もう一方で、12月後半は、やぎ座のエネルギーも強くなります。15日に行動や戦いの星・火星が、22日に太陽が、25日に金星がやぎ座へ入るためです。変容の星・冥王星がやぎ座を去ってから1年あまり。疲れ切り、燃え尽きていた人も、建設的な考えを抱けるように。「自分には何もない」と自己否定に走ることなく、自分を認めてあげて。

 ## 2026年の全体の流れ

　2025年9月に現実化とルールの星・土星が、10月に境界を溶かす星・海王星がおひつじ座からうお座に、11月には自立や変革の星・天王星もふたご座からおうし座に戻ってしまいました。新しい時代の扉がひらいたかと思えたのに、何か古い時代に逆戻りしたように感じている人も、2025年末は多いかもしれません。

　そんななかで迎える2026年ですが、1月に海王星が、2月に土星がおひつじ座に入り直し、2月には海王星と土星もおひつじ座で邂逅します。「やっぱり、こっちだよね」とでも言うよ

うに、新しいステージへと多くの人が進むことになりそう。

4月には自立や変革の星・天王星もふたご座へと入り切ります。大きな揺らぎのあとで前を向く。真実や新しい情報へと心をひらいていくような、そんなタイミングが2026年の春です。

ただ、この波に乗り切れない人もいるでしょう。2026年秋には愛と美の星・金星の「逆行」もあります。新しい波動に耐えられない、古い段階にとどまりたいという人も、秋には出てくるかもしれません。

2026年 1月 パーソナルな天体がやぎ座からみずがめ座へ。海王星が再びおひつじ座に

新しい年になりました。年の初めは、愛と美の星・金星、行動や戦いの星・火星が太陽とともにやぎ座にあり、成功や達成への意欲が一時的に高まるでしょう。1月2日に思考や伝達の星・水星もやぎ座に入るので、成功や達成のためにはどうしたらいいのか、具体的なプランニングをしたい人も多いとき。ただ、3日のかに座の満月では一転、家庭や居場所の安全へと気持ちが向かうでしょう。

そんななか、17日には金星が、20日には太陽が、21日には水星が、23日には火星がやぎ座を抜け、みずがめ座へと入ります。みずがめ座の初期度数には変容の星・冥王星があるので、「自由・平等・博愛」というみずがめ座精神と合理的なマ

インドが高まります。

　やぎ座に惑星が多いときは旧来の考え方、やり方に陥りがちですが、みずがめ座に惑星が多くなると、俄然、考え方が自由になっていくでしょう。もうがんばりたくない、という気持ちも強くなるはず。そのため、この新月ではやぎ座的な成功や達成への考え方をリセットするほうがみずがめ座の冥王星の波には乗れることでしょう。この間、19日にはやぎ座で新月があります。大切なのは、錬金術的な魔法で成功や達成にたどり着くのでなく、より本質に向き合い、ひとつひとつ積み上げていくことです。

　27日には境界を溶かす星・海王星が再びおひつじ座に入ります。おひつじ座の0度はワールドポイントと言われ、大きな出来ごとが起こりやすいタイミングでもありますが、みずがめ座の冥王星とも連動するので、「個人の自由」を求める欲求がとても強くなりそう。

2026年 2月 土星が再びおひつじ座に。海王星と土星が邂逅

　みずがめ座のエネルギーの影響を受けると、合理的な精神とグローバリズム的な価値観が生まれますが、それによって、人間らしさが削られる面があります。2月2日にしし座で満月が起こると、わたしたちの「人間らしい側面」を求める気持ちが

強くなりそうです。生きている喜びを求めたくなるのです。

　7日に思考や伝達の星・水星が、10日に愛と美の星・金星がみずがめ座を抜け、うお座に入ります。現実化とルールの星・土星がまだうお座にあるので、2月の初めは、優しさや共感を求める気持ちがルールになるでしょう。このルールに反して、思いやりのないことを発言したら、ネットでは炎上してしまうかもしれません。

　そんななか、14日には土星がうお座を抜け、おひつじ座に入ります。おひつじ座の0度はワールドポイントと言われ、大きな出来ごとが起こりやすいのですが、まだ境界を溶かす星・海王星もおひつじ座の0度にありますから、夢も不安も現実のものになりやすいときです。諦めないといけないものもあるかもしれません。とくに、2月21日には土星と海王星がぴったりと重なるので、よくも悪くもインパクトのあることが起こりやすい日だと覚えておいて。

　その直前、17日にはみずがめ座で新月＆日食があります。新しい計画が始まりやすいとき。それは古い価値観とは一線を隠したものかもしれません。

　19日には太陽もうお座に入り、26日には水星がうお座で「逆行」。新しい価値観、新しい波に乗れない人たちの問題が浮かび上がるかもしれません。誰も取りこぼさないという福祉に近い視点が大切になりそうです。

金星、太陽がおひつじ座へ。
新しい自分に生まれ変わりたくなる

1月に境界を溶かす星・海王星が、2月に現実化とルールの星・土星が再びおひつじ座に入って迎える3月。

3月2日に行動や戦いの星・火星がうお座へ入ると、すぐ3日に満月＆月食がおとめ座で起こります。感情的になる人も多いなかで、人の品性のようなものが問われるタイミング。

6日には愛と美の星・金星が、20日の春分には太陽がおひつじ座へ。おひつじ座の海王星、土星が刺激されます。新しい自分に生まれ変わりたいと多くの人が望むでしょう。

この間、11日にはかに座で拡大と保護の星・木星が「順行」し、19日にはうお座で新月が起こります。かに座もうお座も感情を表す水のエレメントの星座です。豊かな感情の波が感じられるとき。

うお座で「逆行」していた思考や伝達の星・水星も、21日に「順行」することになります。過去を懐かしむようなもの思いも落ち着いてくるでしょう。29日には土星と変容の星・冥王星が調和し、明るいムードも出てくるなか、31日には愛と美の星・金星がおうし座へ。金星はおうし座の守護星なので、おうし座の象徴する、大地の恵みのような、豊かな愛を求める気持ちが強くなるでしょう。

5天体がおひつじ座に。
ふたご座には天王星が入り切る

2026年
4月

4月2日にてんびん座で満月が起こります。この頃は、てんびん座が象徴する「調和、愛、平和」を望む声が大きくなるでしょう。それは、おうし座的な愛とは違い、洗練された、整然とした美しさや優しさかもしれません。

おひつじ座には太陽、境界を溶かす星・海王星、現実化とルールの星・土星が滞在していますが、さらに10日には守護星の行動や戦いの星・火星、15日には思考や伝達の星・水星も入ります。主要な10天体のうち、5天体がおひつじ座に揃うことになり、おひつじ座的なものがビビッドに目立ってきます。

改めて、おひつじ座的なものとは？

第一に個人であること。大きなものに寄りかかることなく、自分の意思やアイデアで行動している人が魅力的に見えるはず。組織人であれば、「上に確認してみないと」ということになりますが、個人なら、自分の裁量で判断できるというように、その自由さに多くの人が憧れるときです。

17日にはおひつじ座で新月があるので、個人のオリジナリティを活かしたプロジェクトなどはスタートするのにぴったりです。会社員の人は、副業を考えてみても。

ただ、20日には太陽がおうし座に入るので、「収益化」を目指すところも出てきそう。

24日には愛と美の星・金星が、26日には自立や変革の星・天王星がふたご座に入ります。天王星は前年の11月から、おうし座に戻っていましたが、これでふたご座に入り切ります。

オリジナルなプロジェクトを始めるものの、すぐに「収益化」の壁にぶつかり、宣伝を考え始める。そんな流れが考えられますね。

土星もおひつじ座に滞在しているなか、夢ばかりでは続けられないことも明確になるとき。土星と海王星が揃うことで、夢を諦め、現実に向き合うとか、採算を考えるとかの方向も強くなるでしょう。

2026年 5月 おうし座に星が増えることで、スローダウン

5月2日にさそり座で満月が起こります。「潜在意識」にあるものが明らかになり、ミラクルな展開を望む声も高まりそう。無から有を生み出すとか、錬金術的なことに多くの人が憧れるかもしれません。

一方で、3日には思考や伝達の星・水星がおうし座に入るので、何をもっているのか、何が現実的なのかというように、リソースについて考える人も増えるでしょう。7日にはさそり座の守護星である変容の星・冥王星がみずがめ座で「逆行」しますが、「才能のある人」への嫉妬も高まるかもしれません。

17日はおうし座の新月なので、手のなかにあるもので、まずは始めてみようという心理が働きそう。この日にはまた水星がふたご座に入ります。水星はふたご座の守護星でもあり、さまざまな場所で対話が始まります。この流れは、21日に太陽がふたご座に入ると、さらに本格的に。

　この間、19日には愛と美の星・金星がかに座に、行動や戦いの星・火星がおうし座に入ります。おひつじ座に天体が集まっていたときのような、ちょっと荒々しいまでの活発なムードはだんだんに落ち着いてくるでしょう。人々の関心は、外の世界だけでなく、住まいや安全へと向かっていきます。じっくりと物ごとを進めていこうとするでしょう。

　31日の満月はいて座で起こります。ゆっくり進めていくなかでも目標が見えてきたり、すると気持ちが急いたりも。高みへと心がドライヴするときです。

2026年 6月　火や風のエレメントが優勢に。新しいことを始めたくなる

　5月に思考や伝達の星・水星、行動や戦いの星・火星がおひつじ座を去ったなか、現実化とルールの星・土星、境界を溶かす星・海王星というふたつの天体がおひつじ座に残っています。「新しいことを始めたいけれども、現実を考えると難しい」となる人と、「新しいことをすぐさま現実化したい」という人

に分かれそうなとき。

　そんななか、6月1日には水星がかに座に。愛と美の星・金星、拡大と保護の星・木星もかに座にあるので、家でゆっくりしていたい人たちも多いでしょう。おひつじ座に天体が集まっていたときに動いた疲れも出てきて、リラックスしたくなるのです。その流れは、21日の夏至に太陽がかに座に入ると、はっきりしてきます。

　一方、13日には金星はしし座に。土星、火星と連動するので、新しいことにチャレンジしたい人たちはこちらに反応するでしょう。楽しいことをしたいという欲求も強まります。

　そんななか、15日にはふたご座で新月があります。ふたご座には自立や変革の星・天王星もあるので、ふたご座の象徴する「情報やコミュニケーション」については、アップデートしようという動きが高まりそう。29日には火星もふたご座に入るので、そのための行動を具体的に取っていくといいでしょう。発信をしたり、教えたりする人も増えるはずです。うまくアップデートしたものだと集客が見込めます。

　そのうえで、30日には木星がしし座に。金星もしし座に滞在するなか、華やかな場所に出かけたくなるかもしれません。太陽の輝くなかで遊びたいという、光に向かう傾向が出てきます。ただ、この日には水星がかに座で「逆行」を開始。華やかな場所に惹かれつつも、気後れするようなところもあるかもしれません。

2026年 7月 日常を楽しみつつも、楽しさや喜びへと気持ちがシフト

　おひつじ座では境界を溶かす星・海王星が7月7日に「逆行」を開始。6月の末にすでに、かに座で思考や伝達の星・水星が「逆行」を始めています。どちらも活動星座なので、非常に騒がしいイメージがあります。

　そんななかで、7月10日には愛と美の星・金星がおとめ座へ。しし座の拡大と保護の星・木星とふたご座の行動や戦いの星・火星の影響で、外向的なところもある反面、おとめ座の金星の影響で、騒がしさを嫌い、静かな日常を望むような人も増えるでしょう。14日にはかに座で新月があるので、家でお茶でも飲んでゆっくりしたい感じも漂います。

　16日にはふたご座の自立や変革の星・天王星とおひつじ座の海王星が調和。18日にはふたご座の天王星とみずがめ座の変容の星・冥王星が調和します。惑星たちのバランスが取れてくることで、前年からの激しい天体の動きで生じた変化も、ようやく落ち着くのかもしれません。

　20日から21日にかけても、大きな潮目の変化がありそう。20日にはしし座の拡大と保護の星・木星とおひつじ座の海王星が調和、木星とみずがめ座の冥王星が緊張の角度を取りますし、21日には木星とふたご座の天王星が調和します。新しいことをしたい、生命の喜びや楽しさを実感したいという心の動

きが起こります。それは、みずがめ座の冥王星の合理性の号令のもとに、わたしたちが手放してきたものかもしれません。達成するだけでなく、生活を楽しみたい。そのための情報を求める声が高まっていくでしょう。

23日に太陽がしし座へ入ると、太陽はしし座の守護星なので、「楽しさ、喜び」を求める声が高まるでしょう。そのうえで、24日には水星がかに座で「順行」。新しいものを恐れ不安になる。そんな心の動きも安定してきそうです。

ただ、25日にはおひつじ座の海王星とみずがめ座の冥王星が調和し、27日にはドラゴンヘッド（太陽と月の軌道の交点）がみずがめ座へ。「楽しさや喜び」と「合理性」のバランスがテーマになるでしょう。そして、27日には現実化とルールの星・土星がおひつじ座で「逆行」をスタートさせます。「楽しさや喜び」を誰もが手にすることができるように、考えていくこと。シェアの精神が大切です。

29日のみずがめ座の満月は、冥王星とも近い位置で起こります。誰もが同じことをするのではなく、その人の特性や個性を活かして、それぞれがオリジナルに生きられるように。人生を楽しめるように。そんな多様性の提案が必要なとき。

しし座で日食、うお座で月食。
気分の変調が起こりやすい月

7月の末に、現実化とルールの星・土星がおひつじ座で「逆行」を開始しています。自分らしくありたいという気持ちが高まりますが、なかなかそれが叶わないようなジレンマも。

そんななか、7月7日には愛と美の星・金星がてんびん座に入ります。「愛や調和」といったてんびん座の性質が好まれるでしょう。

10日には思考や伝達の星・水星がしし座に入り、ここには拡大と保護の星・木星もあるので、おおらかな気分に。

一方、11日には行動や戦いの星・火星がかに座に入るので、「安全」を求めて動くところも強くなります。楽観的な人と安全志向な人で、対応が分かれるときと言えるかもしれません。

ただ13日にはしし座で新月＆日食が起こります。「食」は、大きな転換や転覆を起こすこともあります。楽観的な気分はいいのですが、油断しすぎると、ひっくり返ることもあるかもしれません。

23日には太陽が、25日には水星がおとめ座へ。水星はおとめ座の守護星なので、とてもきっちり仕事をすることになりそう。進行やデスクワークがはかどりそうです。

28日にはうお座で満月＆月食が。この頃は、感情的になり、取り残されたような感覚が高まるかもしれません。でも、月食

を過ぎると、潮が引くように、落ち着いていくでしょう。

2026年 9月 自分らしくありたい気持ちが高まる。優柔不断さも

9月1日にはしし座の拡大と保護の星・木星とおひつじ座の現実化とルールの星・土星が調和の配置に。オリジナリティを求め、自分らしくありたいと焦っていた人にも、宇宙から、ポジティブなあと押しがありそうなタイミング。

10日には愛と美の星・金星がさそり座へ。ひとつ前のてんびん座にあるときよりも、深い愛情を求めたくなるときです。

ただ11日にはおとめ座の新月があり、この日には思考や伝達の星・水星がてんびん座に入るので、きちんとした形を整えようとする人と、今のままの関係で決めないでおきたいという人に分かれるかもしれません。またこの日は、9月というひと月のなかではシフトのタイミングで、自立や変革の星・天王星も、ふたご座で「逆行」を始めます。ただ16日には境界を溶かす星・海王星と変容の星・冥王星も調和。自分らしさと仲間とのつながりのバランスがテーマに。

23日の秋分には太陽もてんびん座へ。木星と海王星も角度を取り、思考が過剰になりやすいときで、頭でっかちになり、散々悩んでしまう人もいそうです。

そうした悩みもありながらも、30日には水星もさそり座へ。

金星もさそり座にあるわけなので、より深い関係へと急速に針が振れていくでしょう。

この間、27日にはおひつじ座で満月が。境界を溶かす星・海王星とも、とても近い位置で起こり、28日には行動や戦いの星・火星もしし座に入るので、自分らしくありたいという気持ちがファンタジーと言ってもいいレベルまで高まるかもしれません。楽観的になりすぎると足もとをすくわれそう。

2026年10月 金星がや水星がさそり座で「逆行」。複雑な感情に苦しむ人も

さそり座では10月3日に愛と美の星・金星が「逆行」を始めます。相手と一体になりたい、でもそうなれないというようなアンビバレントな感情をもて余し、苦しむような人も出てくるかも。昔付き合っていた人を思い出すようなところもありそうです。

11日にはてんびん座で新月があるので、そんな複雑な思いを抱えながらも、穏やかな関係を保とうとする人もいそうですが、さそり座の守護星の変容の星・冥王星は16日に「順行」し、23日には太陽もさそり座へ。止められない思いも出てきそう。

とは言え、金星は「逆行」しつつ、25日にてんびん座に戻るので、また穏やかな関係をキープしようと考える。そんな具合に、恋愛中の人はおおいに悩む時期となるかもしれません。

26日にはおうし座で満月が。「愛や豊かさ」がテーマになりそうなとき。ただ、24日には思考や伝達の星・水星がさそり座で「逆行」を始めます。いったんは穏やかな関係を選んだとしても、もう一度悩み始める。深く、深く相手に思い入れてしまうこともあるかもしれません。嫉妬や支配心の問題も出てくるでしょう。

2026年11月　金星、水星が引き続き「逆行」する前半。後半になるとリセット

　11月1日の時点で、愛と美の星・金星はてんびん座で、思考や伝達の星・水星はさそり座で「逆行」中。愛されたい、もっと深く関わりたい。そんな揺れる思いがありそうなタイミング。また1日にはしし座の拡大と保護の星・木星とおひつじ座の現実化とルールの星・土星が135度の角度を取ります。調和していたはずのエネルギーが軋轢を作ることもあるときです。おおらかに眺めるだけとは行かなくなるかもしれません。

　9日には水星とともにさそり座で新月が。落ち込んでいた人も、底を打ったような気分に。落ち込むだけ落ち込んだら、あとは上がるしかないというような再生の感覚もありそう。

　11月のなかでのシフトのタイミングは14日。水星がさそり座で、金星がてんびん座で「順行」します。すれ違いが生まれていた関係も、リカバリーされていきそうです。

22日には太陽がいて座へ。24日にはふたご座で満月があります。自分の心のなかに深くダイブしていたような人も、気づきが生まれるタイミング。外から、大きなニュースが入ってくることもあるかもしれません。すると、26日には行動や戦いの星・火星がおとめ座へ。それまでおおらかに構えていた人も、仕事モードに入ることになりそうです。水星、金星の「逆行」中、大荒れに荒れていた関係、人間関係の問題に絡めとられていたプロジェクトなども、ある程度、スムーズに進むようになるでしょう。

29日にはふたご座の自立や変革の星・天王星とみずがめ座の変容の星・冥王星が調和します。新しい波動に自分を合わせることができる人が増えていきそう。

⬤ 2026年12月 またも関係が深まる予感。満月に向けて、気分は落ち着く

愛と美の星・金星は、9月10日にさそり座に入り、10月3日に「逆行」を開始。10月25日にてんびん座に戻り、11月14日に「順行」していました。その金星が再度、さそり座に入るのが12月4日です。

深入りしすぎたために、いったん引く。もう一度、考え直したけれど、また関係を深める。そんな行きつ戻りつの流れがこの秋は、あちこちで起こるでしょう。

一方で、12月6日には思考や伝達の星・水星がいて座へ。太陽もここに入り、9日にはいて座で新月が。「ここではないどこか」へと気持ちは向かっていきます。ステップアップ願望も、大きくなるかもしれません。

　11日には現実化とルールの星・土星が、13日には境界を溶かす星・海王星が「順行」します。これらは、どちらもおひつじ座でのこと。「自分らしさ」をこじらせていたようなところは落ち着くでしょう。

　ただ、13日には拡大と保護の星・木星がしし座で「逆行」を始めます。イージーに構えすぎていた問題は、もはや楽観できないほど大きくなっているかもしれません。

　22日には太陽が、26日には水星がやぎ座へ。たとえば、借金がすごくふくらんでしまい、慌てて倹約ムードになるなんてことも。浪費には気をつけたいですね。

　この間、24日にはかに座で満月が。1月に海王星が、2月に土星がおひつじ座に再び入った2026年。外の世界が先に変わったとして、秋には金星も「逆行」し、個人、個人の心でも、感情の揺れが激しかったかもしれません。それらが落ち着いてくるのがこのクリスマスイブの満月。家族や親しい人たちとテーブルを囲めるありがたみや安心感をきっと多くの人が感じることでしょう。

2027年の全体の流れ

2026年の初めくらいまでは現実化とルールの星・土星や境界を溶かす星・海王星、自立や変革の星・天王星がふたつの星座を行き来していたわけですが、2027年はそういった外惑星の移動がありません。意外性はあまりない反面、1月から3ヶ月弱、行動や戦いの星・火星がおとめ座としし座で「逆行」するため、2026年秋に始めたことがなかなかうまくいかない等、停滞やトラブルも感じそうなのが2027年前半です。

そのうえで、仕切り直しがやってきます。5、6、7月と火星がおとめ座に入り、段取りをやり直すなかで、7月下旬に拡大と保護の星・木星がおとめ座へ。半年がかりでがんばってきたことにチャンスの風が吹くようになりそうです。

2027年 1月 おとめ座で火星が「逆行」。段取りが狂うこともおおいにアリ

2026年11月26日におとめ座に入った行動や戦いの星・火星は、2027年1月10日に「逆行」を始めます。その直前、7日に愛と美の星・金星はいて座に入っており、8日にはやぎ座で新月があるのですが、おとめ座ややぎ座といった土の星座といて座

では相容れない性質をもっています。片方がきちきちと進めようとすると、もう片方は自由になりたがる。そんなふうに、ときに反発もしながら、バランスを取ろうとするところがありそう。

13日には思考や伝達の星・水星が、20日には太陽がみずがめ座へ。みずがめ座には変容の星・冥王星もあるので、つながりつつも相手を縛らないといった、どこかフリーな関係が展開されそうです。それは、2026年秋のさそり座での金星「逆行」でもつれあった感情とはまったく違うものに思えるかもしれません。

この間、15日にはふたご座の自立や変革の星・天王星とおひつじ座の境界を溶かす星・海王星が調和。それぞれが自由で楽しければいいと思っていると、22日にはしし座で満月があります。この日はまた木星と土星が135度という角度に。小さなズレが気になりやすいタイミング。この満月は、冥王星ともほぼ緊張の角度を取るので、すべての束縛から自由になり、個人として独立していたい。そんな気持ちが高まる人も多いでしょう。

● 2027年 2月 みずがめ座で日食、おとめ座で月食。合理的にはいかないとき

2月1日に思考や伝達の星・水星がうお座へ入り、共感性が高まるなかで、3日には愛と美の星・金星がやぎ座に。きちんとした形を望むなかで、7日にはみずがめ座で新月＆日食が。

みずがめ座では「自由な関係」が望まれるので、事実婚や夫婦別姓なども話題になるかもしれません。8日にはみずがめ座の守護星の自立や変革の星・天王星が「順行」するので、そういった自由な関係が目立つようになりそう。

でも、10日には水星が「逆行」。独立していたい気持ちと、置いていかれたくない気持ちが錯綜するかもしれません。18日には「逆行」したまま水星がみずがめ座に戻り、19日には太陽がうお座へ。独立心と寂しさの葛藤は、この頃もまだ続きそうです。

そんななか、21日にはおとめ座で満月＆月食が。「逆行」中の行動や戦いの星・火星とも、とても近い位置で起こり、火星はそのまましし座に戻ります。きちきちと進め、管理しようとすると破綻してしまう。それよりは、愛を与えていこう、応援しよう。そんな心境の変化もあるでしょう。また人に期待し、完璧さを求めるより、自分らしくやろう、そんな気持ちも高まりそうです。

2027年 3月 　火星は「逆行」中。春分前後に寂しさも高まる

3月を通じ、まだ行動や戦いの星・火星は、しし座で「逆行」。しし座は、"子どものような無邪気さ"をもつ星座。「自分のことを大切にしてほしい」という、インナーチャイルドの欲

求を、多くの人がもつときだと思います。

　そんななか、愛と美の星・金星は3月1日にみずがめ座へ。3日には思考や伝達の星・水星もみずがめ座で「順行」しますが、「対等なつながり」を求める気持ちが高まっていくでしょう。8日にはうお座で新月が。共感を求める心の動きがありそうです。12日には拡大と保護の星・木星と境界を溶かす星・海王星も角度を取ります。バランスの取れていたことにやや不協和音が出てくるかも。

　ただ18日に水星が、26日に金星がうお座に入ると、寂しさを堪えきれなくなる人も多そうです。とは言え、21日の春分には太陽がおひつじ座へ。22日にはてんびん座で満月が起こります。ある程度の距離感をキープするほうが物ごとはうまくいきそうです。

2027年 4月　しし座木星の明るさ、ポジティブさが出てくる

　1月から、「逆行」していた行動や戦いの星・火星が4月1日にとうとう「順行」。生きている実感を得たいというしし座らしさがネガティブに働くこともあった状態から、しし座本来の明るさや陽気さがポジティブに働き始めます。自己肯定感もアップするでしょう。

　3日にはやはり、しし座にある拡大と保護の星・木星とおひ

つじ座の現実化とルールの星・土星が調和するので、行き過ぎた"セルフィッシュさ"も修正されるでしょう。

7日におひつじ座で新月があり、9日には思考や伝達の星・水星もおひつじ座へ。土星、境界を溶かす星・海王星もおひつじ座にあるなか、カラッとしたムードが出てきます。シンプルに考える傾向も強まるでしょう。

ただ13日にはおひつじ座の土星とふたご座の自立や変革の星・天王星が45度という角度に。身勝手さが出てきやすいタイミングですが、同じ日に木星が「順行」するので、いずれ落ち着き始めるでしょう。

20日には太陽がおうし座に、愛と美の星・金星がおひつじ座に。21日にはさそり座で満月が起こります。またひとつ季節が進み、新しいことがしたくなるでしょう。また欲しいものも明確に。25日には水星もおうし座に。頑なさも出てくる一方で、安定を求める気持ちが強く働くように。

2027年 5月 会議や話し合いが活発に。プロジェクトは進みやすい

6日におうし座で新月があり、ゆっくりではあっても、才能が花ひらいたり、身体性が解放されたりするなかで、9日には思考や伝達の星・水星がふたご座へ。水星は、ふたご座の守護星なので、多くの人がおしゃべりに興じるでしょう。会議、プ

レゼンなども活気づきそうです。

ただ、8日には変容の星・冥王星がみずがめ座で「逆行」を始めます。冥王星の働きによって、合理性が行きすぎるように感じたり、不平等さに対する嫉妬心も出やすくなりそうです。

14日には行動や戦いの星・火星がおとめ座へ。多くの人がテキパキと動けるので、思った以上にプロジェクトがサクサク進んでいきそう。ただ15日には愛と美の星・金星がおうし座へ。ゆっくりと楽しみたいという気持ちもまた強くなるでしょう。公私のバランスが欠かせません。

20日にはさそり座で満月が（4月にはさそり座の0度での満月でしたが、今回は、さそり座の29度での満月です。星座には約30度の幅があるので、2回続けて、同じ星座の満月ということがたまにあるのです）。

さそり座は、水のエレメントの星座のなかでも、まるで井戸のように、深さのある星座です。とても狭いなかにも潜在しているものを月が明るく照らし出していくようなときでもあります。心の奥底にある思いにスポットライトが当たるかもしれません。

21日には太陽がふたご座へ。水星もここにあるので、話し合いはさらに活発になって、そのなかで目的が育っていきます。29日には水星がかに座へ。身びいきなところが出たり、安全を守る意識が働いたりというときです。

2027年 6月 水星が「逆行」するなか、次第に落としどころが見えてくる

6月5日にはふたご座で新月があり、8日には愛と美の星・金星がふたご座へ。太陽や自立と変革の星・天王星もふたご座にあり、ふたご座の象徴する「知識やコミュニケーション」にまつわるシーンが盛り上がるときです。

ただ11日には思考や伝達の星・水星がかに座で「逆行」を開始、26日にはふたご座に戻ることになります。6月上旬に盛り上がったテーマがあったとしても、防衛的なところが出てきて、もう一度、話し合うこともありそうです。かと言って、話し合わないほうがいいということもないもの。すれ違いがあるとしても、コミュニケーションは諦めないで。

15日にはふたご座の天王星とみずがめ座の変容の星・冥王星が調和の配置に。つながることを諦めないでいれば、適切な距離感が見えてくるはず。

19日にはいて座で満月が。21日の夏至には太陽がかに座に入ります。「ここではないどこか」に憧れる気持ちと安全を求める気持ちの間で揺れることもありそうです。

29日にはおひつじ座の境界を溶かす星・海王星とみずがめ座の冥王星が調和します。物ごとが変わりゆくなかでも、なんとか落としどころが見つかってくるときでしょう。

2027年 7月 自分らしく生きたい人と 守りの意識が強い人の間で結論が

　7月3日に愛と美の星・金星がかに座に。4日にはかに座で新月が起こり、5日には思考や伝達の星・水星がふたご座で「順行」します。安全や居心地のよさを求める意識が強くなるとともに、すれ違いも落ち着きそうです。

　ただ落ち着いたのも束の間、10日にはおひつじ座で境界を溶かす星・海王星が「逆行」するため、冒険や新しいことを求める人にとっては、逆風や不安を感じるかもしれません。

　12日には水星もかに座に入り、いよいよ安全を求める守りの意識が高まりそう。

　またこの日にはしし座の拡大と保護の星・木星とおひつじ座の現実化やルールの星・土星が調和します。自分らしくありたい気持ちとほどよい現実感が結びつき、ある程度の落としどころが見えてくるでしょう。

　15日には行動や戦いの星・火星がてんびん座へ。お互いにはっきりと言わず、遠回しに意思疎通を図るところが出てくるかも。でも、その分、表面的には穏やかに。

　19日にはやぎ座で満月＆月食が控えています。この頃は、本当に大切なもの以外、執着せずに、「手放す」ことが大切に。社会的地位にこだわるより、やりたいことをやるという風潮が強くなりそう。

23日に太陽が、27日には金星がしし座に入りますが、この間、26日には木星がしし座を抜け、おとめ座へ入ります。おとめ座には15日まで火星があったので、その頃まで段取りを積み重ねてきたことに追い風が吹くイメージです。

何か「結論が出る」という雰囲気の7月です。

2027年 8月 外界の変化に合わせてオーガナイズ。困難さを乗り越えていく

8月2日にはしし座で新月＆日食が。先月まで約1年間、拡大と保護の星・木星の応援を受けていたしし座の世界では再生の感覚がありそうです。しし座の象徴する「生命の喜び、遊び心」といったものが芽を出してくるときです。この日にはまた思考や伝達の星・水星もしし座へ入るので、楽しげな雰囲気が出てきそう。

ただ、おひつじ座では10日、現実化とルールの星・土星が「逆行」を始めます。自分らしさを求めている人にとっては、なかなか実現しないゆえの焦りも生まれてきそうです。

17日には水星がおとめ座へ。この日はみずがめ座の満月＆月食でもあり、具体的な段取りなどを話し合うとともに、冷静さや客観性を保つことも、とても大切になるでしょう。

続いて、21日には愛と美の星・金星が、23日には太陽がおとめ座へ。21日にはおとめ座の拡大と保護の星・木星とみずが

め座の変容の星・冥王星が、24日にはおとめ座の木星とおひつ
じ座の境界を溶かす星・海王星がそれぞれ角度を取ります。お
とめ座は、外的な世界に対し、境界を引いたり、オーガナイズ
したりする星座です。外から押し寄せてくる波のようなものに
対し、結論を出す人も多いことでしょう。困難がもち上がった
とき、時代に合わせた工夫をしていくことも、この頃は大切に
なりそうです。

● 2027年 9月 完璧性を求める流れになじまない人も。自分らしさを大切に

9月の初め、太陽、思考や伝達の星・水星、愛と美の星・金
星といったパーソナルな天体、そして、拡大と保護の星・木星
という約1年滞在する天体がおとめ座に集中しています。「きち
んと整える、オーガナイズする」ということがテーマになり、
健康やホリスティックな美容にも関心が高まりそう。そんなな
かで、9月1日におとめ座で新月が起こります。おとめ座的な
ムーヴメントが起こるとともに、あいまいな状況にもきっちり
と線が引かれる、境界が作られるイメージです。

2日には行動や戦いの星・火星がさそり座に入り、線が引か
れた狭いなかで、深めていくという流れ。たとえば、プロジェ
クトチームが編成され、コミットメントが求められるという具
合ですね。

3日には水星が、14日には金星が、23日の秋分には太陽がそれぞれ、おとめ座を抜け、てんびん座に。金星はてんびん座の守護星でもあり、「美と調和」が大事にされるように。状況は、だんだんに穏やかなものになっていきますが、この間、11日にはおとめ座の拡大と保護の星・木星と、ふたご座の自立や変革の星・天王星が葛藤の配置。15日には天王星が「逆行」を始めるので、自立へのチャレンジが求められるでしょう。組織になじまない人も目立ってくるかもしれません。

　16日にはうお座で満月が起こります。過去を懐かしむようなところも出てくるなか、18日にはおとめ座の木星とおひつじ座の現実化やルールの星・土星が角度を取り、自分らしくありたいという気持ちと完璧でありたいという気持ちをうまく結びつけていく必要があるでしょう。

　そのうえで、27日には水星がさそり座に。30日にはてんびん座で新月が起こります。さそり座には火星もあるので、境界を超えて、深く入り込むような部分も出てきますし、その一方で、パートナーシップを新たに築こうとする人たちも増えるときです。

2027年 10月 ストーキング的な問題も？ 自分を律する姿勢が必要なとき

思考や伝達の星・水星、行動や戦いの星・火星がさそり座に

あるなかで、7日には水星が「逆行」、8日には愛と美の星・金星もさそり座へ。相手と一体になりたいという気持ちが高まるなかで、相手への執着をこじらせてしまう人もいそうなとき。ストーキング的な問題も出てくるかもしれません。

　15日にはおひつじ座で満月が起こるので、自分のことしか考えられないような人も出てくるかも。

　16日には「逆行」中の水星がてんびん座に戻りますが、火星はいて座に入るので、とどまり、思い悩む人もいれば、こじらせた思いが爆発する人もいそうな気配。この日は、おひつじ座の現実化とルールの星・土星とふたご座の自立や変革の星・天王星も角度を取りますし、自分の気持ちを押し通し、状況を変えようとする人も出てきそうです。

　17日にはおひつじ座の境界を溶かす星・海王星とみずがめ座の変容の星・冥王星が調和し、18日には冥王星が「順行」。この頃から、バランスのよいつながり方が見えてくるでしょう。

　28日には水星が「順行」し、29日のさそり座の新月にはおとめ座の拡大と保護の星・木星とみずがめ座の冥王星が角度を取ります。この頃から、近づきすぎていたものも離れていきそうです。感情がたかぶることもあるなかで、自分を律する姿勢が必要なときと言えるかもしれません。

思考をめぐらせるなかでひらめきが。
次第に勢いが出てくる

　11月1日に愛と美の星・金星がいて座に入ります。「ここでは
ないどこか」への憧れが出てくるときですが、10日には思考や
伝達の星・水星がさそり座へ。深く潜るような、内省的な思考
をめぐらせるときです。そのうえで、14日にはおうし座で満
月があります。熟考したうえで、ひらめきが訪れるというなか
で、おとめ座の拡大と保護の星・木星とおひつじ座の現実化や
ルールの星・土星も角度を取ります。普通なら、結びつかない
ものが手を取り合ったときに何か新しく、創造的な工夫が生ま
れるでしょう。

　22日には太陽が、29日には水星もいて座へ。その間、28日
にはいて座で新月が起こります。これだけなら、まずは始め
てみようというムードでいっぱいなのですが、その一方で、25
日には金星が、26日には行動や戦いの星・火星がいて座を去
り、やぎ座へ入ります。やるからには成功したいという欲も出
てくるかもしれません。その分、努力も求められることになる
と思います。

海王星や土星も「順行」し、焦るよりも確実さを求めるように

　太陽や思考と伝達の星・水星がいて座を、愛と美の星・金星、行動や戦いの星・火星がやぎ座を進むなか、始めるとすぐに結果を欲しがるといったムードがあるかもしれません。

　14日のふたご座の満月では、結果を出すためのツールに人気が集まるでしょう。ふたご座には自立や変革の星・天王星もあるので、ライフハック的なものが話題になりそうです。

　15日には境界を溶かす星・海王星が、24日には現実化とルールの星・土星がおひつじ座で「順行」するので、ふわふわと夢を見たり、焦ったりするようなムードは落ち着きそう。

　この間、20日には金星がみずがめ座へ入り、変容の星・冥王星がやや刺激されますが、一方で、18日には水星が、22日の冬至には太陽がやぎ座に入り、28日にはやぎ座で新月が起こります。やぎ座には火星もあり、成功や達成を求めるムードもあるのですが、そんな着実性よりも、マイペースに取り組みつつ結果を出している人こそがカリスマ性を発揮する面もありそうです。

2028 年の全体の流れ

　2028年は、4月に現実化とルールの星・土星がおひつじ座を抜け、おうし座に入ります。土星は約2年半、ひとつの星座に滞在しますが、2025年の5月に土星がおひつじ座に入って以来の節目に当たります。おひつじ座の「自分らしさへのこだわり」がとても強くなったなかで、4月に土星がおうし座へ。このときはパーソナルな天体もおうし座に連なって入るので、おうし座の象徴する「才能や豊かさ」が不足しているように感じる人も多いかもしれません。5月から6月にかけては、愛と美の星・金星の「逆行」があるために嫉妬が渦巻きそうでもあります。少し落ち着いてくるのは10月も半ばを過ぎてからかもしれません。

2028年 1月
シェアの意識が大切に。みずがめ座の新月＆日食では見せかけが嫌われる

　1月4日に行動や戦いの星・火星が、6日に思考や伝達の星・水星がみずがめ座に。みずがめ座にある変容の星・冥王星が火星、水星によって刺激されるなかで、「自由・平等・博愛」のみずがめ座マインドが広がっていきそうです。自分のやってい

ることを独占するような人は批判され、多くの人にわかりやすくシェアする姿勢が大切に。

そんななか、12日は、1月のなかではシフトのタイミング。拡大と保護の星・木星は「逆行」。かに座での満月＆月食でもあり、またおひつじ座の現実化とルールの星・土星とふたご座の自立や変革の星・天王星が45度という角度に。家族や友人、職場の同僚など身内の間で意見が割れることもありそうなときです。ただ、13日にはふたご座の天王星とみずがめ座の冥王星が調和し、愛と美の星・金星がうお座に入るので、ゆるし合いつつ、適度な距離感でつながろうとする人もまた現れるでしょう。足りない面を不満に思うより、してくれることに感謝を向けたいときです。

20日には太陽がみずがめ座へ。24日にはみずがめ座で水星が「逆行」を始めますが、27日にはみずがめ座で新月＆日食が。みずがめ座らしいシェアの意識を大切にしたプロジェクトやつながりが形だけだと、破綻してしまうこともありそう。見せかけだけではなく、真実の意味でつながろうとしているのか。姿勢が問われることになりそうです。

2028年 2月　前向きな反面、過去を懐かしむところも。「楽しい」と思えることを

2月7日に愛と美の星・金星がおひつじ座に。ひと足早く、

春の訪れといったムードが漂いそう。立春も過ぎ、新しいチャレンジがしたくなるときです。おひつじ座には現実化とルールの星・土星、境界を溶かす星・海王星もあるので、起業を焦っていた人なども、気分がやわらぐかもしれません。

そんななか、11日の満月はしし座で起こり、同じ日に行動や戦いの星・火星がうお座に入ります。おひつじ座、しし座といった火のエレメントの星座らしい、明るさが出てくるのですが、火星が入ったうお座は水のエレメント。火星のうお座は、「情」をベースに動いていくことになります。前を向きたいと思いながらも、ときには過去を懐かしんでしまう。そんなところもある配置。さらに、19日には太陽もうお座に。さらに、25日にはうお座で新月が。「情」のほうへと心は動いていきやすいでしょう。依存心も出てきやすいかも。

この間、13日にはふたご座で自立や変革の星・天王星が、14日にはみずがめ座で思考や伝達の星・水星が「順行」。風のエレメントであるふたご座とみずがめ座の性質が是正され、客観的な判断に頼りすぎたり、情報や数字に偏りすぎたりという傾向も落ち着いてくるでしょう。「楽しい」と体感できることをもっとすることで、波動もアップしていきそうです。

26日にはおとめ座の拡大と保護の星・木星とおひつじ座の土星が角度を取ります。短距離走で走り抜けるよりも、淡々と日々を続けていくような姿勢が大切になりそうです。

「自分らしさ」へのこだわりが強くなり、エネルギーが躍動する

　3月5日に愛と美の星・金星がおうし座に。金星はおうし座の守護星なので、おうし座のもつ「豊かさ」の感覚が世界に広がるときです。ただ9日にはおとめ座の拡大と保護の星・木星とみずがめ座の変容の星・冥王星が角度を取り、淡々と日々を送るなかにも改革すべきは改革する。そんな柔軟な姿勢が求められそう。11日のおとめ座の満月ではさらに完成度を高めようという気持ちが強くなりそうです。

　ただ13日には思考や伝達の星・水星がうお座に。この時点では太陽も、行動や戦いの星・火星もうお座にあるので、「情」を大切にしているかどうか問われそうです。

　ムードが変わるのは20日の春分。太陽と火星がおひつじ座に入ります。春分は、12星座の始まりであり、火星はおひつじ座の守護星。さらに、おひつじ座には現実化とルールの星・土星、境界を溶かす星・海王星があります。おひつじ座の象徴する「自分らしさ」「オリジナリティ」「アイデンティティ」といった意識がとても強くなるときです。ひとりで仕事をしている人が輝いて見えるかもしれません。

　そのうえで、26日にはおひつじ座で新月が。これらの意識が自分になじんでいくような感覚があるときです。さらに、31日には水星がおひつじ座に入るので、月末には頭が整理されて

くるはずです。それまでは、エネルギーが自分のなかで躍動するような、そんな感覚かもしれません。

　この間、27日にはドラゴンヘッドという太陽と月の軌道の交点がやぎ座に入ります。社会的な達成、承認欲求が頭をもたげてくるかもしれません。個を大切にしながらも、社会的にも役立つ存在である。ポジションも欲しい。そんな気持ちになることもありそうです。

土星がおうし座に入り、才能やお金の「不足感」が出てくる

　愛と美の星・金星は、4月4日にふたご座に入ります。ふたご座には自立や変革の星・天王星も滞在しているので、「新しもの好き」「好奇心旺盛」「おしゃべり好き」的な人が目立つときですし、個人のなかでも、ふたご座性が高まるでしょう。9日にはてんびん座で満月があるので、リアルに話したり、調べたりするなかで、人間関係の輪が生まれていきます。

　13日には現実化とルールの星・土星が、15日には思考や伝達の星・水星が、19日には太陽が、28日には行動や戦いの星・火星がおうし座に入ります。

　土星は、約2年半で星座を移動するので、2025年の春から続いた、おひつじ座に土星と境界を溶かす星・海王星が滞在する時代が終わります。土星がパーソナルな天体である水星、太

陽、火星とともにおうし座にやってくるので、3月の「アイデンティティ」の感覚から、一気に、「豊かさ」へとテーマが移っていくかのようです。金星もふたご座にあるなかでのこと。移り気な感じもあります。

　土星のおうし座は、「不足感」として出ることもあります。「お金がない」ということはもちろん、「才能がない」という感覚も訪れるかもしれません。それを補うために、貯金や積み立て投資をしようという発想になったり、才能があるように見える人を羨んだり、ということもありそうです。25日のおうし座の新月からは、そういった感覚と向き合っていくことが大切に。

⬤ 2028年 5月　ふたご座で金星と水星が「逆行」。SNSなどでの嫉妬に注意

　5月1日には思考や伝達の星・水星がふたご座に。ふたご座には愛と美の星・金星、自立や変革の星・天王星が滞在していますし、水星はふたご座の守護星なので、コミュニケーションが活性化。何かを変えたい、学びたいという人が多く出現しそうです。4月に現実化とルールの星・土星がおうし座に入ったこともあり、「お金や才能の不足」を「学び」で補おうという傾向もあるかもしれません。

　ただ今月、注意しなくてはいけないのは、「逆行」する天体が多いこと。9日のさそり座の満月にはみずがめ座で変容の星

・冥王星が「逆行」しますし、ふたご座では11日に金星が、21日に水星が「逆行」します。

　適度な距離感でもって人とつながり、誰もが平等なのだというマインドで新しいことに取り組むのは大切ですが、そこに妬みが絡んでしまうと厄介です。金星の「逆行」時期にはそういった嫉妬心が強く出てくることが多いので、SNSなどで知っているだけの、ほとんど会ったこともない人に嫉妬するような騒ぎも生まれてきそうです。20日に太陽がふたご座に入る頃から徐々に、水面化下で起こっていたことであっても、明るみになってくる予感。24日のふたご座の新月からは、ニュースとして入ってくることも。

　この間、10日にはふたご座の天王星とみずがめ座の冥王星が調和し、14日には拡大と保護の星・木星が「順行」するので、そんななかでもバランスを取り、嫉妬などしないように、自分を整える。自分軸を見失わないことが大切なときです。

2028年 6月　ふたご座に火星も入り、騒ぎが大きくなる傾向に気をつけて

　6月7日にいて座で満月があり、8日には行動や戦いの星・火星がふたご座に。ふたご座では先月に引き続き、思考や伝達の星・水星、愛と美の星・金星が「逆行」中。自立や変革の星・天王星、太陽もふたご座に入っているので、さまざまな好奇心

が働き、意見が飛び交い、嫉妬も生まれるようなとき。火星が
さらにかきまわしていくので、騒ぎがどんどん大きくなること
もありそうです。

9日にはおひつじ座の境界を溶かす星・海王星とみずがめ座
の変容の星・冥王星が調和し、正直に生きたいという気持ちも
高まるなか、14日には水星が、23日には金星が「順行」。ある
程度、ざわついた感じは落ち着きますが、真実を知りたい欲求
は強まりそうです。

この間、21日には太陽がかに座へ入り、23日にはかに座で
新月が。身びいきになり、安全を求める意識も高まるなか、24
日にはおうし座の現実化とルールの星・土星とみずがめ座の変
容の星・冥王星が葛藤の角度を取ります。才能がない、お金が
ないと思うと、平等でないことへの嫉妬が生まれてしまうこと
も。客観的で平等な判断というのはできにくくなりそうです。

29日にはおうし座の土星とおひつじ座の海王星が角度を取
ります。合いそうで、相容れないものがぶつかり合い、決裂す
ることもありそうです。自分らしさへのこだわりがあっても、
お金や才能が足りないということもあるかもしれません。

2028年 7月 やぎ座の月食とかに座の日食で、社会や家庭のあり方が変わる感覚が

7月7日にやぎ座で満月＆月食があります。成功、達成、承

認欲求などが強くなるときですが、物ごとの結果、社会の変化した状況などが月食をきっかけに、あからさまに表れてくることもあるかもしれません。

9日には思考や伝達の星・水星がかに座に。かに座には太陽もあり、身内優先で考えることが増えるとき。11日にはおひつじ座で境界を溶かす星・海王星が「逆行」します。自分らしさを優先するのはいいのですが、身体性を無視して、足もとが揺らいでいると失敗してしまうかもしれません。16日におとめ座の拡大と保護の星・木星とみずがめ座の冥王星が角度を取りますが、この頃もそういった不安定な状況を変えようという試みがなされるでしょう。

21日には行動や戦いの星・火星もかに座に入ります。身を守る行動を取ろうという傾向がますます強くなってくるなか、22日にはかに座で新月＆日食が。安全が壊れそうなときほど、自衛意識も高まるでしょう。やぎ座が社会だとしたら、かに座は家庭を象徴します。社会や家庭のあり方が変わる感覚も大きいときです。

同じ22日には太陽がかに座を去り、しし座へ。24日には水星もしし座に入るので、急に楽観的なムードも出てくるかもしれません。ポジティブな人とネガティブな人で、同じ状況でも、判断も分かれるときだと思います。

段取り力がアップ。木星が移動すると、見せる意識が高まる

8月3日におとめ座の拡大と保護の星・木星とおうし座の現実化とルールの星・土星が角度を取ります。チャンスはあっても資本はないと言うように、制限された条件のなかで、新たな創意工夫が求められるときです。

5日にはみずがめ座で満月が。みずがめ座には変容の星・冥王星もあるので、改善すべきポイントがはっきり見えてきたり、平等でないことへの嫉妬も高まったり。派手な星まわりとは言えないものの、深いところでショックを受けることもあるかもしれません。

8日には思考や伝達の星・水星がおとめ座へ、愛と美の星・金星がかに座へ入ります。水星はおとめ座の守護星でもあり、段取りやオーガナイズ、掃除といったことがはかどるとき。かに座での金星はホームへの愛着を高めますし、行動や戦いの星・火星もまだかに座にあるので、巣づくりに励み、住まいを整える人も多そうです。

20日にはしし座で新月が起こりますが、直後の22日に太陽がおとめ座に入り、23日には土星がおうし座で「逆行」を始めることから、夏休み気分が終わって、具体的に仕事に入るものの、自分には才能がないのではないかと言った疑いの思いが湧いてくることもありそうです。この頃は、どんなことでも、時

間をかけて取り組んでいく姿勢が大切です。

24日には木星が、27日には水星がおとめ座を抜け、てんび
ん座へ入ります。おとめ座が求めるのは自分なりの完璧性です
が、人に見せるためにはもっと美しく装おう、と言うように、
見せる意識が出てくるときですし、人と人とが優しくつながっ
ていきます。ただ、ちょっと優柔不断になり、決められないと
ころはあるかもしれません。

2028年 9月 天王星、水星が「逆行」。 判断の連続なのに決められないことも

9月4日のうお座の満月に行動や戦いの星・火星が、6日に愛
と美の星・金星がしし座に入ります。あまり遊べなかった夏を
取り戻すかのように、華やかなムードが出てくるときです。不
安感から、遊んで発散という人もなかにはいるかもしれません
し、つながりを確認するために遊ぶという人もいるでしょう。

そんななか、19日にはおとめ座で新月があります。またこ
の日にはふたご座の自立や変革の星・天王星が「逆行」を始め
ます。情報を伝えるという意味においては何かチャレンジが始
まるかもしれません。

さらに、20日には思考や伝達の星・水星がてんびん座で「逆
行」します。始まったプロジェクトがあり、判断が必要な機会
の連続なのに決められない。そんな不穏な事態も予想されま

す。22日に太陽がてんびん座に入ると、「判断しなくては」と思うものの、慎重を期したいために決められないかもしれません。

24日にはてんびん座の拡大と保護の星・木星とみずがめ座の変容の星・冥王星も調和するので、つながり合おうとする大きな流れはあり、いいほうに向かっていると感じられるものの、細かなところで決断できないことで、現場ではストレスがありそうです。

29日にはてんびん座の木星とおひつじ座の境界を溶かす星・海王星が緊張の角度に。人と人とのつながりのなかで、個人が軽んじられる事態もあるかもしれません。

2028年 10月 前半は、大事な話はしないこと。穏やかな関係を目指していく

10月2日に愛と美の星・金星がおとめ座へ。「あまり目立たなくてもいいから、日常の小さな場面を楽しもう」、そんなムードが出てくるなか、4日にはおひつじ座で満月が。家庭でも職場でも、ある人は穏やかに進もうとするけれど、ある人は遊びを大切にするというように、反応するところが分かれそうです。まだ月の初めは、思考や伝達の星・水星はてんびん座で「逆行」しているので、それゆえの行き違いもありそうです。この頃は、パートナーシップに関して、あまり大事な話はしないほうがよさそう。

11日には水星がてんびん座で、19日には変容の星・冥王星がみずがめ座で「順行」します。流れがよくなるなか、この間、18日にはてんびん座で新月が。多くの人が穏やかな関係づくりに腐心するところがあるかもしれません。

　23日には太陽がさそり座に、24日には行動や戦いの星・火星がおとめ座に。27日には金星がてんびん座に。一気に関係を深めようとする側と慎重になる側がいるなかで、27日にはてんびん座の木星とふたご座の天王星も調和するので、自立した者同士という大前提はありますが、月末には穏やかな関係性が取り戻されていきそうです。

2028年 11月 ― 自由に憧れつつ、才能やお金のなさを嘆く人も。憧れも高まる

　11月2日にはおうし座で満月が。3日には思考や伝達の星・水星がさそり座へ。所有欲が高まるタイミング。

　8日にはおひつじ座の境界を溶かす星・海王星とみずがめ座の変容の星・冥王星が調和します。自分らしさや自由に憧れる人が増えるでしょう。

　ただ、15日におうし座の現実化とルールの星・土星とみずがめ座の冥王星がハードな角度を取るので、才能やお金がないので、自由になれないという感覚をもつ人もまた増えそうです。

　そのうえで、16日にさそり座で新月が。憧れている相手の

ようになりたいという気持ちが高まるかもしれません。19日にはおうし座の土星とおひつじ座の海王星が30度という角度に。自分らしさと才能のなさの葛藤は、ここでもありそうです。

21日には水星が、22日には太陽がいて座に入ります。また21日には愛と美の星・金星がさそり座に入ります。相手と一体になりたいという気持ちが愛情にまで高まっていき、そうした気持ちが解き放たれていくことも。

2028年12月 憧れに向かい、始めてみる勢いが。無謀すぎるチャレンジはNG

12月2日にふたご座で満月が。憧れの対象に近づくにはどうしたらいいのかが見えてくるとき。魅力を表現していきましょう。

10日には思考や伝達の星・水星がやぎ座に入ります。建設的な考え方をするようになりますが、15日には愛と美の星・金星がいて座へ。16日にはいて座で新月もあるので、憧れに向かい、ともかく始めてみようという勢いも出てきそうです。ただ17日にはおひつじ座で境界を溶かす星・海王星が「順行」。個人を大切にした生き方への憧れが強まります。

21日の冬至に太陽がやぎ座へ。またこの日には行動や戦いの星・火星がてんびん座に入ります。火星がおとめ座にあったときは段取り重視で動いていたとしても、この頃から、調整力が求められるように。意見がぶつかり合うなかでも、さまざま

な人の意思を汲み取りながら進めていって。

31日には水星がみずがめ座へ。みずがめ座には変容の星・冥王星もあります。「平等であるかどうか」がとても大切に感じられそうです。

 ## 2029年の全体の流れ

　現実化とルールの星・土星は、2029年もおうし座に。「才能やお金の不足」を感じる人が増えそうな1年。2月から5月は、行動や戦いの星・火星もてんびん座で「逆行」し、おとめ座まで戻って、また「順行」するため、いったん進んだことが仕切り直しになりやすいとき。いざ始めてみると、問題がいろいろ見えてきたり、反対意見が多かったりする傾向が。7月は家族の問題が出やすいですが、9月に拡大と保護の星・木星もさそり座に入ると、一緒にがんばっていこうというムードが生まれそう。また、チャレンジ精神も旺盛になっていきそうです。

2029年 1月　家族のあり方に変化。羨望が高まり、苦しむ人もいそう

　1月1日にかに座で満月＆月食が。元旦から「食」が起こる

とは、ちょっとショッキングな星まわりですね。家族のあり方について、変化を感じる家庭も多いかもしれません。

5日には現実化とルールの星・土星がおうし座で「順行」しますが、7日には思考や伝達の星・水星がみずがめ座で「逆行」を開始。8日には愛と美の星・金星がやぎ座に入り、13日には水星も「逆行」したまま、やぎ座に戻ります。おうし座も、やぎ座も土のエレメントの星座。才能や社会的地位に関して、相手がもっていて、自分がもっていないものへの羨望が高まり、もっていないと思うと苦しむ人も多くなりそうです。15日には今度は、やぎ座で新月＆日食が。そうした嫉妬や羨望が根底にあると、大切な関係を壊してしまうこともあるでしょう。自分の人生を愛することがとても大切になるときだと思います。

この間、9日にはてんびん座の拡大と保護の星・木星とふたご座の自立や変革の星・天王星が角度を取るので、自分と状況が違う人とつながったり、調和的な関係をキープしたりするためには工夫が必要になるでしょう。

20日には太陽がみずがめ座へ。28日には水星がやぎ座で「順行」することから、コミュニケーションの混乱は落ち着いてきそう。30日にはしし座で満月も起こります。明るい気持ちになり、希望や展望が見えてくるでしょう。

2029年2月 木星、火星がてんびん座で「逆行」。人間関係は混乱必至

2月1日に愛と美の星・金星がみずがめ座へ。みずがめ座の「自由・平等・博愛」のマインドへの憧れが高まりますが、10日には拡大と保護の星・木星がてんびん座で「逆行」。つながりが多すぎても、混乱が生まれそうです。人付き合いの難しさを感じることも多いかも。

13日にみずがめ座で新月が。「自由・平等・博愛」への意識の高まりは、この頃がピークに。14日には思考や伝達の星・水星が再びみずがめ座に入りますが、同じ日にてんびん座では行動や戦いの星・火星が「逆行」します。10日には木星もてんびん座で「逆行」しているわけなので、てんびん座の象徴する「人間関係」の輪は混乱必至。プロジェクトやグループの調整役を引き受けた人は、苦労することになるかもしれません。

とは言え、16日にはふたご座で自立や変革の星・天王星が「順行」するので、変革のための動きは落ち着くでしょう。

18日には太陽が、25日には金星がうお座へ。てんびん座での木星、火星の「逆行」は続いていますが、情感を重んじ、ワンネスを大切にするうお座的な価値観が高まります。たくさんの人が共感できる落としどころを見出そうと模索することになります。

カオスが整理され、おひつじ座に惑星が集合。「自分らしさ」にこだわり

てんびん座では拡大と保護の星・木星と行動や戦いの星・火星が「逆行」中。

3月1日におとめ座の満月があり、混沌とした状態がオーガナイズされ、ある方向性が見出されるでしょう。ただ7日には思考や伝達の星・水星がうお座に。うお座には太陽、愛と美の星・金星もあるので、まだ過去にとどまりたいと思う人もいそうです。15日にはうお座で新月があるので、モヤモヤを手放し、動き出した流れには乗っていくことが大切に。

この間、10日にはおうし座の現実化とルールの星・土星と、おひつじ座の境界を溶かす星・海王星が角度を取り、まったく違うふたつの価値観の間で身動きできない人もいるかも。17日にはてんびん座の木星とふたご座の自立や変革の星・天王星も角度を取ります。多くの人の気持ちを汲んで、物事を改善していくことが大切に。

そんななか、20日の春分に太陽が、21日に金星が、23日に水星がおひつじ座に入ります。おひつじ座には海王星もあるので、おひつじ座のアイデンティティやオリジナリティについて、多くの人の関心が集まります。「自分らしく生きたい」という夢をみなが胸に宿していくことになるでしょう。

30日のてんびん座の満月では「調和や愛、人気」を目指す

ところがありますが、おうし座の土星とみずがめ座の変容の星・冥王星がスクエアというハードな角度に。才能がないという悩みを抱く人も多いかもしれません。

2029年 4月 理想や夢に走りすぎず、地に足をつけていこうという心の働きが

4月7日には思考や伝達の星・水星がおうし座に、「逆行」中の行動や戦いの星・火星がおとめ座に戻ります。理想や夢の方向に多くの人が走りすぎていたとしても、この頃から、地に足をつけていこうという心理が働くようになるでしょう。揉めていた人間関係はある程度、落ち着き、具体的な段取りを見直そうという流れに。

10日にはおうし座の現実化とルールの星・土星とふたご座の自立や変革の星・天王星が角度を取ります。才能のなさを学びで補おう。そんな気持ちが強くなりそうです。

14日のおひつじ座の新月では、もう一度、どうしたいのか考えてみようというように、足もとを見直す人も多いはず。またこの日には愛と美の星・金星もおうし座に。20日には太陽もおうし座に。金星は、おうし座の守護星なので、「豊かさや美」への感性が高まるでしょう。走り続けるのも疲れ、ゆっくりしたくなるかもしれません。

28日にはさそり座で満月もあります。それが無理なことで

あると頭ではわかっていても、ミラクルを願ってしまうような、そんなタイミング。

<table>
<tr><td>2029年
5月</td><td>火星が「順行」。
月末が近づくほど、心は落ち着きそう</td></tr>
</table>

　5月2日には思考や伝達の星・水星がおうし座で「逆行」をスタート。「所有」の感覚が強まり、独占欲も強くなりそうなタイミング。現実化とルールの星・土星はおうし座にありますから、「もっていない」と思うと、こじらせてしまうかもしれません。

　ただ6日には行動や戦いの星・火星がおとめ座で「順行」するので、段取りをやり直すゆえの混乱があったとしても、それも落ち着いてくるでしょう。8日には愛と美の星・金星がふたご座へ。ここには自立や変革の星・天王星があるので、新しい情報、新しい世界へと知的好奇心が高まるとき。21日に太陽がふたご座に入ると、その傾向はもっと高まりそう。

　11日に変容の星・冥王星がみずがめ座で「逆行」し、13日におうし座で新月があると、独占欲や嫉妬心などがさらに高まってしまうかもしれません。

　でも、23日におひつじ座の境界を溶かす星・海王星とみずがめ座の冥王星が調和、26日には水星が「順行」、28日にはいて座で満月、31日にはてんびん座の拡大と保護の星・木星とお

うし座の現実化とルールの星・土星が角度を取ります。月末が近づくほど、独占欲や嫉妬でざわざわしていた心は落ち着きそう。ポジティブな理想やゴールも見えてきます。助けてくれるのは、結局は、人とのつながりなのだということも、わかってくるでしょう。

2029年 6月　独占欲や嫉妬心は落ち着き、人間関係の流れも次第によくなっていく

6月2日には愛と美の星・金星がかに座に。インテリアや住まいに関心が集まるとき。5日には行動や戦いの星・火星がてんびん座に。てんびん座には拡大と保護の星・木星がありますから、ときにわずらわしいほどに、人の輪が広がっていきそう。5月には思考や伝達の星・水星の「逆行」がおうし座であり、独占欲や嫉妬心にまつわる混乱があったかもしれませんが、6月は家庭や人付き合いに関心が向かい、多くの人の心が次第に落ち着いていきそうです。

そんななか、12日にはふたご座で新月＆日食が。ふたご座には自立や変革の星・天王星もあるので、自立心が高まるタイミング。状況を変えたいという人も増えるでしょう。続いて、14日には水星がふたご座へ。水星はふたご座の守護星でもあり、頭の回転が冴え渡るイメージです。さまざまな対話がなされます。またこの日にはてんびん座で木星が「順行」。人と人

とのつながりが広がりすぎていたものはもう少し落ち着き、流れがよくなりそう。

21日の夏至に太陽がかに座へ。家庭や家族を大切にするムードのなか、26日にはやぎ座で満月＆月食が。形だけにこだわってきた関係は、壊れることもあるかもしれません。

27日には金星がしし座に。明るいムードが広がります。芸能に関心が集まります。

● 2029年 7月　家族のあり方を見直す動き。羨望も生まれるとき

7月1日に思考や伝達の星・水星がかに座に入り、家族や友人を大切にするムードがさらに高まるなか、12日にはかに座で新月＆日食が。家族のあり方を見直したり、家族を大切にするために新たな選択をしようという心の働きがありそうです。

14日にはおひつじ座で境界を溶かす星・海王星が「逆行」。15日には水星が、22日には太陽がしし座へ。これで、水星と太陽がしし座に揃うので、楽しいことをしたいという人も増えるでしょう。

その間、21日には愛と美の星・金星がおとめ座へ。おとめ座での金星は控えめに働くところがあり、しし座らしい生命力が強くなる一方で、謙虚な人のほうが人気は集まりそう。

25日にはみずがめ座で満月が。みずがめ座には変容の星・

冥王星があるので、「自由・平等・博愛」への憧れ、ときには自分がもっていない自由をもつ人への羨望も出てくるでしょう。

2029年8月

淡々としたリズムのなかで、遊びや余暇を大切に過ごす

　8月1日には思考や伝達の星・水星がおとめ座へ。水星はおとめ座の守護星でもあり、おとめ座には愛と美の星・金星もあるので、物事が段取りどおり進んでいくことに喜びを覚えそう。それがときに単調であっても、その淡々としたリズムに落ち着きを見出す人が増えるのです。

　8日には行動や戦いの星・火星がさそり座へ。さそり座と火星には親和性があるので、ググッとアクセルを踏み込むような感覚が生まれそう。おとめ座の淡々としたリズムとは明らかに違う、深いところまで没入していくようなエネルギーです。

　10日のしし座の新月のあと、16日には愛と美の星・金星がてんびん座へ。金星は、てんびん座の守護星なので、華やかに人とつながる、社交にいそしむところが出てきます。遊んだり、楽しんだりすること、ヴァカンスを取ることの大切さが見直されます。

　23日には太陽がおとめ座へ入り、淡々としたリズムをキープしたいと思うものの、24日にはうお座で満月もあり、心が揺れる面も。

27日には水星がてんびん座へ入り、29日にはてんびん座の拡大と保護の星・木星とおうし座の現実化とルールの星・土星が角度を取ります。広がりすぎたものを抑制する動き。たとえば、人付き合いが増えすぎると交際費がかかりすぎるので、節約しようといったこともあるかもしれませんね。

⬤ 2029年 9月　心のノイズも多くなるとき。秋分や木星の移動で、広がりが

　9月2日に思考や伝達の星・水星がてんびん座で、6日には現実化とルールの星・土星がおうし座で「逆行」をスタート。独占欲、嫉妬心、比較する気持ちなどで心がざわつきそうなタイミング。自分に才能がないと思うと、うまくいっているように見える人を羨んでしまうこともありそうです。

　そんななか、8日にはおとめ座で新月があり、思考や伝達の星・水星もおとめ座へ。水星はおとめ座の守護星でもあり、ともかく仕事を着々と進めることで、そうした嫉妬心などから脱しようという心理が働きそうです。

　23日は秋分です。うお座で満月が起こったあとで、太陽がてんびん座に。心揺らぐことも多いなか、それでも判断を求められ、しっかりと考えようとする。そんな心の揺らぎがありそうなときですが、この日には行動や戦いの星・火星、ドラゴンヘッド（太陽の軌道と月の軌道の交点）がいて座に。「ここで

はないどこか」に向かって、ドライブがかかっていくときです。迷っていたとしても留学や移住、進学をしようとか、自分に正直に生きようとか、心に広がりが生まれそう。

24日には拡大と保護の星・木星がてんびん座を去り、さそり座に。人間関係もより深まり、相手と理解し合いたいという気持ちが高まるでしょう。この日にはまた自立や変革の星・天王星がふたご座で「逆行」しますが、25日には水星が「順行」するので、本当の意味で心も決まり、チャレンジが始まるでしょう。ダイナミックな変化が起こりやすいのが月末です。

● 2029年 10月 移住や留学が再びブームに？ 理解し合うことで癒しも生まれる

10月7日に愛と美の星・金星がいて座に。行動や戦いの星・火星、ドラゴンヘッド（大洋の軌道と月の軌道の交点）もいて座にあるなか、「ここではないどこか」への憧れが高まります。海外移住や留学なども、再びブームになるかもしれません。

そんななか、8日のてんびん座の新月には思考や伝達の星・水星もてんびん座に。さまざまな状況、人の気持ちを考えて、優柔不断になることもありそうです。

11日にはさそり座の拡大と保護の星・木星とふたご座の自立や変革の星・天王星が角度を取ります。対象とひとつになることを求め、状況を変えたくなるでしょう。

21日には変容の星・冥王星がみずがめ座で「順行」。22日にはおひつじ座で満月が。この頃には自分の気持ちが見えてくるはず。

　そして、23日には太陽が、26日には水星がさそり座に。木星もここにあるので、没入し、深めていく心の働きが顕著に。理解し合おうと努力することで、癒しも起こっていくでしょう。

● 2029年 11月　高いハードルでも諦めない姿勢が大切に。挑戦の意欲が高まるとき

　11月1日にはさそり座の拡大と保護の星・木星とみずがめ座の変容の星・冥王星がスクエアというハードな角度に。冥王星は、さそり座の守護星でもあり、莫大なエネルギーがぶつかり合うこともありそうです。

　4日には行動や戦いの星・火星が、5日には愛と美の星・金星がやぎ座に。成功や達成への意欲が高まるなか、5日にはさそり座の木星とおひつじ座の境界を溶かす星・海王星が角度を取ります。6日にはさそり座で新月もありますが、何か新しい、大きなムーヴメントが生まれそうな時期です。誰も挑戦していないようなことをやってみる。難しいことでも諦めない姿勢が大切なとき。

　14日には思考や伝達の星・水星が、22日には太陽がいて座に。この間、21日にはおうし座で満月が。移住やステップ

アップへの意欲が高まるとともに、お金や豊かさについても、自分が欲しいものが何なのか、答えが見えてくる人が多いでしょう。

2029年12月 個を大切にしつつも連帯を。欲しいもの、達成したいものを意識して

12月1日にはおひつじ座の境界を溶かす星・海王星とみずがめ座の変容の星・冥王星が調和します。自分らしくありつつも、同じような人とはつながり、連帯していこうという前向きさがあるときです。

4日には思考や伝達の星・水星がやぎ座に。やぎ座には愛や美の星・金星、行動や戦いの星・火星も入っているので、成功や達成に向けて何をしたらいいのかを少し戦略的に考えてみてもいいでしょう。

そんななか、5日にはいて座で新月＆日食が。とくに、10月から11月にかけて考えてきたことについて、この頃、大きなアイデアが生まれるかもしれません。「そうだ、こうしよう！」という素直なひらめきを大切にして。

10日にはさそり座の拡大と保護の星・木星とふたご座の自立や変革の星・天王星が角度を取ります。やりたいことのためなら何でもしようというような、状況を変えようとする熱意が扉をひらけるでしょう。

13日には火星がみずがめ座に入り、権利意識が強くなるなかで、17日にはやぎ座で金星が、22日には水星が「逆行」をスタート。成功や達成とそのための戦略という面で、考えすぎたり打算的になったり、こじらせてしまう人も多そうです。この間、21日の冬至にはふたご座で満月＆月食が起こり、太陽もやぎ座に入るので、そうしたありさまがまざまざと世界に映し出される感覚が。またそれが今まで知らなかった真実と受け取られることもあるでしょう。ふたご座には天王星もあるので、否応なしに知らされてしまうようでもあります。

　一方で、19日にはおひつじ座で海王星が「順行」するので、自分らしさへの夢は落ち着いてきます。それよりも、わかりやすいポジションが欲しくなるかもしれません。水星が「逆行」する22日にはさそり座の木星とおうし座の現実化とルールの星・土星も緊張の配置に。欲しいものへのこだわりは強くなりそうです。

「未来」について

～あとがきに変えて

人類の未来は？〜ホピの預言〜

　5年先まで、Sayaさんに星の動きをナビゲートしていただいたところで、再び大槻麻衣子です。ここまで読み進めていただいき、ありがとうございます。最後に、「未来」へのメッセージを書いて、あとがきに変えさせていただきます。

　「やっぱり、富士山は噴火するのでしょうか？」「大地震の預言は本当なのですか？」「第三次世界大戦は起こるのでしょうか？」「未来」について、このような質問をされることがあります。

　わたしたちはいまだかつてないような、激動の、不安定な時代に生きています。日本における大地震は、AI予測でも約70％の確率で近い将来に起こるとみられていますし、世界中で火山活動が活性しています。海の水温上昇も加速し、地球温暖化を超えて沸騰化し、さらには「地獄の扉がひらかれた」とまで言われています。台風やハリケーン、豪雨などによる水害が激化する一方で、干ばつや山火事などが多発しています。そんな最中に、国際関係は危うさを増し、ロシアとウクライナの戦争、混乱を極める中東情勢、北朝鮮によるミサイル発射、中国と台湾の関係など、軍事的衝突や緊張状態が絶えません。日本も、アメリカの傘の下で、平和ボケもしていられない時代になってきています。

　こんなときに思い出されるのが、「ホピの予言」です。ご存

じの方も多いかと思いますが、ネイティブアメリカンのホピ族の祖先が、岩に残した壁画があって、そこには、第一次、第二次世界大戦に続き、3つ目の大きな戦争が示唆されています。

自分の人生の行き先もさることながら、国は、世界は、そして人類はどこへ向かっているのでしょう。もしも、ホピの預言どおり、人類が3つ目の大戦に向っているとしたら、そう方向づけている要因のひとつは、人間の集合的無意識のなかにある、種族的な負の遺産だと考えられます。数々の戦争や殺戮、差別や迫害などで負った悲しみや苦しみ、憎しみや怒り、絶望や罪悪感などが、心の奥底に染みついているのでしょう。

生き方の起動修正を迫られているのは、わたしたちひとりひとりだけでなく、国や民族、人類全体としても、同様なのです。言い換えれば、今は人類史上、もっともチャレンジングな時代といえるでしょう。そこに生まれてきたわたしたちは、勇気ある魂なのです。実際、知恵と勇気と行動力のある若者たちが、たくさん活躍し始めていますね！

レッスン6でお話ししてきたように、ミクロはマクロの一部であって、決して無関係ではないのです。全体の構成要素であるわたしたちひとりひとりが、自分自身を癒し、先祖を癒し、恐れベースから愛ベースへシフトし、潜在意識を変容させ、意識を進化させていけば、自ずと進む未来の行き先が変わり、全体の起動修正がうながされるでしょう。

「未来」をどうとらえ、「今」をどう生きるか

心の庭・魂の療法をしていると、実際、未来に関する予言的なビジョンを受け取ることがしばしばあります。潜在意識が象徴的に見せてくれているイメージやビジョンとしてですが、例えば、富士山が噴火してしまった恐ろしい光景や、世界の大都市が火の海になっている、絶望的なシーンなど、今からそう遠くないと思われる未来のシーンを、生々しく見せられるケースが複数ありました。一方で、もっと先の未来のビジョンでは、とても緑豊かで平和な、田舎のような風景で、自然環境に調和した家の内部は今よりはるかにハイテクで、無駄のない持続可能な暮らしを快適に楽しんでいる光景や、未来都市や、宇宙環境に住んでいるシーンなどを見せられたケースも多々ありました。

ここで押さえておきたいのは、「未来」という概念の定義です。「未来」をどうとらえるか、どんな姿勢で「未来」に向き合うか、そこが肝心です。

「未来は、すでに決められた運命で、自分の力では変えられない」ととらえているとしたら、未来は脅威になりますね。そのとらえ方で、最悪の未来の光景を目の当たりにしてしまったら、ショックで立ち直れなくなるかもしれません。

ですが、これらの未来のビジョンを受け取った方々は、絶望したわけではありません。「潜在意識は、『未来の可能性』を見

せて、警告やヒントを与えてくれた」と、彼らは理解しました。そして、以前よりも現実に目を向け、よりよい未来のために、今自分にできることは何かを問い、まるで潜在意識に背中を押してもらったように、生き生きとされていたのです。

「未来」とは、文字どおり、「未だ」「来ていない」先のことであって、実際に起こるまでは「確定」していません。そのときが来て、それが「今」になって、初めて確定するのです。経験されて初めて、現実となる。それまでは、「可能性」があるだけで、夢やビジョンや、預言や予測も含めて、未来は「下絵」のようなものと例えてよいでしょう。「今」という本番になって、実線やカラーで描くときに、きっちりと下絵のとおりになることは少ないのではないでしょうか。

「未来の可能性は、あなた方の、あり方や歩み方次第で変えられる。または叶えられる」と、潜在意識は伝えてくれています。つまり、どんな未来をもたらすかは、わたしたち次第であって、一番重要なのは、「今、このとき」なのです。わたしたちが日々の一瞬一瞬を、どんな気持ちで、何を選択し、どう行動するかによって、未来の下絵も変わってくるということです。ですからもし、まだ起こってもいない未来を心配し、決め込んで、今から嘆いているとしたら、本末転倒になってしまうのです。

　未来は常に、わたしたちに「創造され、歩まれる」のを待っているのですから。

　もちろん、明日何が自分の身に起こるか、どんな事故や災害が起こるか、世界がどうなるかはわかりません。防ぎきれない自然災害や、突然の事故、健康で前向きな人が難病にかかるなど、想像のつかないことが起こることもあります。「なぜ、この人が……」と誰もが悲しむ死などは、生まれる前から魂が決めてきた「宿命」なのでしょう。このような宿命的な出来ごとは、一見不幸に見えますが、より大きな意味で、残された人に、尊い学びと成長のきっかけを授けてくれるのです。ですから、わたしたちの力では変えることのできない、人知を超えたレベルで起こることについては、心静かに受け入れ、大きな計らいにゆだねる姿勢が必要なのですね。

　この「ゆだねる」とは、ただ無責任にまかせるのではなく、変えられることと、変えられないことを知り、自分にできることをし尽くしたうえで、宿命であれば受け入れる、責任ある選択なのです。この世の理に対する「信頼」と、「謙虚さ」と「勇気」があってこそ、できることだと思います。

　この本は、メーヴェのイメージから始まりましたが、ジブリ作品のキャラクターなら、ナウシカや、アシタカ、ハクなどが、お手本を示してくれているのではないでしょうか。

　最後に、「欲」の話をさせてください。自分の未来について、人と地球の未来について、「よりよくしたい」という欲は、大

いにもっていいと思います。「エゴを捨てろ」と言われますが、エゴを全部捨ててしまっては生きてはいけないでしょう。インナーチャイルドと同じで、「傷ついたエゴ」は悪さをしますが、「健全なエゴ」は必要不可欠です。草木が光に向かって伸びていくように、人は、希望に向かって歩むものですから、自分自身や、みなの幸せな姿を思い描くことは大事です。

　忘れてはならないのは、「自分が信じたことが、現実になる」という人生の仕組みです。それにならって、健やかな欲を持って、すばらしい未来を思い描いてください。それが叶ったと想像し、感謝と喜びをありありと感じ、ハートをいっぱいに満たしましょう。生命のエネルギーが活性し、波動が高まるのを感じてください。

　「わたしの風」を見つけて、ふわっと乗ってください。今この瞬間を、この風に乗って、飛んでいるライブ感をたっぷりと味わい、楽しんで。ゆったりと呼吸をして、潜在意識と仲よくコミュニケーションを取りながら、ハートの光が指す方へ、旅していくのです……。

　この本を執筆する機会を与えてくださった、親愛なるSayaさんと、説話者の高木利幸さんに、心から感謝申し上げます。そして、ここまで読んでくださった読者のみなさま、本当にありがとうございました。みなさんとともに、最高最善の未来を創造していくことを、楽しみにしています。

大槻麻衣子

お わ り に

　これを書いているのは、七夕の夜。

　潜在意識を浄化する大切さをもっと多くの人に届けたいという願いが心に宿ってから、半年がかりで、原稿の完成に漕ぎつけたことを思うと、感慨深いものがあります。

　わたしも大槻麻衣子さんも、家族のことなどでさまざまな事態がもち上がり、スケジュールどおりに行かない場面が多々ありました。そのたびに、時間をやりくりして、ときにはミラクルとしか思えない綱渡りもこなしながら、執筆を進めてきました。神奈川と京都で離れているために、リアルで会える機会も少ないなか、この本で提案している〝レジリエンス〟をまさに体現しているようでした。

　わたしが現在、メインで書いているのは星占いなわけですが、困難な時代のなか、星占いや占星術に指針を求める人はたくさんいると思います。確かに、ベーシックな占星術で使われる太陽系の惑星たちの運行は、百年先でも決まっています。でも、それにどう対応していくのかは、自

由意思による余地が残されています。

　生まれたときの星の配置図であるホロスコープは、海図のようなもの。惑星の運行が書かれた占星天文暦もありますが、それらを読み、人生という航路の進み方を決めるのはあくまでも自分自身。そのとき、現在の人生の乗りものである自分の潜在意識に癒されていない部分が隠れていると、進む方向が違ってしまったり、座礁してしまったりということが起こってきます。

「人生に失敗はない」というのは、たとえば、Aという離島に行くはずだったけれども、Bという離島に立ち寄った。そこで、当初の予定ではない行動をして、結果、あまり満たされるものではなかったが、学ぶことはあったなどという場合です。やはり、当初の計画にはないところに無理やり突き進んだために船が座礁して、溺れ死んでしまうなどは魂の望みではないはずです。でも、癒されていないものが自分のなかにあると、自分で自分の人生を妨害してしまうところが出てくるのです。そこで、「なぜ自分の人生には悪いことばかり起こるのか」と占星術に助けを求めても、答えが出ないことが多いのですね。

　もちろん、「ありのままの自分で、悩んだり苦しんだりしたい」という人はまだ癒しに向き合う準備ができていないので、それでよいのですが、「もう苦しみ続けたくない」

と心の底から思ったら、そのときは癒すチャンスです。自分という船のメンテナンスをして、すでに賞味期限が過ぎていたり、使えなくなったりした積荷を下ろし、再出発するときなのだと思います。

『わたしという星になる 12星座のノート』という本でも書いたことですが、生まれたときにわたしたちが宇宙から受け取るギフトは、星の種であり、ホロスコープという設計図なのです。それらにもとづいて、自分のなかに星を育てていき、がんばらなくても、自分の軌道に自然と乗っていけることが本来は理想です。

でも、ずっと放置していたり、発芽に必要なまわりからの愛が不足していたりすると、星の種はきっと種のままなのです。星が育っていない状態で、無理にがんばろうとしても、破綻してしまうものです。自分のなかに、癒されていないままのものがあるなら、あるいは種の発芽をゆるさないような、頑固な思い込みがあるなら、それらを自分で見つけて、手放していくようにできると、きっと多くの人がもっとラクに生きていけるはずだと思うのです。

七夕の夜、わたしは沖縄本島にいます。沖縄とは不思議な縁があるのですが、こんなにも自然や人がパワーで満ちていながら、同時に、潜在意識には深い悲しみが宿っている場所は、世界にもなかなかないでしょう。わたしが今、

少しずつ学んでいるホメオパシーに、ナトムールという塩のレメディがあるのですが、これは悲しみを宿すもの。"同じものは同じものを癒す"というホメオパシーの理論からすると、沖縄の人たちみんなにナトムールを摂ってもらえたら、と思うくらいなのです。

　わたしは沖縄復帰の前年の生まれ。沖縄の同世代たちは、悲しみのなかの希望として生まれてきて、上の世代の期待を一心に受けて、内地とのかけ橋になるようにと育ってきました。実際、親しく付き合ってみると、輝くような魅力や才能をもっている人ばかりです。でも、潜在意識には悲しみがあるので、大人になっても、傷ついたインナーチャイルドが暴走してしまうことがよくある。また沖縄の価値観と内地の価値観がバグを起こしてしまうなどして、ワンダーチャイルドが発動できないでいるのを感じます。彼らの力が存分に発揮されるようになったら、沖縄は琉球王国時代のような輝きをまた取り戻せるでしょう。2025年は戦後80年になりますが、物質的には満たされても、潜在意識の癒しは、まだまだこれからなのかもしれません。

　実は、それは日本全体に言えることです。わたしの親世代にも、語られない戦争の悲しみがあるのを感じますし、戦争を知らないわたしたちの潜在意識にも、戦争の苦しみ

はまだいくつものしこりとなって、残っているのかもしれません。災害の多い日本では被災地のみなさんの潜在意識にも、たくさんのしこりがあることでしょう。

潜在意識のなかにいる過去の自分には時間というものがありません。何年、何十年経とうとも、癒しをしていかないとその苦しみは消えるものではなく、同じ季節がめぐるごとに、普段は閉じ込めている苦しみが浮かび上がってくるものだと思うのです。

自分のなかに癒されていないものがある。そう認めるのは、それがたとえ潜在意識でも、大人として、ちょっと恥ずかしいような気がしてしまうかもしれません。でも、まったく傷つかずに生きていける人などいないので、恥じる必要なんてないのです。先祖の話にしても、命をつないでくるなかで、闇があったとしても無理はない。当たり前のことですから、誰もが自分で自分を癒す発想をもつことで、輝く才能を発揮できるようになったら、日本も世界もずっと元気になっていくでしょう。争いも減っていくかもしれません。

癒しというのはなかなかスピーディには進まないものですが、そこは根気よく、少しずつ。また癒し自体も楽しんでしまいながら、変容していくと、自分に鞭打ってがんばらなくても、きっと軽々と"わたしの風"に乗っていける

はずです。たとえ思いどおりにならないことがあっても、自分を否定するのではなく、"よくやってきた"と認めてあげてくださいね。

　最後になりましたが、潜在意識の本を共著で書きたいというわたしの願いを心よく引き受けてくださった大槻麻衣子さん、出版の現実化に力を貸してくださった説話社の高木利幸さん、素敵なカバーイラストを提供してくださったイラストレーターの長谷川洋子さんに御礼申し上げます。麻衣子さんの卓越したカウンセリング能力によって、わたし自身、重ねた対話のなかで整理され、癒されていくのを感じました。

　またいつも見守ってくれる家族や友人たち、読者のみなさんにも感謝の気持ちでいっぱいです。世界には何と多くの愛があることでしょう。困難な時代にも絶望することなく、明るく乗り切っていきたいですね。それも、沖縄で学んだことなのかもしれません。

2024 年 7 月 7 日　　*Saya*

著者紹介

Saya
さや

アストロロジー・ライター。
1971年、東京生まれ。1994年、早稲田大学卒業後、ライフスタイル誌の編集者に。生活系、新聞系、流通系の各出版社で働いたのち、2003年、フリーランスに。雑誌の記事の取材・執筆、書籍・ムックの編集、広告タイアップ、企業出版等に関わる。
1999年の月食の晩に「月の星座」に出会い、占星術の世界に魅了される。独学を中心に学びを続け、2008年の立春より、『エル・オンライン（現在の『エル・デジタル』）』（ハースト婦人画報社）で、星占いの連載をスタート。週刊、月刊、隔週と形を変えながら、2024年現在も続く人気コンテンツに。2018年より、『リーウェブ』（集英社）、2019年より、『ヨガジャーナルオンライン』（インタースペース）でも連載中。
一方で、2005年頃より、スピリチュアルな取材もスタート。スピリチュアルサロン、米国などから訪れた世界的なヒーラーやサイキックを取材するなかで、ヒプノセラピーの大槻麻衣子氏と出会う。ホロスコープリーディングのセッション開始も、星占い連載と同じく、2008年から。読者の問い合わせに対応する形で、1000人以上のホロスコープを見るなかで、自分なりの視点が育ち、ワークショップやクラスも主宰。
2008年のデジタルシフトでワーケーションやリモートワークが可能に。2011年、沖縄移住。パートナーに出会い、2016年、京都移住。農薬不使用の野菜づくり、2018年の蘭のフラワーエッセンスとの出会いで、5年患っていた甲状腺機能低下症の症状が改善。数値が下がり、断薬できたのをきっかけに、蘭のフラワーエッセンスとセラピューティックエナジーキネシオロジーのプラクティショナーに。クラシカルホメオパシーも学び始めるなど、エナジーメディスンの世界に目覚める。
プライベートでは京都移住後、茶道、きものに傾倒。お花と星、きものと星を結びつけるライフスタイル提案や京都暮らしのコラム執筆をしつつ、星よみと畑、セッションの日々。シュタイナー思想にもとづいたバイオグラフィーワークを学んでいる。

ウェブサイト：sayanote.com
著書:『わたしという星になる 12星座のノート』（2011、マーブルトロン / 中央公論社）
『人生について、星が教えてくれること　for working girls』（2012、ちくま書房）
『星を味方につける生き方、暮らし方　不安な時代に翻弄されずに私を生きる』
（2020、集英社）
『星の道を歩き、白魔女になるまで〜わたしの物語を見つけると人は癒される』
（2021、説話社）
『みずがめ座冥王星時代の太陽的生き方　過去の扉を閉めて、
私をバージョンアップする方法』（2021、大和出版）
『占星術ブックガイド〜アストロロジャーとの対話集』（2023、説話社）

大槻麻衣子

おおつき　まいこ

臨床ヒプノセラピスト。大槻ホリスティック代表。

ハートマス研究所認定トレーナー。執筆家、翻訳家、通訳者（ホリステックヘルス、心理、精神世界など）。NPO 法人ホリスティックライフ研究所理事長、日本医療催眠学会副理事長。

音楽家の両親のもと、1968 年ドイツ、シュトゥットガルトに生まれる。成城学園（初・中・高）、上智大学国際教養学部（旧比較文化学部）卒業。「地球のために働きにきた」という自覚が子どもの頃からあり、27 歳で、自分のライフ・ミッションは「人の心の成長を助けること」だと悟る。心理学を学ぶ中、米国で初対面の人物からブライアン・ワイス博士の著書を 2 冊もらったこと（この出来事については「ボクの『あくがる』体験記」[城岩譲著、ナチュラルスピリット] に記されています）をきっかけに、1998 年春にフロリダでワイス博士の「前世療法プロフェッショナルトレーニング」を受ける。日本でリンダ・ローズ博士に学び、全米催眠療法協会 ABH 認定ヒプノセラピストに、後に L.A. でシェリー・ストックウェル博士に学び、国際催眠連盟 IHF 認定ヒプノティスト / インストラクターとなる。1999 年に夫文彦と結婚、大槻ホリスティックを創業し、1 男 1 女を育てながら、小田急線相模大野のサロンで子どもからシニアまで、延べ 6 千人の相談を受ける。

2004 年頃から " 心の庭 " という概念を用い始め、その内的で安全な領域をイメージ化、意識化、言語化する過程で安心感や気づきが得られ、自己肯定感や自己信頼の回復に寄与する〝心の庭療法〟(Garden of the Heart Therapy) を開発。セラピスト育成にも力を注ぐ。2016 年にハートマス研究所に出会い、その導入にコヒーレンス呼吸法を活用することで、より安全で着実な効果を示し、クライエントの内発性を引き出せるようになっている。医師などと連携し、ハートを軸にしたカウンセリングや瞑想法、セルフケアの普及と、子どものためのセラピー、トラウマ・リカヴァリーや子育て支援にも努め、英語でのセッション・セミナーも行っている。

NPO 法人の設立・運営や学会活動にも携わりつつ、自らも、内なる導きに沿って歩む中で、古代エッセネ派や聖人たちの教えとつながり、Anna, Grandmother of Jesus「アンナ、イエスの祖母」で、翻訳家としてもデビューする。

「大槻ホリスティック」ウェブサイト：https://www.otsuki-holistic.com/
TV 出演：TBS 特番「奇跡の救世主」
「ザ・催眠〜奇跡の癒しパワー」「徳光和夫の逢いたい…」等
女性誌：講談社「フラウ」にて「スピリチュアル・カウンセリング」を連載 2003 〜 4
著書：『あなたはもっと幸せになれる』（2004、青春出版社）
『前世からの子育てアドバイス』（2007、二見書房）
「意識科学」（共著）（2016、ナチュラルスピリット）他
翻訳書：『アンナ、イエスの祖母　叡智と愛のメッセージ』（2024、ナチュラルスピリット）

わたしの風に乗る目覚めのレッスン
〜風の時代のレジリエンス〜

発　行　日	2024 年 12 月 21 日　初版発行	
著　　　者	アストロロジー・ライター　Saya	
	臨床ヒプノセラピスト　大槻麻衣子	
発　行　者	高木利幸	
発　行　所	株式会社説話社	
	〒 102-0074	
	東京都千代田区九段南 1-5-6　りそな九段ビル 5 階	

カバーイラスト　長谷川洋子

デ　ザ　イ　ン　菅野涼子

Ｄ　Ｔ　Ｐ　苅谷涼子

印 刷・製 本　中央精版印刷株式会社